中华人民共和国海船船员培训大纲熟悉训练资源

船舶电气

（电子电气员）

大连海事大学交通运输教材研究所　组织编写

大连海事大学出版社
DALIAN MARITIME UNIVERSITY PRESS

ⓒ 大连海事大学交通运输教材研究所　2025

图书在版编目(CIP)数据

船舶电气. 电子电气员 / 大连海事大学交通运输教材研究所, 中国海事服务中心编. — 3 版. — 大连：大连海事大学出版社, 2025.6. — ISBN 978-7-5632-4731-8

Ⅰ. U665

中国国家版本馆 CIP 数据核字第 2025FE0325 号

大连海事大学出版社出版

地址：大连市黄浦路 523 号　邮编：116026　电话：0411-84729665(营销部) 84729480(总编室)
http://press.dlmu.edu.cn　E-mail:dmupress@dlmu.edu.cn

大连天骄彩色印刷有限公司印装　　大连海事大学出版社发行
2020 年 11 月第 1 版　　2025 年 6 月第 3 版　　2025 年 6 月第 1 次印刷
幅面尺寸:184 mm×260 mm　　印张:16.5　　字数:422 千
出版人:余锡荣

责任编辑:刘若实　　　　　　　　　　　责任校对:张　华
封面设计:解瑶瑶　　　　　　　　　　　版式设计:解瑶瑶

ISBN 978-7-5632-4731-8　　　　定价:46.00 元

第 3 版
前 言

"中华人民共和国海船船员培训大纲熟悉训练资源"（以下简称"训练资源"）自首版发行以来，深受广大航海教育培训机构、航运企业及海船船员的重视与欢迎。作为衔接船员培训和船员适任能力要求的重要载体，"训练资源"第 1 版和第 2 版在过去的实践中，紧密围绕海船船员培训大纲的核心要求，坚持以船员岗位能力培养为导向，为国内船员培训体系的有效实施提供了坚实支撑，已成为课堂教学与学员自学不可或缺的权威参考资料。"训练资源"结构清晰、重点突出、贴近实践，对系统掌握知识要点、顺利通过考试成效显著，在提升我国海船船员专业素养和能力方面发挥了基础性作用。

基于"训练资源"前两版的成功经验，结合教学单位、考评专家及一线船员宝贵意见，大连海事大学交通运输教材研究所启动了"训练资源"第 3 版的全面修订工作。本次修订严格遵循 2021 年《中华人民共和国海船船员培训大纲》和 2022 年《中华人民共和国海船船员考试大纲》的要求，秉持一贯的严谨性和实用性原则，旨在更好地服务于新形势下航海人才培养的需要。本次修订的主要特点体现在以下几个方面：

1. 内容体系的与时俱进与精准对接。密切关注行业最新发展趋势和规范要求，在严格遵循现行有效公约、国内法律法规的原则下，对教材内容进行细致的梳理、补充和更新，确保所有知识点、能力要求与现行培训大纲和考试大纲保持高度一致，强化对大纲理解深度和广度的覆盖。同时对近年来大纲中进一步强调的关键知识点和技能要求进行了着重阐释和充实。

2. 知识内涵的充实完善与深度优化。在保持原有优秀框架的同时，分别对驾驶、轮机、电子电气专业分册内容进行了系统的优化提升。结合近年来航运技术和管理实践的发展，以及对操作流程、安全要求的深入理解，修订组对相关章节进行了逻辑重构与内容深化，增加了对关键概念、基本原理和典型操作场景的更深入的解析，力求内容更加精炼、准确、易懂，更好地满足学员深度学习和能力内化的需求。同时对前两版中的表述进行了全面的规范化和精炼化处理。

3. 实践导向的持续强化与案例更新。强化训练资源的实践性和应用性特点。参考最新的事故案例分析和行业经验总结，对各类船舶实际操作情境的描述、应急处置程序以及典型设备操作要点的讲解进行了更新和细化，力求使学员能够更直观地理解抽象理论在实际工作中的应用，有效培养其分析问题、解决实际问题的职业能力。

4. 教学适用性的整体提升与交互呈现形式。充分考虑不同层次培训对象的需求和教学过程的规律，在内容组织、重点强调、互动设计等方面进行深度优化。通过合理布局章节内容、醒目展示关键要点，并融入互动元素，以交互呈现的形式，便于教师灵活授课、学员高效学习，有效提升教学实用性与资源吸引力。

新版"中华人民共和国海船船员培训大纲熟悉训练资源"包括：
《航海学》（船长/大副）（第 3 版）
《船舶操纵与避碰》（船长/大副）（第 3 版）

— 1 —

《船舶结构与货运》(大副)(第3版)
《航海英语》(船长/大副)(第3版)
《船舶管理》(船长/大副)(第3版)

《航海学》(二/三副)(第3版)
《船舶操纵与避碰》(二/三副)(第3版)
《船舶结构与货运》(二/三副)(第3版)
《航海英语》(二/三副)(第3版)
《船舶管理》(二/三副)(第3版)
《主推进动力装置》(大管轮)(第3版)
《船舶辅机》(大管轮)(第3版)
《船舶电气与自动化》(轮机长/大管轮)(第3版)
《船舶管理》(轮机长/大管轮)(第3版)
《轮机英语》(轮机长/大管轮)(第3版)
《船舶动力装置》(轮机长)(第3版)
《主推进动力装置》(二/三管轮)(第3版)
《船舶辅机》(二/三管轮)(第3版)
《船舶电气与自动化》(二/三管轮)(第3版)
《船舶管理》(二/三管轮)(第3版)
《轮机英语》(二/三管轮)(第3版)
《船舶电气》(电子电气员)(第3版)
《船舶机舱自动化》(电子电气员)(第3版)
《船舶管理》(电子电气员)(第3版)
《信息技术与通信导航系统》(电子电气员)(第3版)
《电子电气员英语》(电子电气员)(第3版)

新版"中华人民共和国海船船员培训大纲熟悉训练资源"一书一码,刮开封底上的贴码,用手机微信扫描二维码登录,即可享受"海大 e 出版"平台服务,可在线刷题,可组卷模拟考试,亦可扫描书中"参考答案"后的"解析"二维码获得答案解析。

本次修订工作得到了各海事管理机构、各海事院校资深教师、航运企业专家、山东中航海事技术服务有限公司的大力支持和悉心指导,他们提供了许多富有建设性的意见和建议,为本教材质量的提升提供了重要保障。在此,谨致以最诚挚的谢意!

大连海事大学交通运输教材研究所
2025 年 3 月

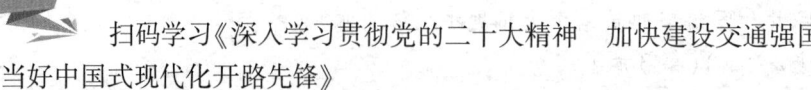
扫码学习《深入学习贯彻党的二十大精神　加快建设交通强国当好中国式现代化开路先锋》

第 2 版 前 言

"中华人民共和国海船船员培训大纲熟悉训练资源"是大连海事大学交通运输教材研究所在深入解读《海船船员培训大纲》的基础上,研究中华人民共和国海事局公布的大纲训练资源,针对海船船员适任考试的特点组织编写的。自问世以来,受到广大考生的一致好评。

为有效履行《1978年海员培训、发证和值班标准国际公约马尼拉修正案》,进一步规范海船船员的培训、发证工作,提高培训质量,提升海员业务素质,交通运输部于2021年发布了《海船船员培训大纲(2021版)》,对海船船员的适任要求,培训的理论知识、实践技能,评价标准及学时等做出了详细规定。为实施高素质船员队伍建设,进一步提升海船船员适任能力,加强考试管理,根据《中华人民共和国海船船员适任考试和发证规则》和《海船船员培训大纲(2021版)》,中华人民共和国海事局编制了《海船船员考试大纲(2022版)》并于2022年7月发布。

为了更加有效地帮助考生理解和掌握《海船船员培训大纲(2021版)》《海船船员考试大纲(2022版)》的要求,大连海事大学交通运输教材研究所在"中华人民共和国海船船员培训大纲熟悉训练资源"的基础上,对照大纲,对变化较大的驾驶专业、轮机专业、电子电气专业分册的内容进行了有益的增减,并对训练资源的部分内容进行了解析。新版"中华人民共和国海船船员培训大纲熟悉训练资源"更贴近海船船员适任考试实际,紧密结合我国有关海船船员职业培训的最新规定,针对性强,实用性强,知识点全面,易于学员学习、理解,是海船船员参加适任考试、培训必不可少的参考书。

新版"中华人民共和国海船船员培训大纲熟悉训练资源"包括:

《航海学》(船长/大副)(第2版)

《船舶操纵与避碰》(船长/大副)(第2版)

《船舶结构与货运》(大副)(第2版)

《航海英语》(船长/大副)(第2版)

《船舶管理》(船长/大副)(第2版)

《航海学》(二/三副)(第2版)

《船舶操纵与避碰》(二/三副)(第2版)

《船舶结构与货运》(二/三副)(第2版)

《航海英语》(二/三副)(第2版)

《船舶管理》(二/三副)(第2版)

《主推进动力装置》(大管轮)(第2版)

《船舶辅机》(大管轮)(第2版)

《船舶电气与自动化》(轮机长/大管轮)(第2版)

《船舶管理》(轮机长/大管轮)(第2版)

《轮机英语》(轮机长/大管轮)(第2版)

《船舶动力装置》(轮机长)(第2版)

《主推进动力装置》(二/三管轮)(第2版)

《船舶辅机》(二/三管轮)(第2版)

《船舶电气与自动化》(二/三管轮)(第2版)

《船舶管理》(二/三管轮)(第2版)

《轮机英语》(二/三管轮)(第2版)

《船舶电气》(电子电气员)(第2版)

《船舶机舱自动化》(电子电气员)(第2版)

《船舶管理》(电子电气员)(第2版)

《信息技术与通信导航系统》(电子电气员)(第2版)

《电子电气员英语》(电子电气员)(第2版)

新版"中华人民共和国海船船员培训大纲熟悉训练资源"一书一码，刮开封底上的贴码，手机微信扫描二维码登录，即可享受"海大e出版"平台服务，可在线刷题，可组卷模拟考试，亦可扫描书中"参考答案"后的"解析"二维码获得答案解析。

新版"中华人民共和国海船船员培训大纲熟悉训练资源"的出版和编写得到了各海事管理机构、航海院校培训机构、航运企业的关心和帮助，特致谢意。

大连海事大学交通运输教材研究所

2022年12月

第 1 版
前 言

为有效履行《1978年海员培训、发证和值班标准国际公约》,进一步规范海船船员的培训、发证工作,提高培训质量,提升海员业务素质,交通运输部颁布了《中华人民共和国海船船员适任考试和发证规则》(以下简称"20规则"),并发布《中华人民共和国海事局关于印发〈中华人民共和国海船船员适任考试和发证规则实施办法〉的通知》。通知指出:"'20规则'第二十九条规定的适任考试按照《海船船员培训大纲》确定的适任标准和内容实施。"

为更加有效地配合海船船员适任考试培训,帮助考生顺利通过考试,大连海事大学交通运输教材研究所在深入解读《海船船员培训大纲》的基础上,研究部海事局公布的大纲训练资源,针对海船船员适任考试的特点,组织编写了"中华人民共和国海船船员培训大纲熟悉训练资源"(以下简称"训练资源")。

"训练资源"涵盖了各航区、各船舶等级、各部门的海船船员,所有专业、职级的考试内容,包括:

《航海学》(船长/大副)　　　　　　　《航海学》(二/三副)

《船舶操纵与避碰》(船长/大副)　　　《船舶操纵与避碰》(二/三副)

《船舶结构与货运》(大副)　　　　　　《船舶结构与货运》(二/三副)

《航海英语》(船长/大副)　　　　　　《航海英语》(二/三副)

《船舶管理》(船长/大副)　　　　　　《船舶管理》(二/三副)

《GMDSS综合业务》

《GMDSS英语阅读》

《主推进动力装置》(大管轮)　　　　　《主推进动力装置》(二/三管轮)

《船舶辅机》(大管轮)　　　　　　　　《船舶辅机》(二/三管轮)

《船舶电气与自动化》(轮机长/大管轮)　《船舶电气与自动化》(二/三管轮)

《船舶管理》(轮机长/大管轮)　　　　《船舶管理》(二/三管轮)

《轮机英语》(轮机长/大管轮)　　　　《轮机英语》(二/三管轮)

《船舶动力装置》(轮机长)

《船长/驾驶员训练指南》(未满500总吨)

《轮机长/大管轮训练指南》(未满750 kW)　《二/三管轮训练指南》(未满750 kW)

《船舶电气》(电子电气员)

《船舶机舱自动化》(电子电气员)

《船舶管理》(电子电气员)

《信息技术与通信导航系统》(电子电气员)

《电子电气员英语》(电子电气员)

《水手业务》

《机工业务》

《电子技工业务》

《基本安全》

《精通救生艇筏和救助艇、精通快速救助艇、高级消防》

《船舶医疗》

《船舶保安》

《油船和化学品船货物操作》

《液化气船货物操作》

《客船船员特殊培训》

《大型船舶操纵特殊培训》

《高速船船员特殊培训》

《船舶装载危险和有害物质作业》

《使用气体或其他低闪点燃料船舶》

《极地水域船舶操作》

"训练资源"具有针对性强、实用性强的特点,是海船船员参加适任考试、培训必不可少的参考书。

"训练资源"的出版,得到了中国海事服务中心的大力支持,在此表示感谢。在"训练资源"的编写过程中得到了各海事管理机构、航海院校、海员培训机构、航运企业等单位的关心和帮助,特致谢意。

大连海事大学交通运输教材研究所

2020 年 12 月

目 录

第一章 电工技术和电机学 ... 1
- 第一节 电路的基础知识 ... 1
- 第二节 直流电路 ... 5
- 第三节 交流电路 ... 11
- 第四节 磁场和电磁感应 ... 22
- 第五节 电气材料技术 ... 27
- 第六节 变压器 ... 30
- 第七节 电机基本原理 ... 40
- 第八节 直流电机 ... 42
- 第九节 异步电动机 ... 46
- 第十节 同步发电机 ... 64
- 第十一节 特种电机 ... 71
- 参考答案 ... 78

第二章 电力电子基础 ... 82
- 参考答案 ... 96

第三章 配电板和电气设备 ... 97
- 第一节 船舶电气设备的基本参数 ... 97
- 第二节 船舶配电板 ... 100
- 第三节 船舶配电设备 ... 108
- 第四节 船舶电缆 ... 112
- 第五节 其他船舶电气设备 ... 116
- 参考答案 ... 121

第四章 电力拖动 ... 123
- 参考答案 ... 146

第五章 发电机和配电系统的操作 ... 147
- 第一节 发电机的并联、负荷分配及切换 ... 147
- 第二节 配电板操作 ... 164
- 参考答案 ... 167

第六章 船舶高压系统的管理 ... 169
- 第一节 高压技术 ... 169
- 第二节 船舶高压系统的相关要求 ... 174
- 第三节 安全预防措施 ... 182

第四节　高压系统的安全操作和维护……………………………………… 187
　　参考答案…………………………………………………………………… 188
第七章　船舶电力推进系统……………………………………………………… 190
　　第一节　船舶电力推进系统概述…………………………………………… 190
　　第二节　推进电动机的控制………………………………………………… 197
　　第三节　吊舱推进器和电侧推的工作原理………………………………… 198
　　参考答案…………………………………………………………………… 199
第八章　电气维护与修理的基础知识…………………………………………… 201
　　第一节　电气电子设备维护和修理………………………………………… 201
　　第二节　电气设备故障诊断………………………………………………… 207
　　第三节　电工仪表的构造和操作…………………………………………… 216
　　第四节　电路图的识读……………………………………………………… 223
　　参考答案…………………………………………………………………… 224
第九章　甲板机械控制系统的维护和修理……………………………………… 226
　　第一节　甲板机械…………………………………………………………… 226
　　第二节　装卸货设备的电气、电子和控制系统…………………………… 236
　　参考答案…………………………………………………………………… 240
第十章　生活设备的维护和修理………………………………………………… 242
　　第一节　电梯………………………………………………………………… 242
　　第二节　厨房设备…………………………………………………………… 246
　　第三节　生活安全和报警系统……………………………………………… 247
　　第四节　生活照明系统……………………………………………………… 250
　　参考答案…………………………………………………………………… 253

第一章 电工技术和电机学

第一节 电路的基础知识

1. 电位的量度单位是_____。
   A.焦耳(J) B.伏特(V)
   C.库仑(C) D.安培(A)

2. _____为电能的单位。
   A.焦耳(J) B.伏特(V)
   C.库仑(C) D.安培(A)

3. 非电场力把单位正电荷从低电位处经电源内部移到高电位处所做的功是_____。
   A.电压 B.电动势
   C.电位 D.电场强度

4. _____是描述单位时间内通过导体某横截面的电荷之多少的物理量,其国际标准单位是_____。
   A.电量;库仑 B.电流;安培
   C.电量;安培 D.电压;伏特

5. 在以下各物理量中,不能用伏特衡量其大小的是_____。
   A.电动势 B.电位
   C.电位差 D.电功率

6. 直流功率 P、电压 U 及电流 I 之间的计算关系式为_____。
   A.$P=U^2I$ B.$P=UI^2$
   C.$P=I^2/U$ D.$P=UI$

7. 图示电阻元件 R 消耗电功率 10 W,则电压 U 为_____。 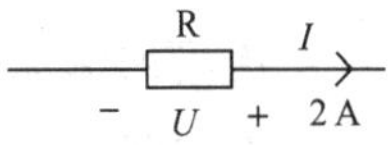
   A.-5 V B.5 V
   C.20 V D.-20 V

8. 人们习惯以_____作为电流的实际方向。
   A.正电荷运动的方向或负电荷运动的相反方向

B.负电荷运动的方向或正电荷运动的相反方向

C.正电荷运动的相反方向

D.负电荷运动的方向

9.电路中电流的实际方向与产生这一电流的电子运动方向_____。

A.相同
B.相反

C.超前90°
D.在直流电制中,相反;在交流电制中,相同

10.参考方向的选择是任意的,选定之后,电压电流值才有正、负之分。电压 U 的参考方向与电压实际方向一致,则为_____。电流 I 的参考方向与电流实际方向一致,则为_____。

A.负值;负值
B.负值;正值

C.正值;负值
D.正值;正值

11.根据在电路图上所选电压和电流的参考方向的不同,在欧姆定律的表达式中可带有正号或负号。当电压和电流的参考方向一致时,_____。当两者的参考方向选得相反时,_____。

A.$U=-IR$;$U=-IR$
B.$U=-IR$;$U=IR$

C.$U=IR$;$U=-IR$
D.$U=IR$;$U=IR$

12.下列说法正确的是_____。

A.实际方向与参考方向相同,电流(或电压)值为负值

B.实际方向与参考方向相反,电流(或电压)值为负值

C.不论实际方向与参考方向相同还是相反,电流(或电压)值均为正值

D.不论实际方向与参考方向相同还是相反,电流(或电压)值均为负值

13.图示电路中,$R_0=1\ \Omega$,$R=9\ \Omega$,$U_{ba}=$_____。

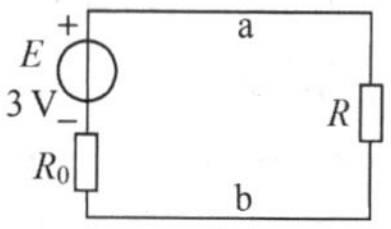

A.3 V
B.-3 V

C.2.7 V
D.-2.7 V

14.电容在电路中具有_____的特性。

A.分压
B.分流

C.通交流,隔直流
D.通直流,隔交流

15.属于纯耗能元件或电器的是_____。

A.电容
B.电感

C.电阻
D.变压器

16.关于电感的说法,错误的是_____。

A.电感在直流稳态电路中相当于短路
B.电感处于交流电路中,总是吸收功率

C.电感中的电流不能跃变
D.电感是储能元件

17.一电解电容的标称值是110 V,10 μF;_____是正确的。

A.电容两端加110 V 的电压时,电容量是10 μF

B.电容两端允许加电压的最大值是110 V,电容量的大小与所加电压无关

C.电容两端允许加电压的有效值是110 V,电容量的大小与所加电压无关

D.电容两端允许加电压的最大值是110 V,电容量的大小与所加电压有关

18. 如图所示,纯电感的交流电路中,电流 i 与电压 u 的相位关系为_____。

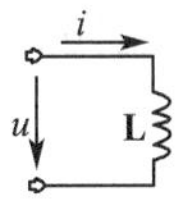

    A.u 超前 i 90°   B.u 超前 i 180°

    C.u 落后 i 90°   D.同相位

19. 在图示电容电路中,电压与电流的正确关系式应是_____。

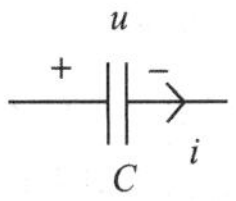

    A.$u = Ci$ B.$i = C\dfrac{du}{dt}$

    C.$u = C\dfrac{di}{dt}$ D.$i = C\dfrac{du}{dt}$

20. 一只 100 W 的白炽灯,点燃 20 h 后所消耗的电能为_____。

    A.1.0 度电   B.0.5 度电

    C.2.0 度电   D.3.0 度电

21. 电路的基本组成部分不包括_____。

    A.电源   B.负载

    C.中间环节   D.信号源

22. 理想电阻元件的伏安特性为_____。

    A.经过坐标原点的直线   B.抛物线

    C.双曲线   D.折线

23. 三相交流电路中,线电压 U_1 与相电压 U_p 的关系为(星形连接)_____。

    A.$U_1 = U_p$ B.$U_1 = \sqrt{3}\,U_p$

    C.$U_p = \sqrt{3}\,U_1$ D.无固定关系

24. 船舶照明系统的安全电压通常不超过_____。

    A.50 V   B.36 V

    C.24 V   D.12 V

25. 铜常用作导电材料的主要原因是:_____。

    A.低温电阻高   B.表面光滑

    C.导电率高且成本低于金银   D.绝缘性好

26. 电感在直流稳态电路中相当于_____,在高频交流电路中相当于_____。

    A.短路;开路   B.开路;短路

    C.短路;短路   D.开路;开路

27. 下列说法正确的是_____。

    A.电位随着参考点(零电位点)选取的不同数值而变化

    B.电位差随着参考点(零电位点)选取的不同数值而变化

    C.电路中两点的电位很高,则其间电压也很大

    D.电路上两点的电位很低,则其间电压也很小

28. 电容串联时,各电容的电压与电容的大小_____。

    A.成反比   B.相等

    C.成正比   D.无关

29. 在图示四条电源外特性曲线中,电源内阻最小的是_____。 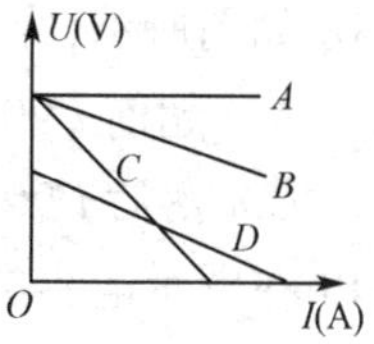
    A.A   B.B
    C.C   D.D
30. 下列不属于理想电流源的特点的是_____。
    A.内阻 $R_0 = \infty$
    B.输出电流是一定值
    C.恒流源两端的电压 U 由外电路决定
    D.电压恒定,电流随负载变化
31. 理想电压源和理想电流源_____关系。
    A.有等效变换
    B.没有等效变换
    C.有条件下的等效
    D.不能确定有没有等效
32. 电源开路时端电压为 12 V,短路电流是 20 A,则内阻为_____。
    A. 0.6 Ω   B. 6 Ω
    C. 240 Ω   D.无法确定
33. 一段有源电路如图所示,则 A、B 两端的电压 U_{AB} 为_____。 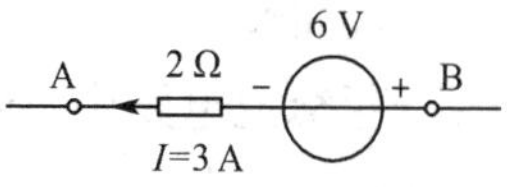
    A.12 V   B.6 V
    C.-6 V   D.-12 V
34. 当恒流源开路时,该恒流源内部_____。
    A.有电流,有功率损耗   B.无电流,无功率损耗
    C.有电流,无功率损耗   D.无电流,有功率损耗
35. 图示电路中,电压 $U =$ _____。 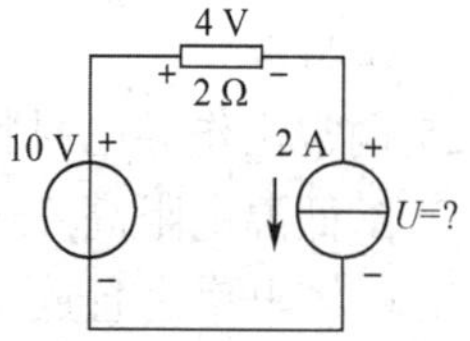
    A.4 V   B.8 V
    C.6 V   D.10 V
36. 关于电压的正确叙述是_____。
    A.电压的参考方向由高电位点指向低电位点
    B.其单位是伏特(V),等于瓦特/库伦(W/C)
    C.表征单位正电荷在电场力作用下,经过电场中两点时所做的功
    D.其大小与选取的零电位点有关
37. 关于电路分析中常用的叠加原理,错误的叙述是_____。
    A.可以用于电路中电压、电流和功率的计算
    B.适用于多电源线性电路计算
    C.计算单个电源作用时,要去除线路中其他的电源
    D.去除其他电源作用时,理想电压源和电流源分别做短路和开路处理

第二节 直流电路

1. 欧姆定律表达式 $U=-IR$ 仅适用下图中的_____图。

   A. 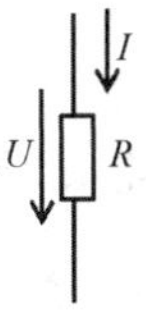 B. 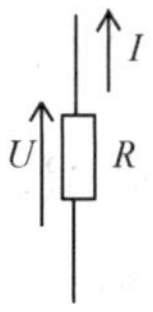 C. 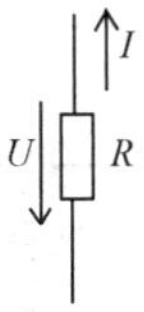 D.

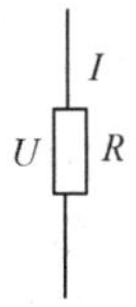

2. 如图所示,当开关未闭合时,开关两侧的 A 点与 B 点间的电压是_____V,B 点与 C 点间的电压是_____V。

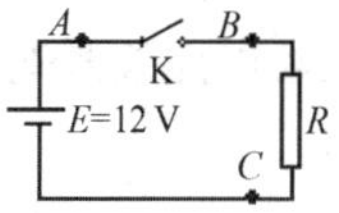

   A.0;12　　　　　　　　　　　B.0;0
   C.12;0　　　　　　　　　　　D.12;12

3. 电源开路电压 $U_0=12$ V,短路电流 $I_S=30$ A,则内阻为_____Ω。

   A.0.4　　　　　　　　　　　B.2.5
   C.30　　　　　　　　　　　　D.5

4. 某电路需要一电阻用来承载固定大小的电流0.3 A,则选择_____型号的电阻最为恰当。

   A.100 Ω,5 W　　　　　　　　B.100 Ω,7.5 W
   C.100 Ω,8 W　　　　　　　　D.100 Ω,10 W

5. 电源的开路电压 $U_0=16$ V,短路电流 $I_S=40$ A,则内阻约为_____。

   A.不确定　　　　　　　　　　B.0.4 Ω
   C.2.5 Ω　　　　　　　　　　D.25 Ω

6. 有一额定值为 5 W,500 Ω 的线绕电阻,其额定电流为_____,在使用时电压不得超过_____。

   A.0.01 A;5 V　　　　　　　　B.0.1 A;50 V
   C.1 A;500 V　　　　　　　　D.1 A;50 V

7. 以下四种规格的灯泡(额定值),灯丝阻值最小的是_____。

   A.110 V,100 W　　　　　　　B.110 V,30 W
   C.110 V,50 W　　　　　　　D.110 V,25 W

8. 以下四种规格的灯泡(额定值),灯丝阻值最小的是_____。

   A.110 V,100 W　　　　　　　B.24 V,100 W
   C.110 V,50 W　　　　　　　D.24 V,50 W

9. _____是电阻的国际单位。

   A.欧姆(Ω)　　　　　　　　　B.伏特(V)
   C.库仑(C)　　　　　　　　　D.安培(A)

10. 在下列四种规格的灯泡中,电阻最大的是_____。
    A.100 W,20 V   B.100 W,110 V
    C.60 W,220 V   D.60 W,110 V

11. 把一只220 V,100 W的灯泡误接在110 V的电源上,这时灯泡的实际功率约为_____。
    A.100 W   B.25 W
    C.50 W   D.75 W

12. 一只电阻的额定值为1 W,100 Ω,在使用时电流不得超过_____A,电压不得超过_____V。
    A.0.01;1   B.0.1;1
    C.0.1;10   D.10;0.1

13. 某具有内阻的直流电源与负载电阻构成的简单供电网络如图所示,$E = 230$ V,$R_o = 0.1$ Ω,$R_L = 2.2$ Ω;若在SA闭合时,则电路中的工作电流为_____。 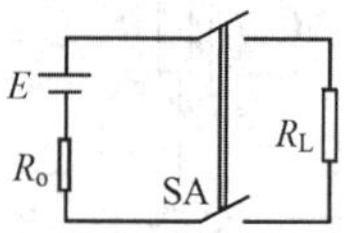
    A.2 300 A   B.100 A
    C.105 A   D.∞

14. 电路及其对应的欧姆定律表达式分别如各选项所示,表达式错误的是_____。

    A. $U=IR$ B. $U=IR$

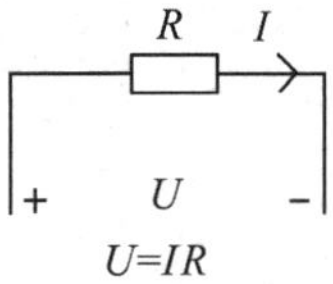

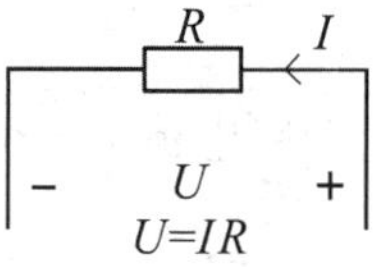

    C. $U=IR$ D. $U=IR$

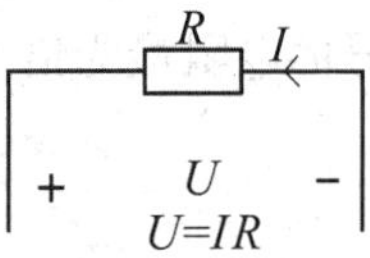

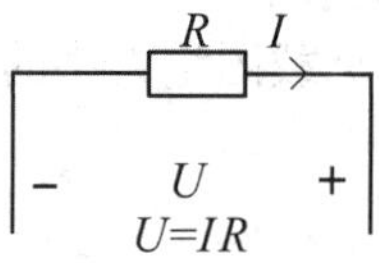

15. 下列说法正确的是_____。
    A.串联电阻上电压的分配与电阻成反比
    B.串联电阻的等效电阻的倒数等于各电阻倒数之和
    C.并联电阻上电流的分配与电阻成反比
    D.并联电阻的等效电阻等于各电阻之和

16. 在图示电路中,电源电压$U = 30$ V,电阻$R = 15$ Ω,则电流I为_____。 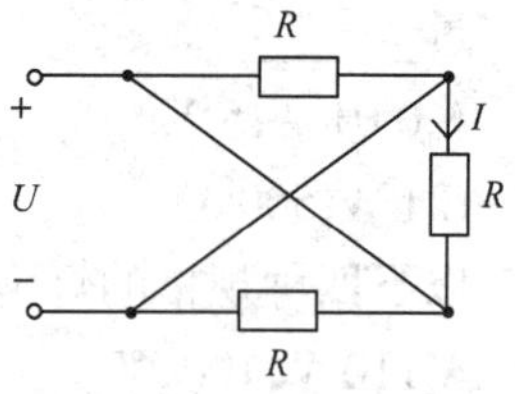
    A.6 A   B.−2 A
    C.4 A   D.2 A

17. 根据基尔霍夫电流定律,若电路中有多根导线连接在同一个节点上,则流进节点的总电流一定_____流出节点的总电流。
    A.等于   B.小于
    C.大于   D.不大于

18. 如图,$U_{AB} =$ _____。 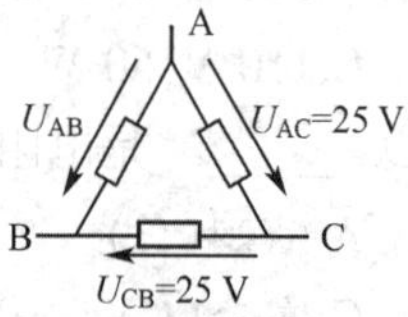
    A.0 V   B.25 V
    C.−25 V   D.50 V

19. 如图,U_{AB} = _____。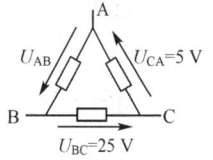
   A.30 V B.-30 V
   C.-25 V D.20 V

20. 在如图所示的电路中,在开关S打开和闭合时,I分别为_____。

   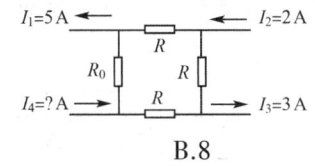

   A.0 A 和 2 A B.1 A 和 2 A
   C.0 A 和 0 A D.0 A 和-2 A

21. 如图所示的电路中,I_4 = _____ A。

   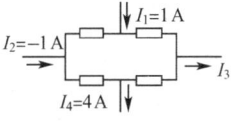

   A.6 B.8
   C.10 D.0

22. 如图所示,某局部电路,I_3 = _____ A。

   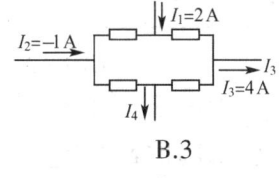

   A.-2 B.1
   C.-4 D.-1

23. 如图所示,某局部电路,I_4 = _____ A。

   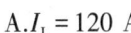

   A.-3 B.3
   C.5 D.-1

24. 由两台同型号的发电机构成的某直流供电网络等效简化后如图所示,已知发电机 V_A = 240 V,I_{E1} = 30 A,R_L = 4 Ω,以下四种说法正确的是_____。
   A.I_L = 120 A B.两台发电机输出功率相同
   C.I_{E2} = 60 A D.两台发电机负载不均匀

25. 直流电路某节点如图所示,符合基尔霍夫第一定律的是_____。

   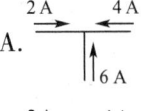
   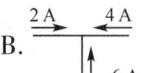

26. 直流电路某节点如图所示,由基尔霍夫第一定律可知,I_5 = _____。

A.-4 A B.4 A
C.2 A D.-2 A

27. 如图所示直流电路,已知:$I_1=4$ A,$I_2=-2$ A,$I_3=1$ A,$I_4=-3$ A,则 $I_5=$ _____。

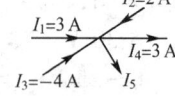

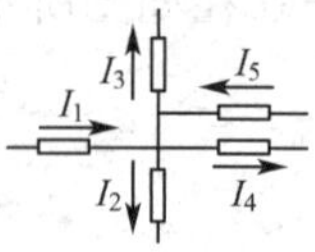

A.-8 A B.2 A
C.4 A D.-9 A

28. 根据基尔霍夫第一定律$\sum I=0$,对于三极管的三个电流关系,错误的是_____。

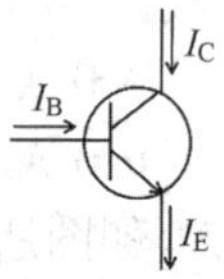

A.$I_E=I_B+I_C$ B.$I_E+I_B+I_C=0$
C.$I_C=I_E-I_B$ D.$I_C+I_B-I_E=0$

29. 由两台发电机 G_1、G_2 与总负载 R_L 构成的某直流供电网络简化图所示,电流表读数关系一定是_____。

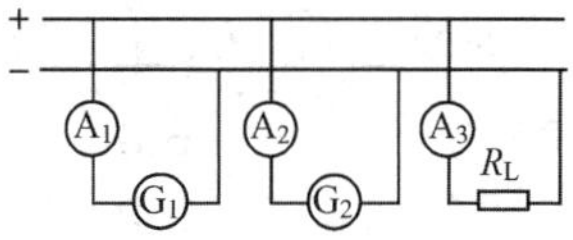

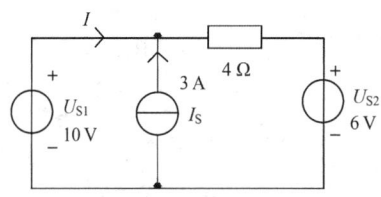

A.$A_1=A_2$ B.$A_1>A_2$
C.$A_1<A_2$ D.$A_1+A_2=A_3$

30. 在图示电路中,电流 I 为_____。

A.-3 A B.10 A
C.-2 A D.4 A

31. 在直流电路中,基尔霍夫电流定律(KCL)的表述为_____。
A.流入节点的电流之和等于流出节点的电流之和
B.回路中电压代数和为零
C.电阻两端电压与电流成正比
D.电感电流不能突变

32. 串联电路的总电阻等于各分电阻_____。
A.之和 B.之积
C.倒数之和 D.无固定关系

33. 直流电路中,电源短路时的特征是_____。
A.电流为零,电压最大 B.电压为零,电流很大
C.功率最大,电流为零 D.电压和电流均为零

34. 如图所示电路中,电流 I 与电动势 E 和电压 U 的关系是 $I=$ _____。

A.E/R
B.$(U+E)/R$
C.$(U-E)/R$
D.$-(U+E)/R$

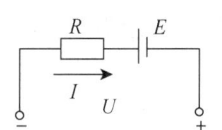

35.如图所示电路中,安培表的读数为_____。

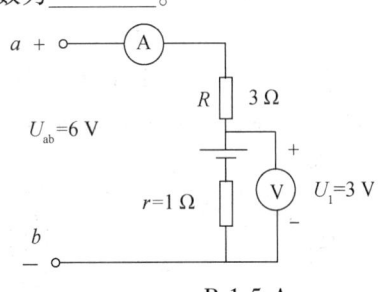

A.3 A B.1.5 A
C.1 A D.无法确定

36.如图所示电路中,电流 I 为_____。

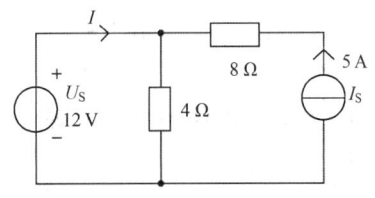

A.8 A B.2 A
C.-2 A D.-8 A

37.已知单个蓄电池的电动势为 2 V,内阻为 R_0。现将 12 个单个蓄电池串联起来组成蓄电池组,则该蓄电池组的空载电压及内阻分别为_____。

A.24 V、12 R_0 B.24 V、6 R_0
C.12 V、12 R_0 D.12 V、6 R_0

38.一台 220 V,100 kW 直流发电机正向直流电网供电。若今将一只 220 V,15 W 的灯泡直接跨接在电网两条正负直流母线上,以下说法正确的是_____。

A.因灯泡功率太小,发电机过电流跳闸
B.因发电机的功率远大于灯泡功率,灯泡烧坏
C.因灯泡直接跨接在母线上,将使其他的直流负载短路
D.发电机、灯泡、其他直流负载均正常工作

39.应用戴维南定理(也称戴维宁定理)计算等效电源的内阻时,要将有源一端网络中所有电源都去除,去除的方法是_____。

A.将理想电压源短路,理想电流源短路 B.将理想电压源短路,理想电流源开路
C.将理想电压源开路,理想电流源短路 D.将理想电压源开路,理想电流源开路

40. 图示为一有源二端线性网络,A、B 端戴维南等效电压源的内阻 R_0 值为_____。

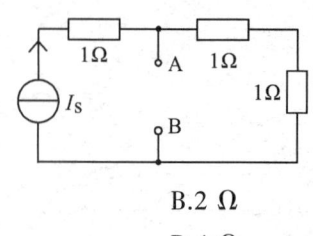

A.1 Ω B.2 Ω
C.3 Ω D.4 Ω

41. 某一有源二端线性网络如图 1 所示,它的戴维南等效电压源如图 2 所示,其中 U_S 值为_____。

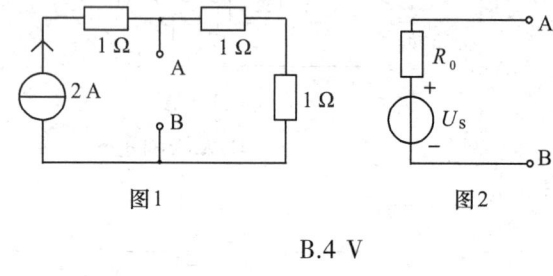

图1 图2

A.6 V B.4 V
C.2 V D.3 V

42. 某一有源二端线性网络如图 1 所示,该网络的戴维南等效电压源如图 2 所示。已知图 2 中 $R_0 = 7\ \Omega$,则图 1 中的 R 值应为_____。

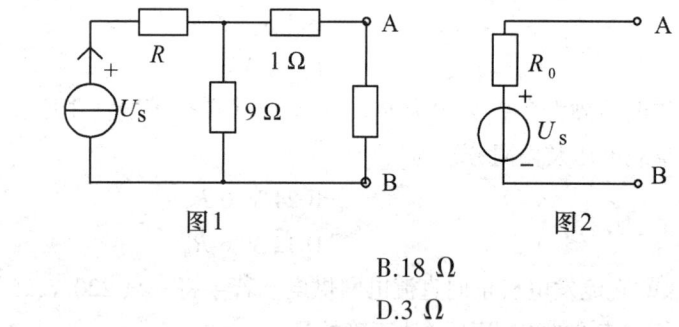

图1 图2

A.24 Ω B.18 Ω
C.12 Ω D.3 Ω

43. RC 串联电路与电压为 8 V 的恒压源在 $t=0$ 瞬间接通,如图 1 所示,且知 $u_C(0-)=0$,当电容器的电容值分别为 10 μF、50 μF、30 μF、20 μF 时得到 4 条 $u_R(t)$ 曲线如图 2 所示,则 20 μF 电容所对应的 $u_R(t)$ 曲线是_____。

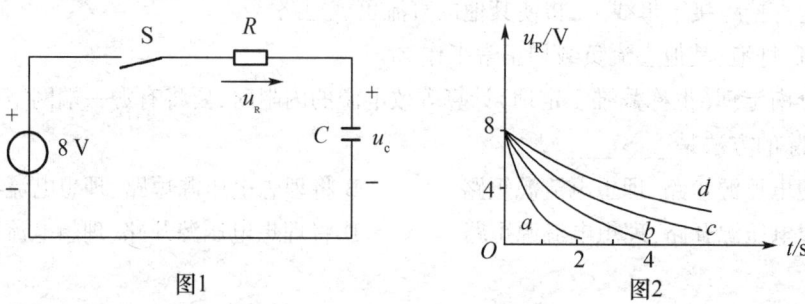

图1 图2

A.曲线 a　　　　　　　　　　　　B.曲线 b
C.曲线 c　　　　　　　　　　　　D.曲线 d

44.在换路瞬间,下列说法正确的是_____。
A.电阻电流必定跃变　　　　　　B.电容电压不能跃变
C.电容电流不能跃变　　　　　　D.电感电压不能跃变

45.电路暂态过程产生的实质是_____。
A.电路有储能元件　　　　　　　B.开关的打开或闭合
C.元件的接通与断开　　　　　　D.能量不能跃变

46.图示一阶电路中,开关在 $t=0$ 时打开,求 $i_L(\infty)=$ _____。
A.3 A　　　　　　　　　　　　B.0 A
C.4 A　　　　　　　　　　　　D.2 A

第三节　交流电路

1.不论电路如何复杂,总可归纳为由电源、_____、中间环节三部分组成。
A.电阻　　　　　　　　　　　　B.电容
C.电感　　　　　　　　　　　　D.负载

2.已知正弦交流电频率为 50 Hz,则周期为_____。
A.0.02 s　　　　　　　　　　　B.0.05 s
C.0.01 s　　　　　　　　　　　D.0.2 s

3.正弦交流电的有效值是按电流的_____规定的。
A.热效应　　　　　　　　　　　B.瞬时值和平均值
C.电磁效应　　　　　　　　　　D.幅值

4.正弦交流电的周期与其频率的关系是_____。
A.成正比　　　　　　　　　　　B.正比或反比
C.互为倒数　　　　　　　　　　D.成等比数列

5.有关正弦交流电幅值的叙述,错误的是_____。
A.正弦交流电的幅值表示该正弦交流电的强度或做功的能力
B.幅值越大的正弦交流电,在一个周期内,其平均值越大
C.幅值越大的正弦交流电,它的强度越大,做功的能力也越强
D.正弦交流电的大小每时每刻都在变化,而且正负对称,所以用它表示大小是没有意义的

6.角频率 ω 与频率 f 的关系是_____。
A.$\omega=2f$　　　　　　　　　　B.$\omega=f$
C.$\omega=2\pi f$　　　　　　　　　D.$\omega=\pi f$

7.某正弦电流表达式为:$i(t)=100\sqrt{2}\sin(314t+30°)$ A,则_____。
A.有效值为 100 V　　　　　　　B.初相位为 30°
C.$f=314$ Hz　　　　　　　　　D.$T=314$ s

8.下列说法错误的是_____。

A.矩形线圈静止在正弦变化磁场中产生正弦交流电
B.对交流电而言,方向不变,大小随时间不断变化
C.矩形线圈在匀强磁场中转动产生正弦交流电
D.线圈穿过正弦曲线型磁场产生正弦交流电

9.在正弦交流电的三要素中不包括_____。
A.幅值　　　　　　　　　　　　B.电流
C.频率　　　　　　　　　　　　D.相位

10.单相正弦交流电的三要素是_____。
A.幅值、频率、初相位　　　　　B.功率因数、频率、初相位
C.频率、阻抗、幅值　　　　　　D.初相位、频率、周期

11.某正弦电压表达式为 $u = 100\sin(314t+10°)$ V,则_____。
A. $T = 100$ s　　　　　　　　　B. $f = 100\pi$ Hz
C.有效值为 100 V　　　　　　　D.相位为 $314t+10°$

12.某正弦电流表达式为 $i = 200\sin(628t+30°)$ A,则_____。
A. $T = 0.01$ s　　　　　　　　B. $\omega = 100$ rad/s
C.有效值为 200 A　　　　　　　D.相位为 $30°$

13.某正弦电压表达式为 $u = 100\sqrt{2}\sin 100\pi t$ V,则_____。
A. $T = 100$ s　　　　　　　　　B. $f = 100\pi$ Hz
C.有效值为 141 V　　　　　　　D.初相位为 $0°$

14.关于正弦量的有效值,正确的说法是_____。
A.正弦量的有效值与角频率有关　　　B.正弦量的有效值与初相角有关
C.正弦量的有效值与角频率和初相角有关　D.正弦量的有效值与角频率和初相角无关

15.正弦交流电的最大值是有效值的_____。
A. 2 倍　　　　　　　　　　　　B. 3 倍
C. $\sqrt{2}$ 倍　　　　　　　　D. $\sqrt{3}$ 倍

16.正弦交流电源和直流电源分别通过阻值相同的电阻 R,在相同的时间内,若它们产生的热效应相同,则该直流电源的大小对应交变电流的_____。
A.最大值　　　　　　　　　　　B.瞬时值
C.有效值　　　　　　　　　　　D.平均值

17.下列各项中,不属于交流电的三要素之一的是_____。
A.幅值　　　　　　　　　　　　B.周期
C.初相位　　　　　　　　　　　D.功率

18.某正弦电压有效值为 220 V,频率为 50 Hz,在 $t = 0$ 时,$u(0) = 220$ V,则该正弦电压表达式为_____（π 为圆周率）。
A. $u = 380\sin 100\pi t$ V　　　　B. $u = 311\sin(100\pi t+45°)$ V
C. $u = 220\sin(100\pi t+90°)$ V　D. $u = 380\sin(100\pi t+45°)$ V

19.有关交流电的电压有效值,下列说法不正确的是_____。
A.有效值是可以用交流电压表测量的

B.用电器铭牌上标注电压值是有效值
C.交流电的有效值指的是一个周期的平均值
D.所谓有效值可以把交流电从做功等效性和直流电量等效来理解

20.对于纯电阻 R 交流电路,其两端电压 u_R 与电流 i 的参考方向一致,按照电量符号一般的规定,则错误的是_____。

A.$u_R = iR$ B.$U_R = IR$
C.$P = I^2 R$ D.$Q = I^2 R$

21.按照电工电量符号一般约定,以下各式中错误的是_____。

A.$i = u/R$ B.$I = U/R$
C.$I_m = U_m/R$ D.$i = U/R$

22.已知 $u = 400\sin(220t - 190°)$ V,则该电压的有效值 U 为_____。

A.380 V B.220 V
C.282 V D.190 V

23.如图所示,相量表示法中,旋转有向线段每一瞬时在纵轴上的投影即表示相应时刻正弦量的_____。

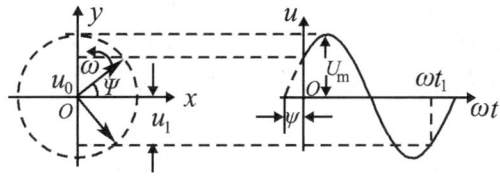

A.最大值 B.瞬时值
C.有效值 D.平均值

24.如相量图所示的正弦电压 $\dot{U}$ 施加于感抗 $X_L = 5\ \Omega$ 的电感元件上,则通过该元件的电流相量 $\dot{I} = $ _____。

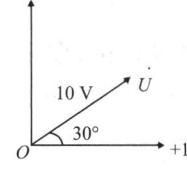 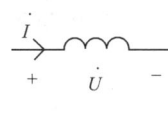

A.$5\angle -60°$ A B.$50\angle 120°$ A
C.$2\angle -60°$ A D.$2\angle 60°$ A

25.一个正弦交流电源电压 $u = 220\sqrt{2}\sin(100t + 30°)$ V,接入一个 $X_L = 22\ \Omega$ 的线圈,则线圈电流有效值为_____,电流的初相位为_____。

A.$10\sqrt{2}$;90° B.10;90°
C.10;60° D.10;−60°

26.欧姆定律在交流电路中可以通过复数形式表示,在以下的模和阻抗角的公式中,当频率一定时,有 $X_L < X_C$ 时,$\varphi < 0$,u 滞后 i,整个阻抗呈_____。

$$|Z| = \frac{U}{I} = \sqrt{R^2 + (X_L - X_C)^2}$$

$$\varphi = \psi_u - \psi_i = \arctan\frac{X_L - X_C}{R}$$

A.容性 B.感性
C.纯电阻性 D.纯电感性

27.在 R,L 串联交流电路中,电路总电压 u 与电流 i 的参考方向一致,按照电量符号一般的规定,电流 I 与端电压 U 的关系是_____。

A.$I = \frac{U}{R + X_L}$ B.$I = \frac{U}{R^2 + X_L{}^2}$

C.$I = \frac{U}{R - X_L}$ D.$I = \frac{U}{\sqrt{R^2 + X_L{}^2}}$

28.阻抗角 j 由电路(负载)参数决定。当频率一定时,如当 $X_L > X_C$ 时,$j>0$,u 超前 i,整个阻抗呈_____。

A.感性 B.容性
C.纯电容性 D.纯电阻性

29.在一个复杂的交流电路网络中,由于各条支路的性质不一致,使得各条支路的电压和电流的相位就不一致。图中表示支路的性质是_____。

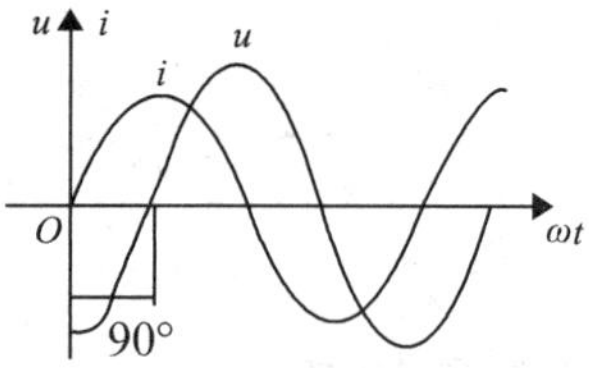

A.电阻性 B.纯电容
C.纯电感 D.不确定

30.R,L 串联正弦交流电路如图所示,下列各式正确的是_____。

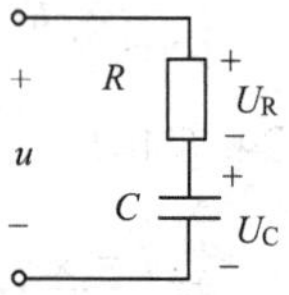

A.$Z = R + J\dfrac{1}{\omega C}$ B.$\dot{U} = \dot{U}_R - \dot{U}_C$

C.$Z = R + \dfrac{1}{j\omega C}$ D.$Z = R + j\omega C$

31.若 L,C 串联正弦交流电路中各电压与各电流间均采用关联正方向,则应有关系式_____。

A.$U = U_L + U_C$ B.$U = |U_L - U_C|$

C.$\dot{U} = \dot{U}_L - \dot{U}_C$ D.$U = U_L - U_C$

32.R,L,C 相串联的正弦交流电路上有功功率为_____。

A.$P = UI\cos\varphi$ B.$P = UI\sin\varphi$
C.$P = UI$ D.$P = 0$

33.R,L,C 相串联的正弦交流电路上无功功率为_____。

A.$Q = UI\cos\varphi$ B.$Q = UI\sin\varphi$
C.$Q = UI$ D.$Q = 0$

34.R,L,C 相串联的正弦交流电路上视在功率为_____。

A.$S = UI\cos\varphi$ B.$S = UI\sin\varphi$
C.$S = UI$ D.$S = 0$

35. 交流负载其电阻和电抗之比为4∶3,已知其视在功率为10 kVA,则它的有功功率 P 和无功功率 Q 分别为_____。
   A.8 kW、4 kvar　　　　　　　　　　B.8 kW、6 kvar
   C.4 kW、3 kvar　　　　　　　　　　D.3 kW、4 kvar

36. 在 R,L 串联交流电路中,测得电路的阻抗为 $|Z|$,电阻为 R,其两端电压为 U,电流为 I,功率为 P,按照电量符号一般的规定,下面表示功率因数的表达式中,不正确的是_____。
   A.$\cos\varphi=\dfrac{R}{Z}$　　　　　　　　　　B.$\cos\varphi=\dfrac{R}{|Z|}$
   C.$\cos\varphi=\dfrac{P}{UI}$　　　　　　　　　　D.$\cos\varphi=\dfrac{IR}{U}$

37. 正弦交流条件下的有功功率 P、无功功率 Q、视在功率 S 的关系是_____。
   A.$S=P+Q$　　　　　　　　　　B.$S^2=P^2+Q^2$
   C.$S=P$　　　　　　　　　　　　D.$S=Q$

38. 关于正弦交流条件下的视在功率,正确的说法是_____。
   A.视在功率等于端口上电压、频率有效值的乘积
   B.视在功率等于端口上电压、电流最大值的乘积
   C.视在功率等于端口上电压、电流有效值的和
   D.视在功率等于端口上电压、电流有效值的乘积

39. 交流电路的功率分有功功率、无功功率和视在功率,其中有功功率是指_____。
   A.负载中电阻的功率　　　　　　　B.负载中电感的功率
   C.负载中电容的功率　　　　　　　D.负载的所有功率

40. 在纯电感性负载的交流电路中,$u=110\sqrt{2}\sin(\omega t+30°)$ V,$i=5\sqrt{2}\sin(\omega t-60°)$ A,电路的无功功率为_____ var。
   A.1 100　　　　　　　　　　　　B.550
   C.275　　　　　　　　　　　　　D.$275\sqrt{3}$

41. 交流电路电功率的表达式 $P=UI$ 适用于_____电路。
   A.感性　　　　　　　　　　　　　B.容性
   C.纯电阻　　　　　　　　　　　　D.任意性质负载

42. 在纯电容交流电路中,一个周期的平均功率为_____。
   A.$P=U_C I\sin\omega t$ W　　　　　　　B.$P=U_C I\sin 2\omega t$ W
   C.$P=U_C^2/X_C$ W　　　　　　　　D.$P=0$ W

43. 若单相交流电路的电压和电流最大值分别为 U_m、I_m,则视在功率 S 的表达式为_____。
   A.$U_m I_m$　　　　　　　　　　　B.$\dfrac{1}{2}U_m I_m$
   C.$\dfrac{\sqrt{2}}{2}U_m I_m$　　　　　　　　　D.$\sqrt{2}U_m I_m$

44. 提高功率因数只是提高电源或电网的功率因数,而负载本身的功率因数_____。
   A.变小　　　　　　　　　　　　　B.变大
   C.不变　　　　　　　　　　　　　D.不能确定变化情况

45.并联电容器可以提高线路的功率因数,而电感性负载的电流和功率因数都没有变化,这是因为该支路的电压及元件参数并未改变。但由于并联电容后,总的功率因数变大了,电压与线路电流之间的相位差_____。

A.变小 B.变大
C.不变 D.相等

46.某负载有功功率 $P=4$ kW,功率因数为0.8,则其视在功率 S 为_____。

A.3.2 kVA B.4 kVA
C.5 kVA D.3 kVA

47.已知某负载视在功率为5 kVA,有功功率为4 kW,则其无功功率 Q 为_____。

A.1 kvar B.3 kvar
C.9 kvar D.6.4 kvar

48.三相对称负载星形连接,其线电压为380 V,则相电压为_____。

A.220 V B.269 V
C.$380\sqrt{2}$ V D.$220\sqrt{3}$ V

49.对称三相正弦电路星形连接中,电流的相值与线值之间的关系是_____。

A.线电流是相电流的$\sqrt{3}$倍 B.线电流是相电流的3倍
C.线电流是相电流的2倍 D.线电流等于相电流

50.如图,三相电源星形连接时,在相电压对称、正相序的情况下,三个线电压也是对称的,则 u_A 比 u_{AB} _____。

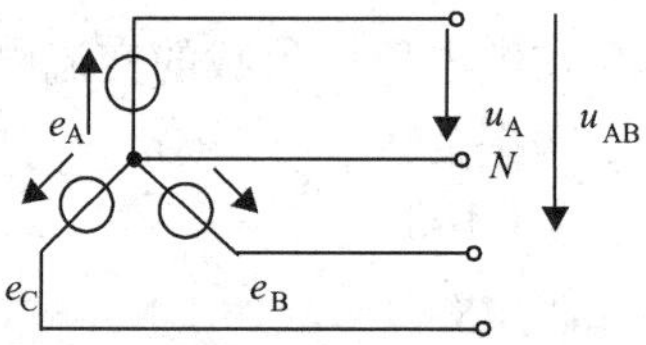

A.超前30° B.滞后30°
C.超前120° D.滞后120°

51.对称三相负载星形连接时,相电压 U_P 与线电压 U_L、相电流 I_P 与线电流 I_L 的关系是_____。

A.$U_L=\sqrt{3}U_P, I_L=I_P$ B.$U_L=\sqrt{3}U_P, I_L=\sqrt{3}I_P$
C.$U_L=U_P, I_L=\sqrt{3}I_P$ D.$U_L=U_P, I_L=I_P$

52.一对称三相电源给对称三相负载供电如图,三相电源线电压为380 V,负载电阻 $R_A=R_B=R_C=220\ \Omega$,则流过各相负载电阻的电流、各相负载端电压分别为_____。

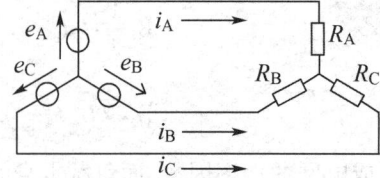

A.1 A、220 V B.$\sqrt{3}$ A、220 V
C.2 A、380 V D.0.5 A、380 V

53. 一对称三相电源给对称三相负载供电如图，三相电源线电压为 380 V，负载电阻 $R_A=R_B=R_C=190\ \Omega$，若 A 相 R_D 熔断，则流过 R_B 电流、其端电压分别为_____。

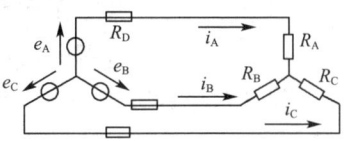

A.1 A、220 V   B.1.16 A、220 V
C.1 A、190 V   D.1.16 A、190 V

54. 三相对称负载的三角形连接电路中，若相电流 $i_{AB}=10\sqrt{3}\sin(\omega t+30°)$ A，则线电流 i_A 为_____。
A.$10\sin(\omega t+60°)$ A   B.$30\sin\omega t$ A
C.$30\sin(\omega t+60°)$ A   D.$10\sin\omega t$ A

55. 采用同一电源，三相对称负载做三角形连接时，消耗的功率是做星形连接时的_____倍。
A.1/3   B.3
C.$\sqrt{3}$ D.$1/\sqrt{3}$

56. 在三相三线制供电中，若三角形负载三相不对称，则用万用表测量三线之间的线电压_____。
A.为各相电压的 1.732 倍   B.为各相电压的 1.414 倍
C.仍为三相供电的线电压   D.随负载的不对称而电压不同

57. 对称三相正弦电路三角形连接中，线电流与对应相电流之间有_____的相位差。
A.30°   B.60°
C.180°   D.120°

58. 如图所示，电源电压对称、正相序，对称三相负载三角形连接时，相电流与线电流的关系是_____。
A. i_A 超前 i_{AB} 30°，$I_A=\sqrt{3}I_{AB}$
B. i_A 落后 i_{AB} 30°，$I_A=\sqrt{3}I_{AB}$
C. 相位相同，大小相等
D. 相位差 30°，线电流是相电流的 $\sqrt{2}$ 倍

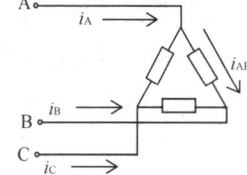

59. 在电源电压相同时，三相对称负载做三角形连接时的线电流 $I_\triangle$ 与做星形连接时的线电流 I_Y 之比为_____；功率之比 $P_\triangle/P_Y=$_____。
A.$I_\triangle/I_Y=1/3$；$P_\triangle/P_Y=1/3$ B.$I_\triangle/I_Y=3$；$P_\triangle/P_Y=3$
C.$I_\triangle/I_Y=3$；$P_\triangle/P_Y=1/3$ D.$I_\triangle=I_Y$；$P_\triangle=P_Y$

60. 在电源电压相同时，三相对称负载做三角形连接时的线电流 $I_\triangle$ 与做星形连接时的线电流 I_Y 之比为_____，功率之比 $P_\triangle/P_Y=$_____。
A.$I_\triangle/I_Y=1/3$；$P_\triangle/P_Y=1/3$ B.$I_\triangle/I_Y=3$；$P_\triangle/P_Y=3$
C.$I_\triangle/I_Y=3$；$P_\triangle/P_Y=1/3$ D.$I_\triangle=I_Y$；$P_\triangle=P_Y$

61. 三相对称负载 Y 形连接，其线电压 400 V，则相电压为_____。
A.220 V   B.380 V

C.231 V D.110 V

62. 对称三相电源中,三相瞬时电动势的代数和_____。
   A.总为 0 B.2 倍于单相电动势
   C.$\sqrt{3}$ 倍于单相电动势 D.等于单相电动势

63. 某三相交流发电机绕组接成星形时线电压为 6.3 kV,若将它接成三角形,则线电压为_____。
   A.6.3 kV B.10.9 kV
   C.3.64 kV D.3.15 kV

64. 在三相四线制系统中,三相不对称负载星形连接,则关于中线电流的叙述正确的是_____。
   A.等于各相相电流有效值之和 B.中线电流始终等于零
   C.等于各相相电流的相量之和 D.等于最大相电流的有效值

65. 对称三相负载做三角形连接,相电压 U_P、线电压 U_L、相电流 I_P、线电流 I_L 之间关系及相位正确的是_____。
   A.$U_L=\sqrt{3}U_P$,$I_L=I_P$,线电流相位滞后于对应相电流 30°
   B.$U_L=U_P$,$I_L=\sqrt{3}I_P$,线电流相位滞后于对应相电流 30°
   C.$U_L=U_P$,$I_L=\sqrt{3}I_P$,线电流相位超前于对应相电流 30°
   D.$U_L=\sqrt{3}U_P$,$I_L=I_P$,线电流相位超前于对应相电流 30°

66. 对于三相 380 V 对称电源,三相负载接成三角形,下列叙述正确的是_____。
   A.不论负载是否对称,每个负载上均能获得相同电压
   B.三相负载接成三角形必须要对称,否则负载获得电压与负载有关
   C.三相负载必须对称,否则不允许接成三角形
   D.即使三相负载不对称接成三角形,三相线电流之和仍然为零

67. 对于同一个三相 380 V 对称电源,三相负载接成星形和三角形,下列叙述正确的是_____。
   A.三相负载接成星形和三角形,负载消耗的有功功率一样大
   B.三相负载接成星形消耗的有功功率是三角形接法消耗功率的 $\sqrt{2}$ 倍
   C.三角形接法消耗功率是三相负载接成星形消耗的有功功率的 $\sqrt{3}$ 倍
   D.三角形接法消耗功率是三相负载接成星形消耗的有功功率的 3 倍

68. 对于一台三相交流异步电动机"380 V/220 V,Y/△",两种不同接法电机消耗有功功率,下列叙述正确的是_____。
   A.电机接成三角形接法消耗有功功率是接成星形消耗的有功功率的 3 倍
   B.电机接成星形消耗的有功功率是三角形接法消耗功率的 $\sqrt{3}$ 倍
   C.电机两种接法消耗的有功功率一样大
   D.电机接成三角形接法消耗有功功率是接成星形消耗的有功功率的 $\sqrt{2}$ 倍

69. 如图所示,瓦特计的读数为 2 kW,$U=230$ V,$f=50$ Hz,现将电容 $C=96$ μF 并联到电路中,则瓦特计的读数为_____。 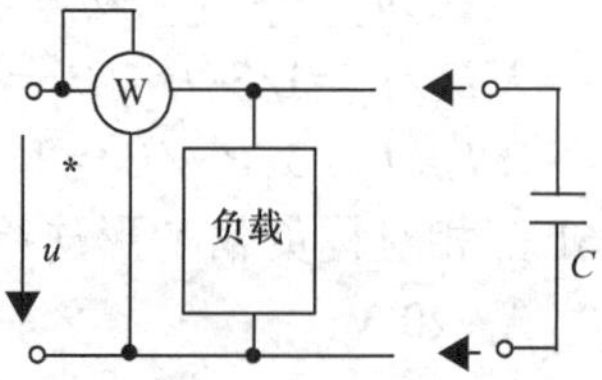
   A.0.41 kW B.2.56 kW
   C.2 kW D.3.29 kW

70. 二功率表法测量三相正弦电路的功率,不正确的说法是_____。
   A.对称负载的三相三线制电路中,可使用二瓦计法测量三相正弦电路的功率
   B.不对称负载的三相三线制电路中,也可使用二瓦计法测量三相正弦电路的功率
   C.对称负载的三相四线制电路中,可使用二瓦计法测量三相正弦电路的功率
   D.不对称负载的三相四线制电路中,可使用二瓦计法测量三相正弦电路的功率

71. 如图所示是测量三相交流电路功率的电路,若 W_1 的读数为 10 W,W_2 的读数为 30 W,则电路总的有功功率为_____W。 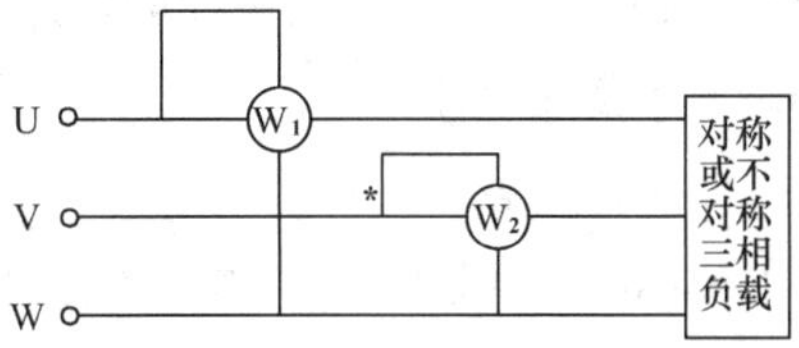
   A.40   B.20
   C.$40\sqrt{2}$ D.$20\sqrt{2}$

72. 如图所示是测量对称三相交流电路功率的电路,设负载为对称负载,若 W_1 的读数为10 W,则电路总的有功功率为_____W。 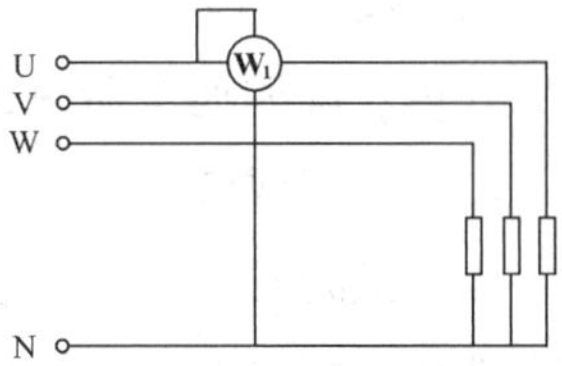
   A.10   B.$30\sqrt{3}$
   C.30   D.$30\sqrt{2}$

73. 三相功率可以用一个三相功率表(二元功率表)代替两个单相功率表来测量,但在_____的电路中不可使用。
   A.三相三线制   B.三相对称负载
   C.中性线电流不为 0 的三相四线制   D.中性线电流为 0 的三相四线制

74. 一对称三角形连接的三相负载,已知视在功率 $S=10$ kVA,有功功率 $P=6$ kW,该三相负载的无功功率为_____,功率因数为_____。
   A.6 kvar;0.8   B.8 kvar;0.8
   C.8 kvar;0.6   D.6 kvar;0.6

75. 三个 $R=10$ Ω 的电阻做三角形连接,已知线电流 $I_L=22$ A,则该三相负载的有功功率 $P=$_____。
   A.4.84 kW   B.14.5 kW
   C.8.38 kW   D.1.61 kW

76. R,L,C 串联电路,发生谐振时,以下说法错误的是_____。
   A.$X_L=X_C$,总阻抗 $|Z|=R$ B.电源电压 $U=U_R$
   C.电流 $I=U/R$ D.电源电压 $U=U_R+U_L+U_C$

77. 在 R,L,C 串联交流电路,若调节电路的电频率,当发生谐振时,具有_____。
   A.总阻抗值最小   B.总阻抗值最大
   C.电流最小   D.电路呈电感性

78. 处于谐振状态的 R,L,C 串联交流电路中,若增大频率,则电路将呈现出_____。

A.电阻性　　　　　　　　　　B.电感性
C.电容性　　　　　　　　　　D.纯电感性

79. 交流电路中,功率因数的计算公式为_____。
    A.$\cos\varphi = P/S$　　　　　　B.$\cos\varphi = Q/S$
    C.$\cos\varphi = P/Q$　　　　　　D.$\cos\varphi = S/P$

80. 三相四线制电路中,中线的作用是_____。
    A.平衡线电压　　　　　　　　B.提供单相电源
    C.防止过载　　　　　　　　　D.消除谐波

81. PWM 控制技术中,载波通常采用_____。
    A.正弦波　　　　　　　　　　B.三角波
    C.方波　　　　　　　　　　　D.锯齿波

82. 在电压源型逆变器中,直流环节采用_____。
    A.大电感滤波　　　　　　　　B.大电容滤波
    C.电阻滤波　　　　　　　　　D.无滤波环节

83. 船舶主配电板发电机控制屏上的交流电压表和电流表,其读值是交流电的_____。
    A.最大值　　　　　　　　　　B.有效值
    C.瞬时值　　　　　　　　　　D.平均值

84. 已知某工频电压有效值和初始值均为 380 V,则该电压的瞬时值表达式为_____。
    A. $u = 380\sin 314t$ V
    B. $u = 537\sin(314t + 45°)$ V
    C. $u = 380\sin(314t + 90°)$ V
    D. $u = 537\sin(314t + 180°)$ V

85. 处于谐振状态的 R,L,C 串联电路,当电源频率升高时,电路将呈现出_____。
    A.电阻性　　　　　　　　　　B.电感性
    C.电容性　　　　　　　　　　D.不确定

86. 当电路发生串联谐振时_____。
    A.电路中电流最大　　　　　　B.电路中电阻两端电压最小
    C.电路吸收的功率最小　　　　D.电路中电流最小

87. 在交流电路中,在电压一定时,频率越低,感抗 X_L _____,而通过的电流 I 则_____。
    A.越大;越大　　　　　　　　B.越大;越小
    C.越小;越大　　　　　　　　D.越小;越小

88. 当电源频率大于谐振频率时,R,L,C 串联电路呈_____。
    A.电容性　　　　　　　　　　B.电阻性
    C.电感性　　　　　　　　　　D.阻容性

89. R,L,C 串联电路发生谐振的方法不包括_____。

　　A.调节参数 L　　　　　　　　　　B.调节参数 C

　　C.调节参数 R　　　　　　　　　　D.调节电源频率 f

90. R,L,C 串联电路谐振的特征包括_____。

　　A.阻抗最大　　　　　　　　　　　B.电流最小

　　C.总电压与电流反向　　　　　　　D.总电压等于电阻电压

91. 关于并联谐振的说法不正确的是_____。

　　A.阻抗最大，呈电阻性　　　　　　B.恒压源供电时，总电流最小

　　C.恒流源供电时，电路的端电压最大　D.并联谐振又称为电压谐振

92. 非正弦周期量的分解可以采用_____。

　　A.拉普拉斯级数　　　　　　　　　B.拉普拉斯变换

　　C.傅里叶变换　　　　　　　　　　D.傅里叶级数

93. 非正弦周期电流的有效值为_____。

　　A.直流分量及各次谐波分量有效值平方和的方根

　　B.基波及各次谐波分量有效值平方和的方根

　　C.交流分量及各次谐波分量有效值平方和

　　D.直流分量及各次谐波分量有效值的和

94. 图示电路是一可控半波整流电压的波形图，在 π/3~π 之间是正弦波，其平均值为_____。

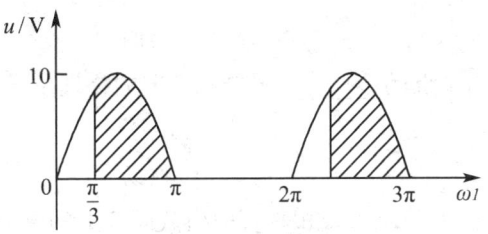

　　A.2.15 V　　　　　　　　　　　　B.2.39 V

　　C.2.66 V　　　　　　　　　　　　D.4.49 V

95. 非正弦周期电流电路中的平均功率的计算方法为_____。

　　A.$P=\dfrac{1}{T}\int u \cdot i \, dt$　　　　　　　B.UI

　　C.$u \cdot i$　　　　　　　　　　　　D.$P=u \cdot i \, dt$

96. 非正弦周期电压 u 的直流分量及各次谐波分量的有效值分别为 $U_0,U_1,U_2,\cdots$，则 u 的有效值为_____。

　　A.$U=U_0+U_1+U_2+\cdots$　　　　B.$U=\sqrt{U_0+U_1+U_2+\cdots}$

　　C.$U=U_1+U_2+\cdots$　　　　　　D.$U=\sqrt{U_1+U_2+\cdots}$

第四节 磁场和电磁感应

1. 磁力线是_____曲线,永磁铁的外部磁力线从_____。
   A.闭合;S 极到 N 极
   B.开放;S 极到 N 极
   C.闭合;N 极到 S 极
   D.开放;N 极到 S 极

2. 用磁力线表征磁场,画图正确的是_____。

3. 在均匀磁场中,磁感应强度与垂直于磁感应强度 B 的某一面积的乘积称为_____;在国际单位制中它的单位是_____。
   A.磁场强度;安/米
   B.磁导率;亨/米
   C.磁通;韦伯
   D.磁感应强度;特斯拉

4. 磁感应强度的国际制单位是_____。
   A.高斯
   B.麦克斯韦
   C.特斯拉
   D.韦伯

5. 磁感应强度是表示磁场内某点的_____强弱和方向的物理量。
   A.电场
   B.电压
   C.磁通
   D.磁场

6. 均匀磁场的磁感应强度为 B,与磁力线相垂直的横截面 S 上的磁通 $\Phi=$_____。
   A.B/S
   B.$B+S$
   C.$B-S$
   D.BS

7. 磁导率 $\mu=$_____。(B 为磁感应强度,H 为磁场强度。)
   A.BH
   B.B/H
   C.$B-H$
   D.H/B

8. 衡量物质导磁性能的物理量是_____;在国际单位制中它的单位是_____。
   A.磁场强度;安/米
   B.磁导率;亨/米
   C.磁通;韦伯
   D.磁感应强度;特斯拉

9. 能确切描述磁场中某点磁场强弱和方向的物理量是_____。
   A.磁场强度
   B.磁通
   C.磁感应强度
   D.磁力线数

10.若通过匝数为 N 的线圈电流为 I,产生磁动势 F 为_____。
   A.IN B.I/N
   C.$I-N$ D.$I+N$

11.在线圈匝数不变时,要增加其产生的磁动势,则_____要增加。
   A.磁通   B.磁导率
   C.电流   D.线圈横截面

12.电流通入线圈后将在线圈中产生磁场,其电流方向与磁场方向符合_____。
   A.右手定则   B.左手定则
   C.右手螺旋定则   D.楞次定律

13.图示的通电线圈内产生的磁通方向是_____。 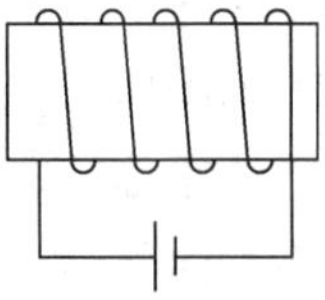
   A.从左到右   B.没有
   C.从右到左   D.不能确定

14.载流导体在垂直磁场中将受到_____的作用。
   A.电场力   B.电抗力
   C.电磁力   D.磁吸力

15.载流直导体在磁场中要受到力的作用,确定磁场电流和受力方向之间的关系应用_____。
   A.右手螺旋定律   B.左手定则
   C.右手定则   D.楞次定律

16.左手定则中,四个手指(拇指除外)所指的方向是_____的方向。
   A.导体运动   B.磁场磁力线
   C.受力   D.电流

17.可以用左手定则来判断_____。
   A.运动的带电粒子在磁场中受力大小
   B.运动的带电粒子在磁场中受力方向
   C.在磁场中运动的导体产生感应电动势的大小
   D.在磁场中运动的导体产生感应电动势的方向

18.电流的力效应是指_____。
   A.载流导体在磁场中会产生电场力
   B.载流导体在磁场中会产生电磁吸力
   C.载流导体在磁场中会受到力的作用
   D.电流对磁场产生作用力

19.以下各图中,磁场、导体长度、电流大小均相同,则图_____中的导体受到的力最大。

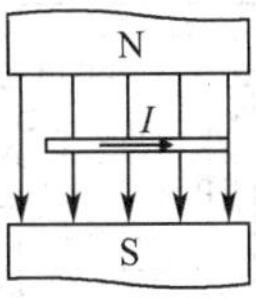

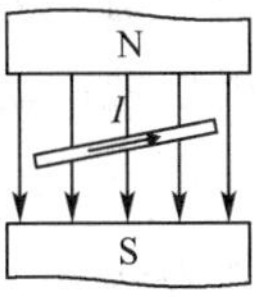

C. 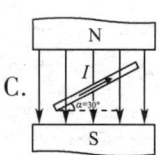   D.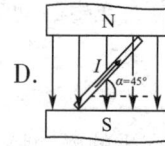

20. 如图所示,设均匀磁场的磁感应强度为 B,导体的长度为 l,则确定导体的受力方向用_____、受力大小为_____。

    A. 左手定则;$F = BlI\sin\alpha$(N)

    B. 右手定则;$F = BlI\sin\alpha$(N)

    C. 左手定则;$F = BlI\cos\alpha$(N)

    D. 右手定则;$F = BlI\cos\alpha$(N)

    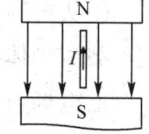

21. 如图所示,设均匀磁场的磁感应强度为 B,导体的长度为 l,则关于导体的受力方向和大小说法正确的是_____。

    A. 向外,$F = BlI$(N)

    B. 向左,$F = BlI$(N)

    C. 向右,$F = BlI$(N)

    D. $F = 0$

    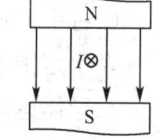

22. 如图所示,设均匀磁场的磁感应强度为 B,导体的长度为 l,则关于导体的受力方向和大小说法正确的是_____。

    A. 向外,$F = BlI$(N)

    B. 向左,$F = BlI$(N)

    C. 向右,$F = BlI$(N)

    D. $F = 0$

23. 如图所示,设均匀磁场的磁感应强度为 B,导体的长度为 l,则关于导体的受力方向和大小说法正确的是_____。

    A. 向外,$F = BlI$(N)

    B. 向左,$F = BlI$(N)

    C. 向右,$F = BlI$(N)

    D. $F = 0$

24. 通电导体切割磁力线将会产生感应电动势,确定磁场、导体运动和感应电动势方向关系应用_____。

    A. 右手螺旋定律   B. 左手定则

    C. 右手定则   D. 楞次定律

25. 如图所示的电磁感应实验,当连接在电池正极和变压器原边之间的开关_____,电流表指针能出现摆动,这一现象属于电磁感应现象表现形式中的_____。

    A. 接通瞬间;运动的导体切割磁力线

    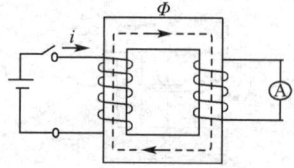

B.保持闭合;穿过线圈的磁通发生变化
C.保持开路;运动的导体切割磁力线
D.断开瞬间;穿过线圈的磁通发生变化

26.下列说法错误的是_____。
   A.电流产生磁场,磁场强度与磁场媒质的磁性无关
   B.电流流过线圈时在线圈内产生磁场,其磁感应强度 B 的方向与电流的方向之间符合右手螺旋定则
   C.磁场强度是表示磁场内某点磁场强弱和方向的物理量
   D.磁导率是一个用来表示磁场媒质磁性的物理量

27.下列说法错误的是_____。
   A.当导体垂直于磁场方向运动时,感应电动势 e 的大小与导体处的磁感应强度 B、导体在磁场中的有效长度 l 和导体与磁场的相对切割线速度 $v(m/s)$ 三者的乘积成正比
   B.当导体垂直于磁场方向运动时,导体中会产生感应电流
   C.当穿过线圈的磁通发生变化时,在线圈内产生感应电动势
   D.若线圈磁通减少,则楞次电流磁通与穿过线圈的磁通方向相同,反抗其减少

28.若电感较大的线圈从电源切断时,线圈两端将产生很高的电压,这是由于_____的结果。
   A.电感值变化   B.电感线圈电阻太小
   C.自感现象   D.电源电压波动

29.电磁感应定律指出,感应电动势与_____成正比。
   A.磁通量的变化率   B.磁通量的大小
   C.电流的大小   D.电阻的大小

30.变压器的工作原理基于_____。
   A.电流的热效应   B.电磁感应现象
   C.欧姆定律   D.基尔霍夫定律

31.直流电机的换向器作用是_____。
   A.产生旋转磁场   B.改变电流方向
   C.调节转速   D.平衡电枢反应

32.在电磁感应现象中,下列说法正确的是_____。
   A.导体相对磁场运动,导体内一定会产生感应电流
   B.导体做切割磁力线运动,导体内一定会产生感应电流
   C.穿过闭合电路的磁通量发生变化时,电路中就一定会有感应电流
   D.闭合电路在磁场内做切割磁力线时,电路中就一定会有感应电流

33.下列属于电磁感应现象的是_____。
   A.通电直导体产生磁场
   B.通电直导体在磁场中运动
   C.变压器铁心被磁化

D. 线圈在磁场中转动发电

34. 如图所示,当磁铁向下运动时,_____。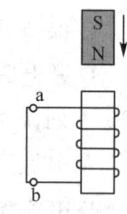
    A. 线圈内磁通减小
    B. 线圈内部的感应电动势 e 是从线圈的内部 a 指向 b
    C. 线圈外部的感应电流 i 是从线圈的 b 端流入
    D. 线圈内部的感应电动势 e 和感应电流 i 方向相反

35. 如图所示的铁芯线圈电路中,在开关 S 闭合及再打开的瞬间,线圈的自感电动势极性是_____。

    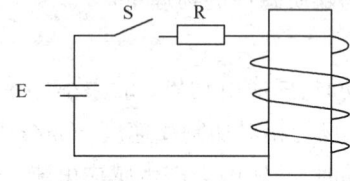

    A. 闭合时,上正下负;断开时,上正下负
    B. 闭合时,上负下正;断开时,上负下正
    C. 闭合时,上正下负;断开时,上负下正
    D. 闭合时,上负下正;断开时,上正下负

36. 关于线圈的感应电动势的说法正确的是_____。
    A. 当线圈中有磁通穿过时,就会产生感应电动势
    B. 当线圈周围的磁通变化时,就会产生感应电动势
    C. 当穿过线圈中的磁通变化时,就会产生感应电动势
    D. 当线圈中有电流流过时,就会产生感应电动势

37. 线性电感线圈中的电感 L 的大小与_____无关。
    A. 线圈的几何尺寸   B. 线圈的匝数
    C. 磁介质的磁导率   D. 额定电流

38. 关于电感 L 的说法,错误的是_____。
    A. 线圈电感的大小与线圈内的介质无关
    B. 电感的单位为亨利(H)
    C. 线圈电感的大小表明了其通电产生磁通的能力
    D. 线圈电感的大小与线圈的匝数、几何尺寸和形状有关

39. 关于电感 L 的说法,正确的是_____。
    A. 线圈电感的大小与线圈内的介质无关   B. 交流铁芯线圈中也可用 $e=-L(di/dt)$ 分析
    C. 线圈铁芯为非铁磁材料的电感为常数   D. 线圈铁芯为铁磁材料的电感也为常数

40. 磁滞损耗与铁芯材料的磁滞回线所包围的面积_____。
    A. 成正比   B. 成反比
    C. 无关   D. 不成比例

41. 两个完全相同的交流铁芯线圈,分别工作在电压相同而频率不同($f_1<f_2$)的电源下,此时两个线圈的磁通 φ_1 和 φ_2 的关系为_____。

A.不定 B. $\varphi_1 = \varphi_2$
C. $\varphi_1 < \varphi_2$ D. $\varphi_1 > \varphi_2$

42.下列说法错误的是_____。
 A.由于涡流在铁芯中造成的功率损耗,称为涡流损耗
 B.涡流损耗主要使铁芯发热
 C.涡流也有可利用的一面
 D.在直流铁芯线圈中,处于磁通下的铁芯内的功率损耗称为铁损

43.下列说法错误的是_____。
 A.变压器在能量传递过程中的损耗主要为铜损和铁损两部分,均通过发热的形式表现
 B.电阻率的减小可进一步减小涡流
 C.为减小涡流,交流电器铁芯通常是用相互绝缘的薄硅钢片叠成
 D.减少磁滞损耗的措施是选用磁滞回线狭小的磁性材料制作铁芯

第五节　电气材料技术

1.导电材料包括_____。
 A.高电导材料和高电阻材料 B.高电导材料和熔体材料
 C.高电导材料和接触性导电材料 D.接触性导电材料和高电阻材料

2.船用各种变阻器属于_____。
 A.高电导材料 B.高电阻材料
 C.半导体材料 D.磁性材料

3.一般说来,导体的电阻率是由_____所决定的。
 A.导体两端的电压 B.导体中的电流
 C.导体材料 D.导体所吸收的功率

4.下列几组物质中,均属绝缘材料的是_____。
 A.干木柴、陶瓷、海水 B.塑料、橡胶、陶瓷
 C.玻璃、石墨、纯净水 D.水银、玻璃、豆油

5.以下几种材料,_____没有应用半导体材料。
 A.硅光电池 B.温控开关
 C.记忆合金 D.二极管

6._____是指电阻率大于 10^9 Ω·cm、用来限制电流流动的材料。
 A.绝缘体 B.半导体
 C.非本征半导体 D.导体

7.在评价电介质的主要电学性能指标中,属于导电性性能指标的是_____。
 A.介电常数 B.耐电强度
 C.损耗因素 D.导体电阻率与表面电阻率

8. 关于电阻率说法正确的是_____。
   A.电阻率 ρ 与导体的长度 L 和横截面积 S 有关
   B.电阻率表征了导体材料的导电能力的强弱,由导体材料决定,与温度有关
   C.电阻率 ρ 越大的导体,电阻也越大
   D.超导材料的电阻率不可能为零

9. 一只220 V,100 W的灯泡正常工作时电阻为484 Ω,拿一只这种灯泡来测量它不工作时的电阻,应是_____。
   A.等于484 Ω   B.大于484 Ω
   C.小于484 Ω   D.无法确定

10. 白炽灯泡亮时和熄灭时,灯丝的电阻大小是_____。
    A.点燃时大   B.熄灭时大
    C.一样大   D.不能确定

11. _____不是工业纯铜的特性。
    A.导电性好   B.可塑性好
    C.高强度   D.硬度低

12. 在货船辅锅炉燃烧时序控制系统中,用电阻元件组成火焰感受器,其常用的电阻元件是_____。
    A.热敏电阻   B.光敏电阻
    C.金属丝热电阻   D.温包

13. 可用于辅锅炉火焰检测的元件是_____。
    A.热敏电阻   B.热电阻
    C.光电池   D.低熔点合金

14. 在下列元件中,能用作辅锅炉火焰感受器的是_____。
    A.光敏电阻   B.热敏电阻
    C.热电阻   D.热电偶

15. 热敏电阻是一个特殊的半导体器件,它的电阻值随着_____高低的变化而变化。
    A.其表面温度   B.其表面压力
    C.其表面湿度   D.其两端电压

16. 按绝缘材料的最高允许温度的不同,从低到高依次分为_____ 7种耐热等级。
    A.1、2、3、4、5、6、7
    B.90 ℃、100 ℃、110 ℃、120 ℃、130 ℃、140 ℃、150 ℃
    C.A、B、C、D、E、F、G
    D.Y、A、E、B、F、H、C

17. 船用电气设备通常采用_____以上绝缘等级的材料作为绝缘材料。
    A.F级   B.H级
    C.E级   D.A级

18. 下列耐热等级的绝缘材料中,最高允许温度值为_____。

A.A 级　　　　　　　　　　　　　B.B 级
C.H 级　　　　　　　　　　　　　D.E 级

19.下列各等级的绝缘材料,其耐热极限温度最高的是_____。
A.A 级　　　　　　　　　　　　　B.B 级
C.C 级　　　　　　　　　　　　　D.E 级

20.船舶电缆的选择主要依据是_____.
A.电压等级和环境温度　　　　　　B.电流大小和绝缘材料
C.导线颜色和敷设方式　　　　　　D.机械强度和导电率

21.电力电子器件中,IGBT 属于_____.
A.电流控制型器件　　　　　　　　B.电压控制型器件
C.不可控器件　　　　　　　　　　D.半控型器件

22.晶闸管属于_____.
A.不可控器件　　　　　　　　　　B.半控型器件
C.全控型器件　　　　　　　　　　D.压控型器件

23.单相桥式整流电路输出电压的平均值为(输入电压为 U_2)_____.
A.$0.9U_2$　　　　　　　　　　　B.$1.17U_2$
C.$2.34U_2$　　　　　　　　　　D.$3.14U_2$

24.为减小磁滞损耗,电磁线圈的铁芯应采用_____。
A.硬磁材料　　　　　　　　　　　B.非磁材料
C.软磁材料　　　　　　　　　　　D.矩磁材料

25.船舶电气设备的绝缘材料同陆用电气设备的绝缘材料相比_____。
A.完全一致
B.由于船舶电力系统比陆上简单得多,故对电气绝缘材料要求简单
C.由于船用电气设备工作条件较陆地苛刻得多,故对电气绝缘材料要求较高
D.为减轻船舶重量,对绝缘材料无具体要求

26.以下绝缘材料中,_____绝缘材料是耐热极限温度最高的。
A.Y 级　　　　　　　　　　　　　B.B 级
C.F 级　　　　　　　　　　　　　D.E 级

27.船用电机绝缘材料的最高允许温度大多在 120~155 ℃范围,故其绝缘等级多为_____。
A.E、B、F　　　　　　　　　　　B.Y、A、E
C.F、H、C　　　　　　　　　　　D.Y、B、C

28.船用电缆绝缘层的作用是_____。
A.保护电缆内部,以免遭受机械损伤
B.防止水、盐雾、油、生物、火灾、霉菌、各种腐蚀等的破坏
C.将各导电部分隔离以防止接地或相间短路
D.电屏蔽

29.下列对船用电缆的性能描述中,不正确的是_____。

A.都应是阻燃型或防火型
B.绝缘性能好,且有防潮湿、防腐蚀要求
C.有较好的抗振和抗机械损伤能力
D.最外层装有金属铠装,起到电磁屏蔽的作用

30.以下不属于船用电缆的性能要求的是_____。
A.绝缘性能好　　　　　　　　　B.防潮、防腐蚀性能好
C.抗振与抗机械损伤能力强　　　D.延展性好

31.若用有机胶黏或浸渍的云母、石棉、玻璃丝作为绝缘材料,其耐热极限温度是_____℃。
A.90　　　　　　　　　　　　　B.130
C.105　　　　　　　　　　　　D.>180

32.电机绕组至少要浸漆三次以上,主要是出于对绝缘材料的_____要求。
A.热稳定性　　　　　　　　　　B.耐潮性
C.抗生物性　　　　　　　　　　D.抗振性

33.电气设备铭牌上的绝缘等级是依据所使用绝缘材料的_____而分的_____等级。
A.防霉菌性能;绝缘　　　　　　B.击穿电压;绝缘
C.最高允许温度;耐热　　　　　D.耐潮湿性;抗潮湿

34.低压电器对绝缘材料性能的主要要求中不含_____。
A.机械强度　　　　　　　　　　B.断裂伸长率
C.耐热等级　　　　　　　　　　D.高击穿强度

35.关于船用绝缘材料,说法错误的是_____。
A.白布带若不经浸渍,其电气性能较差,吸潮后绝缘性能更差,一般用作增强机械强度和绑扎
B.液体绝缘材料主要是绝缘漆和溶剂
C.绝缘材料的绝缘性能与温度有密切的关系:温度越高,绝缘材料的绝缘性能越差
D.液体绝缘材料中,一般溶剂是通用的,可与大多数绝缘漆相适应

第六节　变压器

1.变压器的容量通常用_____表示。
①有功功率 P;②无功功率 Q;③视在功率 S
A.①　　　　　　　　　　　　　B.②
C.③　　　　　　　　　　　　　D.①②③

2.在升压变压器中,原绕组匝数 N_1 与副绕组匝数 N_2 的关系是_____。
A.$N_2 > N_1$　　　　　　　　　B.$N_2 = N_1$
C.$N_2 < N_1$　　　　　　　　　D.视型号而定

3.变压器铭牌上标有额定电压 U_{1N}、U_{2N},其中 U_{2N} 表示原边接额定电压,副边_____时的副边电压。

A.满载 B.空载
C.轻载 D.过载

4.变压器的铁芯多由 0.35 mm 厚的硅钢片叠装而成,片间彼此绝缘,这主要是_____。
  A.减小变压器的励磁电流 B.减少磁滞和涡流损耗
  C.减小变压器外形尺寸 D.便于拆装、维护保养

5.变压器铭牌上的额定电压是指_____。
  A.一次侧的额定电压/二次侧的空载电压
  B.一次侧的额定电压/二次侧的额定电压
  C.一次侧的空载电压/二次侧的空载电压
  D.一次侧的空载电压/二次侧的额定电压

6.船舶电力系统中多采用_____。
  A.多级变压器 B.单级变压器
  C.油浸式变压器 D.干式变压器

7.关于变压器的说法,正确的是_____。
  A.升压变压器不能降压使用
  B.降压变压器不能升压使用
  C.只要保证了额定电压合适,无所谓降压或升压使用
  D.只要保证了额定电压和额定容量,用作降压或升压均可

8.已知变压器的原、副边变压比 $K_u>1$,若变压器带载运行,则变压器的原、副边的电流比较结果是_____。
  A.原边电流大 B.副边电流大
  C.相等 D.由副边负载大小决定

9.当变压器副边开路时,原边、副边电流各为_____。
  A.很小、零 B.很小、很小
  C.零、很大 D.很大、零

10.船用变压器铭牌上标有 U_{1N}/U_{2N},I_{1N}/I_{2N} 其中 U_{2N}、I_{2N} 是指_____。
  A.空载输出电压、短路输出电流 B.空载输出电压、额定输出电流
  C.额定输出电压、额定输出电流 D.额定输入电压、额定输入电流

11.三相变压器铭牌中的 U_{1N}、U_{2N}、I_{1N}、I_{2N} 是指_____。
  A.U_{1N} 是原边额定线电压、I_{2N} 是副边额定线电流
  B.U_{1N} 是原边绕组的额定相电压、I_{1N} 是原边额定线电流
  C.U_{2N} 是副边空载电压、I_{2N} 是副边短路时电流
  D.U_{1N} 是原边额定线电压、I_{2N} 是副边额定相电流

12.干式变压器的冷却介质是_____。
  A.空气 B.干粉
  C.石英砂 D.二氧化碳

13. 关于变压器的电参量变比关系,下列叙述正确的是_____。
   A. 选择适当的匝数比,即可通过变压器把输入的某一交流电压变成同频率的、所需数值的输出电压
   B. 电流互感器是根据变压器的变压原理制成的
   C. 电压互感器是根据变压器的变流原理制成的
   D. 选择适当的匝数比,即可通过变压器把输入的某一交流电压变成不同频率的、所需数值的输出电压

14. 下列说法错误的是_____。
   A. 变压器一般效率都很高,大多数在95%以上,大型变压器的效率可达99%以上
   B. 变压器在能量传递过程中的损耗主要为铜损和铁损两部分,均通过发热的形式表现
   C. 变压器用于磁场回路的铁芯采用相互绝缘的薄硅钢片叠成
   D. 船舶电力系统中都采用油浸式变压器

15. 变压器不具有的功能有_____。
   A. 变压   B. 变流
   C. 阻抗变换   D. 功率变换

16. 所谓同名端,下列叙述正确的是_____。
   A. 两个线圈中绕向相同的端子
   B. 两个线圈中绕向相反的端子
   C. 从两个线圈中同名端加入电流,产生的磁通方向相反
   D. 从两个线圈中异名端加入电流,产生的磁通方向相同

17. 一台 50 Hz 220 V/36 V 的单相变压器,在修理时,如果将原边匝数增加5%,副边匝数不变,接在220 V的电源上,则副边电压将_____,铁芯中的磁通将_____。
   A. 降低;降低   B. 升高;升高
   C. 降低;升高   D. 升高;降低

18. 一台 50 Hz 220 V/12 V 的壳式单相变压器,如果将原副边颠倒而将220 V的电源误接到副边,则铁芯中的磁通_____,变压器将_____。
   A. 不变;作升压变压器用   B. 升高;因铁芯发热而烧毁
   C. 降低;作升压变压器用   D. 升高;作升压变压器用

19. 一台 220 V/12 V 的单相变压器,如果将220 V的直流电源接到原边,原边电流将_____,变压器将_____。
   A. 正常;副边电压正常   B. 很大;因铁损发热而烧毁
   C. 很大;因线圈发热而烧毁   D. 不变;作直流变压器用

20. 如图所示为采用交流法进行变压器同名端判别的接线图,关于同名端的下列叙述正确的是_____。
   A. 若1和3之间电压表V_3中的读数为V_1和V_2之和,说明图中2和4为同名端

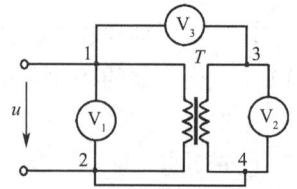

B.若 1 和 3 之间电压表 V_3 中的读数为 V_1 和 V_2 之和,说明图中 1 和 3 为同名端

C.若 1 和 3 之间电压表 V_3 中的读数为 V_1 和 V_2 之差,说明图中 1 和 3 为同名端

D.若 1 和 3 之间电压表 V_3 中的读数为 V_1 和 V_2 之差,说明图中 2 和 4 为异名端

21.图为变压器同名端测试电路若 K 闭合的瞬间毫安表的指针正偏则________。

变压器绕组极性的测定

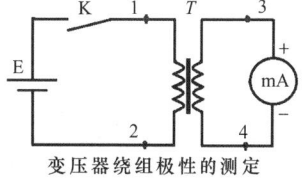

A.1 与 3 为同名端,2 与 4 为同名端

B.1 与 3 为异名端,2 与 4 为异名端

C.1 与 4 为同名端,2 与 3 为同名端

D.1 与 2 为异名端,3 与 4 为异名端

22.图为变压器同名端测试电路,若 K 闭合的瞬间毫安表的指针反偏,则________。

变压器绕组极性的测定

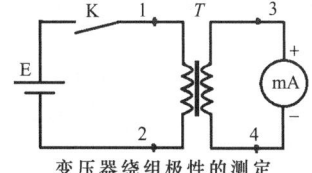

A.1 与 4 为异名端,2 与 3 为异名端

B.1 与 4 为同名端,2 与 3 为同名端

C.1 与 3 为同名端,2 与 4 为同名端

D.1 与 2 为异名端,3 与 4 为异名端

23.如图所示为变压器原边的两个绕组,每个绕组的额定电压为 110 V,如今要接到 220 V 交流电源上,需将两个线圈________连接,________端子短接。

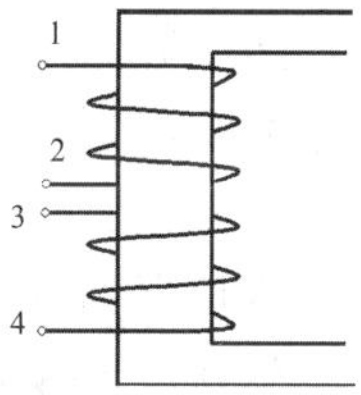

A.并联;1、3

B.串联;1、4

C.并联;2、3

D.串联;2、4

24.如图,利用直流法测量单相变压器的同名端。1、2 为原绕组的抽头,3、4 为副绕组的抽头。当开关 K 闭合时,直流电流表指针应该________。

A.正向偏转

B.反向偏转

C.来回摆动

D.不动

25.如图变压器有两个原绕组,每个原绕组额定电压均为 110 V,副绕组额定电压为 6.3 V,给灯泡供电,灯泡的额定电压也为 6.3 V。现电源电压为 220 V,应________,才能保证灯泡正常工作。

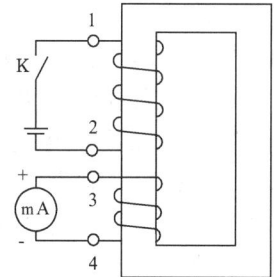

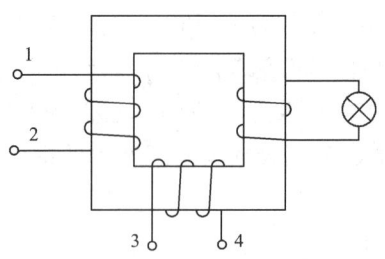

A.分别将1-3短接、2-4短接并各自抽头,将两抽头接电源

B.将2-3短接,1和4接电源

C.将1-3短接,2和4接电源

D.使用其中一个原绕组接电源即可

26.变压器的额定电压,U_{1N}为原边输入电压的额定值,U_{2N}为变压器原边接额定电压时,_____。

A.副边带额定负载时的端电压　　　　B.副边开路(空载)时的端电压

C.原副边之间的电压　　　　　　　　D.原边电压与副边电压之差

27.某壳式单相变压器铭牌参数:220 V/36 V、300 VA;_____规格的电灯能接在此变压器副边电路中正常使用。

A.36 V,500 W　　　　　　　　　　B.36 V,100 W

C.12 V,60 W　　　　　　　　　　　D.220 V,250 W

28.对于一台实际变压器,原边的额定电压为440 V。当原边所加电压为额定值,副边开路电压为110 V;随着负载的增加,副边的电流达到额定值时,副边的电压为105 V。则该变压器原、副边匝数比为_____。

A.4　　　　　　　　　　　　　　　B.4.19

C.0.25　　　　　　　　　　　　　　D.0.24

29.变压器的变阻抗功能用于实现电子线路中的阻抗匹配,变压器一次侧的等效阻抗模,为二次侧所带负载的阻抗模的_____(K为变比)。

A.K倍　　　　　　　　　　　　　　B.K^2倍

C.K^3倍　　　　　　　　　　　　　D.K^4倍

30.有关变压器的原、副边的电流,下列叙述正确的是_____。

A.变压器的副边电流由原边电流决定

B.变压器的原边电流由电源和原边阻抗决定,与副边电流无关

C.变压器原、副边电流比和匝数比成倒数关系,副边电流增加,原边电流减小

D.变压器原、副边电流比和匝数比成倒数关系,副边电流增加,原边电流也增加

31.某单相变压器,220 V/36 V、300 VA。下列负载能接到此变压器副边并正常工作的是_____。

A.36 V,500 W　　　　　　　　　　B.220 V,100 W

C.36 V,100 W　　　　　　　　　　D.36 V,350 W

32.三相变压器原、副边输出线电压之比_____。

A.仅与三相变压器的原、副边匝数比有关

B.不仅与三相变压器的原、副边匝数比有关,而且与变压器原副边的连接形式有关

C.仅与变压器原副边的连接形式有关

D.与三相变压器对应相电压之比无关

33.三相变压器相电压的变比为 K,当三相变压器的原、副边接成 Y/Y 形时,则原、副边的线电压的变比为_____。

A.K B.$\sqrt{3}K$

C.$3K$ D.$1/\sqrt{3}K$

34.三相变压器相电压的变比为 K,当三相变压器的原、副边接成 Y/△ 形时,则原、副边线电压的变比为_____。

A.K B.$\sqrt{3}K$

C.$3K$ D.$1/\sqrt{3}K$

35.三相电力变压器原、副边的电功率传递是通过_____完成的。

A.磁耦合 B.直接的电连接

C.磁阻 D.电流

36.一台三相电力变压器绕组的接法是 Y/△;原、副边绕组匝数比为 10∶1,则原、副边绕组线电压比是_____。

A.10∶1 B.10∶$\sqrt{3}$1

C.10∶$\sqrt{3}$ D.$\sqrt{3}$∶10

37.下列说法错误的是_____。

A.三相变压器原、副绕组根据需要,进行适当的三相连接,星形或三角形连接

B.采用三相三线制的交流船舶电力系统中,单相照明电源是取一相火线和中性线得到的

C.V 形连接的三相变压器组的容量并不等于两台单相变压器的容量之和

D.在原、副边绕组匝数比不变的情况下,三相变压器原、副边绕组的连接形式不同,其输入电压和输出电压之比也将不同

38.一台三相变压器为 Y/△ 连接,变比为 K,则原边、副边线电压之比为_____。

A.K B.$\sqrt{3}K$

C.$K/\sqrt{3}$ D.$3K$

39.变压器的同名端与绕组的_____有关。

A.电压 B.电流

C.绕向 D.匝数

40.图示是某三相变压器的接法和对应相量图,其连接组别为_____。

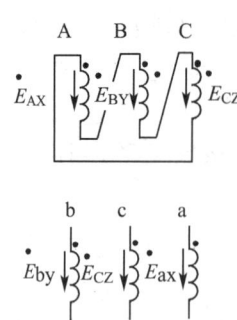 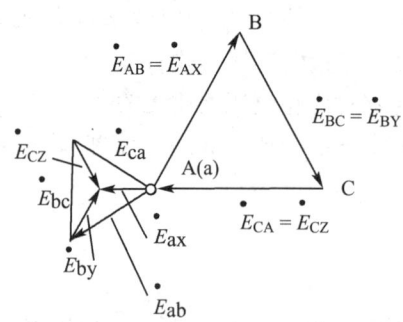

A. △,y5 B. Y,d5
C. △,y7 D. Y,d7

41. 某电力变压器的连接组别为 D,yn,表示的含义是_____。
   A. 原边为星形带中线连接,副边为三角形连接
   B. 原边为星形不带中线连接,副边为三角形连接
   C. 原边为三角形连接,副边为星形带中线连接
   D. 原边为三角形连接,副边为星形不带中线连接

42. 根据下图判别出该三相电力变压器的连接组别是_____。

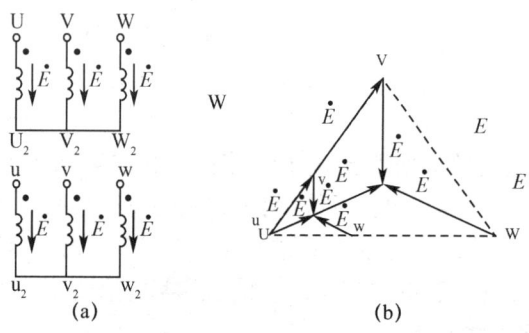

A. Y,d0 B. Y,y0
C. △,d0 D. △,y0

43. 一台 Y/△ 接法的三相电力变压器:副绕组在经过检修后欲接回△,在将副绕组接成闭合的△前,先测了一下三角形的开口电压,其值为2倍的相电压;这说明变压器副绕组_____。
   A. 连接正确 B. 有一绕组极性接反
   C. 有一相短路 D. 有一相断路

44. 三相变压器的连接组别采用时钟表示法,例如:Yd11 表示:_____。
   A. 高压绕组星形连接,低压绕组三角形连接,高压侧线电压超前低压侧线电压30°
   B. 高压绕组三角形连接,低压绕组星形连接,高压侧线电压超前低压侧线电压30°
   C. 高压绕组星形连接,低压绕组三角形连接,高压侧线电压滞后低压侧线电压30°
   D. 高压绕组三角形连接,低压绕组星形连接,高压侧线电压滞后低压侧线电压30°

45. 三相变压器的连接组别,Yd12 表示高压侧为_____连接,低压侧为_____连接,"12"表示副边线电势超前原边对应的线电势_____度相位角。

A.星形;三角形;10 B.星形;三角形;0
C.三角形;星形;10 D.三角形;星形;30

46.如图所示,ABC为三相变压器的输入端,abc为输出端,原边线圈为_____接法,副边线圈为_____接法。

A.星形;星形 B.星形;三角形
C.三角形;星形 D.三角形;三角形

47.某三相变压器 Y/△,副边在接成三角形时,任一相绕组首尾端接反或两相首尾端接反都会造成副边绕组有环流而烧毁变压器,因此副边接成封闭三角形之前,先接成开口三角形,测量开口电压为_____时才能接成封闭三角形。

A.2倍相电压 B.0
C.线电压 D.相电压

48.当电流互感器的次级线圈匝数不变时,随着被测电流的增大,电流互感器初级线圈的匝数要相应地_____。

A.不变 B.减小
C.增大 D.先增后减

49.仪用互感器使用时,电流互感器绝对不允许_____,电压互感器不允许_____。

A.开路;短路 B.短路;短路
C.短路;开路 D.开路;开路

50.电压互感器实质上是一_____变压器。

A.空载运行的降压 B.空载运行的升压
C.负载运行的降压 D.负载运行的升压

51.常用的电流互感器副边标准额定电流为_____,当 $N_2/N_1 = 1\,000/10$ 时,电流互感器可测量的最大电流为_____。

A.5 A;500 A B.10 A;1 000 A
C.5 A;50 A D.10 A;100 A

52.船舶上常用的电压互感器的副边标准额定电压为_____,当 $N_1/N_2 = 1\,000/10$ 时,电压互感器可测量的最大电压为_____。

A.100 V;1 000 V B.500 V;5 000 V
C.100 V;10 000 V D.50 V;50 000 V

53.船舶仪用电压互感器将大电压按比例变换成_____。

A.小电压,使测量仪表消耗的功率大幅增加
B.小电压,使测量仪表消耗的功率大幅减少
C.小电流,使测量仪表消耗的功率大幅增加
D.小电流,使测量仪表消耗的功率大幅减少

54.船舶仪用电压互感器副边线圈_____。

A.允许短路,因此在电压互感器副边装设熔断器做短路保护
B.允许短路,因此在电压互感器副边不允许装设熔断器做短路保护
C.不允许短路,因此在电压互感器副边不允许装设熔断器做短路保护

D.不允许短路,因此在电压互感器原、副边装设熔断器做短路保护

55.变压器的主要组成部分是_____。
　　A.定子与转子　　　　　　　　B.铁芯与绕组
　　C.电刷与换向器　　　　　　　D.机座与端盖

56.变压器工作的基本原理是_____。
　　A.电磁感应定律　　　　　　　B.基尔霍夫定律
　　C.欧姆定律　　　　　　　　　D.楞次定律

57.船舶中常用的变压器冷却方式为_____。
　　A.油浸式　　　　　　　　　　B.水冷式
　　C.干式风冷　　　　　　　　　D.自然冷却

58.三相降压变压器的连接组别为Yd11,其中"d"表示变压器的_____。
　　A.高压绕组为△接法　　　　　B.低压绕组为△接法
　　C.低压绕组为Y接法　　　　　D.高压绕组为Y接法

59.变压器的高压绕组的电流一定_____低压绕组的电流。
　　A.等于　　　　　　　　　　　B.大于
　　C.小于　　　　　　　　　　　D.远大于

60.变压器一次绕组的电压与二次绕组的电压在数值上的关系为_____。
　　A.一次绕组电压与二次绕组电压大小关系不确定
　　B.一次绕组电压一定低于二次绕组电压
　　C.一次绕组电压一定高于二次绕组电压
　　D.一次绕组电压一定等于二次绕组电压

61.一台三相电力变压器的 $S_n = 560$ kVA, $U_{1n}/U_{2n} = 10\ 000/400$ V, Dy 接法, 负载运行时不计励磁电流, 若低压边 $I_2 = 808.3$ A, 高压边 I_1 应为_____。
　　A.808.3 A　　　　　　　　　 B.56 A
　　C.18.67 A　　　　　　　　　 D.32

62.一台 Yd 连接的三相变压器,由于不慎将三角形连接的一相绕组反接,会出现_____。
　　A.三角形回路的总电势等于一相的电势,会出现很大环流
　　B.三角形回路的总电势等于一相电势
　　C.三角形回路的总电势为零,不会出现环流
　　D.三角形回路的总电势等于一相电势的2倍,会出现很大环流,易烧毁三相绕组

63.二次回路禁止开路的设备是_____。
　　A.变压器　　　　　　　　　　B.电流互感器
　　C.电压互感器　　　　　　　　D.断路器

64.电压互感器的特点是:原绕组匝数比副绕组匝数_____;比较导线截面积,原绕组比副绕组_____。
　　A.多;粗　　　　　　　　　　 B.多;细
　　C.少;细　　　　　　　　　　 D.少;粗

65.仪用电流互感器的次级额定电流除5 A外,还有_____。

A.1 A B.100 A
C.3 A D.10 A

66.关于电流互感器的副边绕组不准开路的原因,以下说法最为恰当的是_____。
   A.副边绕组开路产生高电压
   B.铁芯发热严重
   C.测不出电流大小
   D.副边绕组开路产生高电压,同时铁芯发热严重

67.电压互感器在使用中,原边是_____到电路中,电流互感器在使用中,原边是_____到电路中。
   A.串联;串联 B.串联;并联
   C.并联;串联 D.并联;并联

68.电压互感器是一个特殊变压器,其特点是_____。
   A.工作在降压、空载,副边不允许短路
   B.工作在升压、空载,副边允许开路
   C.工作在降压、有载,副边处于短路状态
   D.工作在升压、空载,副边允许短路

69.关于电压互感器的说法,错误的是_____。
   A.电压互感器二次侧电压与一次侧无关,固定为100 V
   B.电压互感器在使用时二次侧允许开路,但不允许短路
   C.电压互感器的铁芯及二次侧一端在使用时必须可靠接地
   D.使用电压互感器的目的就是扩大仪表的量程

70.电压互感器相当于一个_____,所以使用时副边不允许短路。
   A.电压源 B.电流源
   C.可控电流源 D.可控电压源

71.关于电流互感器,下列说法错误的是_____。
   A.电流互感器原边串接于被测回路中,因此匝数少,线径粗
   B.电流互感器副边接电流表,电流表中直接反映被测电流的大小
   C.电流互感器在正常使用时相当于可控电流源
   D.电流互感器副边接电流表,在换接电流表时可以开路

72.某变压器额定电压为220 V/110 V,若原边加额定电压,副边接电阻 $R=8$ Ω,则原边的等效电阻为_____Ω。
   A.4 B.8
   C.16 D.32

73.变压器绕组若采用交叠式放置,一般在靠近上下磁轭的位置安放_____绕组。
   A.低压 A.高压
   B.中压 C.任意

第七节　电机基本原理

1. 直流发电机和直流电动机的铭牌上的额定容量是指电机在额定状态下的_____。
   A.电功率　　　　　　　　　　B.机械功率
   C.输入功率　　　　　　　　　D.输出功率

2. 直流电机的铭牌标注的额定功率是指_____下,电动机_____的机械功率。
   A.空载状态;轴上输入　　　　B.空载状态;轴上输出
   C.额定状态;轴上输出　　　　D.额定状态;轴上输入

3. 关于异步电动机铭牌上的主要额定数据的意义,叙述正确的是_____。
   A.额定电压是指在额定运行时,定子绕组所接电源相电压值
   B.额定转速是指电动机额定状态运行时转子的转速
   C.额定功率是指额定运行时,电动机输入的电功率
   D.额定电流是指电动机额定电压下带额定负载运行时,电机的相电流

4. 关于异步电动机铭牌上的主要额定数据的意义,叙述正确的是_____。
   A.额定功率因数是指电动机运行时的功率因数
   B.接法是指电机有星形接法和三角形接法两种,视转子结构而定
   C.绝缘等级与温升是由电动机所用绝缘材料的允许极限温度来划分的
   D.防护等级IP是由所用绝缘材料的允许极限温度来划分的

5. 某三相交流电动机380 V、1 kW,如果电机通电运行,满足其380 V,下列说法正确的是_____。
   A.电机一定在额定功率下工作
   B.电机消耗的功率一定为1 kW
   C.电机一定工作在额定电压、额定功率状态
   D.电机额定工作的两个条件:满足额定电压,同时电机必须带额定负载

6. 关于铁损的说法,正确的是_____。
   A.铁损是铁芯中磁滞损耗和涡流损耗的总称　　B.铁损的大小与剩磁大小成正比
   C.铁损的大小与矫顽力大小成正比　　　　　　D.铁损的大小与磁滞回线的面积成正比

7. 电机实现能量转换的核心部件是_____。
   A.定子绕组　　　　　　　　　B.转子铁芯
   C.气隙磁场　　　　　　　　　D.换向器

8. 电机铭牌上的"绝缘等级"表示_____。
   A.电机外壳的防护能力　　　　B.绕组绝缘材料的耐热极限
   C.电机的防水等级　　　　　　D.绕组的导电性能

9. 电机运行时的"铁损"主要指_____。
   A.绕组电阻发热损耗　　　　　B.轴承摩擦损耗
   C.铁芯中的磁滞和涡流损耗　　D.风扇通风损耗

10. 船舶电机的铁芯采用_____材料,原因是其磁滞损耗_____。

A.软磁;大 B.软磁;小
C.硬磁;大 D.硬磁;小

11.船舶照明变压器的铁芯采用硅钢片叠压而成,目的是_____。
A.减少铜损
B.减少磁滞损耗和涡流损耗
C.减少机械损耗
D.减少导体损耗

12.交流电机在空载运行时,功率因数很_____。
A.高 B.低
C.先高后低 D.先低后高

13.异步电动机过载时造成电动机_____增加并发热。
A.铜损 B.铁损
C.铝损 D.磁滞损耗

14.一般电动机的最大转矩与额定转矩的比值叫过载系数,一般此值应_____。
A.等于1 B.小于1
C.大于1 D.等于0

15.电机传热和散热的方式不包括_____。
A.热传导 B.热冲击
C.热辐射 D.热对流

16.若电机的表面冷却采用空气做冷却介质,则以下说法错误的是_____。
A.结构简单 B.成本低
C.冷却效果较差 D.冷却效果较好

17.三相异步电动机为了使三相绕组产生对称的旋转磁场,各相绕组的对应边之间应保持_____电角度。
A.80° B.100°
C.120° D.180°

18.设三相异步电动机额定电流 I_n = 10 A,进行频繁的带负载起动,熔断体的额定电流应选_____。
A.10 A B.15 A
C.50 A D.25 A

19.需要频繁起动电动机时,应选用_____控制。
A.闸刀开关 B.负荷开关
C.低压断路器 D.接触器

20.为提高电动起重机起动、调速性能,更适合使用_____电动机。
A.鼠笼式异步 B.绕线式异步
C.永磁式同步 D.凸极式同步

21.电力推进系统的主推进电动机需进行精确调速,更适合使用_____电动机。
A.三相异步鼠笼式 B.三相异步绕线式

C.三相同步　　　　　　　　　　　D.步进式

第八节　直流电机

1. 串励与并励_____一致的复励发电机称为积复励发电机,根据串励绕组对端电压的_____,积复励又分为平复励、欠复励和过复励发电机。
   A.补偿方向;补偿效果　　　　　　B.磁场方向;补偿程度
   C.绕组匝数;补偿效果　　　　　　D.绕组匝数;补偿程度

2. 根据串励绕组对端电压的补偿程度,积复励又分为平复励、欠复励和过复励发电机。这里,补偿程度指的是_____。
   A.串励绕组的匝数　　　　　　　　B.复励绕组的匝数
   C.串励绕组的直径　　　　　　　　D.复励绕组的直径

3. 下列说法正确的是_____。
   A.直流电动机转子绕组不存在感应电势
   B.直流发电机转子绕组没有电磁转矩作用
   C.直流发电机转子绕组中,感应电势的方向和电枢电流相反
   D.直流电动机电磁转矩的方向与转子旋转方向相同

4. 直流电机由定子和转子两大部分组成:定子由主磁极、_____、机座、端盖和电刷装置等组成,转子由电枢铁芯、电枢绕组、_____、转轴和风扇等组成。
   A.换向器;换向极　　　　　　　　B.换向极;换向器
   C.换向极;换向极　　　　　　　　D.换向器;换向器

5. 换向器在负载作用下长期运行后,表面会产生一层坚硬的深褐色薄膜,这层薄膜会_____换向器表面,因此要_____这层薄膜。
   A.保护;保护　　　　　　　　　　B.破坏;清除
   C.保护;定期打磨　　　　　　　　D.破坏;定期打磨

6. 在直流电机的定子里有主磁极和换向极之分。主磁极是_____;换向极是_____。
   A.形成N、S相间排列的主磁场;改善电枢绕组中电流的换向过程
   B.形成N、S相间排列的主磁场;改善主磁场的换向过程
   C.旋转磁场;削弱电枢绕组的电枢反应
   D.旋转磁场;改善电枢绕组中电流的换向过程

7. 某直流电机拆开后,发现主磁极上的励磁绕组有两种:一种匝数多而绕组导线较细;另一种匝数少但绕组导线较粗。可断定该电机的励磁方式为_____。
   A.他励　　　　　　　　　　　　　B.并励
   C.串励　　　　　　　　　　　　　D.复励

8. 直流电机换向极作用主要是_____。
   A.增加电机气隙磁通　　　　　　　B.改善换向,减少换向时的火花
   C.没有换向极,就成为交流电机　　D.稳定电枢电流

9. 直流电机换向极绕组与_____。

A.电枢绕组并联　　　　　　　　　　B.电枢绕组串联
C.并励绕组串联　　　　　　　　　　D.并励绕组并联

10.若直流发电机的励磁绕组的励磁电流是由独立的直流电源提供的,则称为_____直流发电机。
A.自励式　　　　　　　　　　　　　B.并励式
C.他励式　　　　　　　　　　　　　D.复励式

11.直流电机的定子是由_____组成的。
A.主磁极、换向极、机座、端盖和电刷装置
B.主磁极、换向极、转轴和风扇
C.电枢绕组、电枢铁芯、转轴和风扇
D.电枢铁芯、机座、端盖和电刷装置

12.直流电机定子的主磁极作用是_____。
A.增加电机气隙磁通
B.产生主磁场
C.改善直流电机的换向情况,消除因电机运行时电磁原因而引起的电刷火花
D.稳定电枢电流

13._____直流发电机的电压变化率相对最小。
A.串励　　　　　　　　　　　　　　B.并励
C.他励　　　　　　　　　　　　　　D.差复励

14.直流电机的换向器和同步发电机中的滑环结构上的特点是_____。
A.换向器是完整的导电圆环,滑环也是完整的导电圆环
B.换向器由彼此绝缘的换向片构成,滑环由彼此绝缘的换向片构成
C.换向器由彼此绝缘的换向片构成,滑环是完整的导电圆环
D.换向器是完整的导电圆环,滑环由彼此绝缘的换向片构成

15.对于直流电机,下列说法错误的是_____。
A.转子电枢铁芯是磁路的一部分,由固定在转轴上的硅钢片叠成
B.换向极的作用是将电枢线圈中的交流变为直流或相反
C.定子由主磁极、换向极、机座、端盖和电刷装置等组成
D.转子由电枢铁芯、电枢绕组、换向器、转轴和风扇等组成

16.对于直流电机,下列说法错误的是_____。
A.一般情况下,换向时绕组中存在电抗电势和电枢反应电势
B.正确选用不同材料的电刷以及适当调整电刷位置等也可在一定程度上减小电刷下的火花
C.换向器绕组与电枢绕组串联
D.在定子主磁极之间换向极用于改善换向

17.直流电机带动恒转矩负载匀速运转,在励磁电流和外加电枢电压不变的情况下,转速越_____,说明负载转矩越_____。
A.高;大　　　　　　　　　　　　　B.高;小
C.不稳;大　　　　　　　　　　　　D.不稳;小

18. 一般说来，串励、并励、复励三种励磁方式的直流电动机中，机械特性最硬和最软的分别是_____。
    A. 串励；复励   B. 复励；并励
    C. 并励；串励   D. 复励；串励

19. 直流电机定子的主要作用是_____。
    A. 产生旋转磁场   B. 提供励磁磁场
    C. 安放电枢绕组   D. 支撑转子

20. 直流电机的换向器作用是_____。
    A. 改变电流方向   B. 调节转速
    C. 平衡电枢反应   D. 产生感应电动势

21. 他励直流电机的励磁电流来自_____。
    A. 电枢绕组   B. 独立直流电源
    C. 定子绕组   D. 转子绕组

22. 直流电机降压起动的目的是_____。
    A. 增大起动转矩   B. 限制起动电流
    C. 提高功率因数   D. 简化控制电路

23. 直流发电机主磁极磁通产生感应电动势存在于_____。
    A. 电枢绕组和励磁绕组   B. 电枢绕组
    C. 励磁绕组   D. 换向极绕组

24. 他励直流发电机的转速升高 10%，磁通不变，其空载电势_____。
    A. 大小不变   B. 不好确定
    C. 升高 10%   D. 降低 10%

25. 并励直流发电机的额定输出功率 P_N 等于_____。
    A. $U_N I_N \eta_N$ B. $U_N I_N / \eta_N$
    C. $U_N I_N$ D. $U_N I_{fN}$

26. 为了限制起动电流，他励直流电动机通常采用_____。
    A. 电枢回路串电阻起动
    B. 降低电枢电压起动
    C. 减小电动机的磁通
    D. A 或 B

27. 直流电动机降压调速稳定后，如果磁场和总负载转矩不变，则_____不变。
    A. 输入功率   B. 输出功率
    C. 电枢电流   D. 输入电压

28. 在直流电机中，公式 $E = k_E \varphi n$ 和 $T = k_T \varphi I_a$ 中的 φ 指的是_____。
    A. 每极气隙磁通   B. 所有磁极的总磁通
    C. 主极每极磁通   D. 每极电枢反应磁通

29. 实现直流电动机反转的下述方法正确的是_____。
    A. 改变电枢电流的方向，而保持励磁电流的方向不变

B.同时改变励磁电流和电枢电流的方向

C.他励电动机需同时将励磁绕组和电枢绕组的两引出线对调

D.对于并励电动机,只需电源供电方向改变即可

30.直流电动机起动时必须在电枢回路中串联起动电阻,原因是起动瞬间_____。

A.主磁通较弱　　　　　　　　　　B.产生高压

C.起动力矩太小　　　　　　　　　D.反电动势为零

31.直流电动机的起动电流(刚起动那一瞬间的电流)大小只与_____有关;与_____无关。

A.负载大小;电枢电路电阻　　　　B.电枢电路电阻;负载大小

C.负载大小;主磁场强弱　　　　　D.主磁场强弱;负载大小

32.某直流电动机铭牌值:$U_N=220\text{ V}$,$n_N=1\ 000\text{ r/min}$,$I_N=40\text{ A}$,电枢电路电阻$R_a=0.5\ \Omega$;若电枢回路不串起动电阻在额定电压下直接起动,则起动电流为_____。

A.480 A　　　　　　　　　　　　B.440 A

C.5~7倍的额定电流　　　　　　　D.80 A

33.以下方法中不能改变直流电机转向的是_____。

A.改变励磁电流的方向

B.改变电枢电流的方向

C.改变励磁电流或电枢电流的方向

D.同时改变励磁电流和电枢电流的方向

34.如图所示的直流电机调速特性曲线,是属于_____的调速方法。

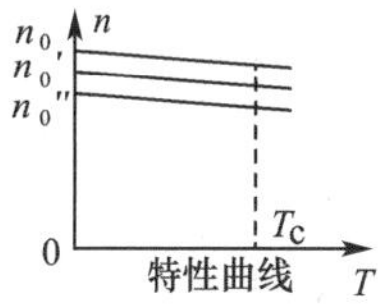

A.改变磁通调速

B.改变电压调速

C.电枢回路串电阻调速

D.励磁回路串电阻调速

35.如图所示的直流电机调速特性曲线,是属于_____的调速方法。

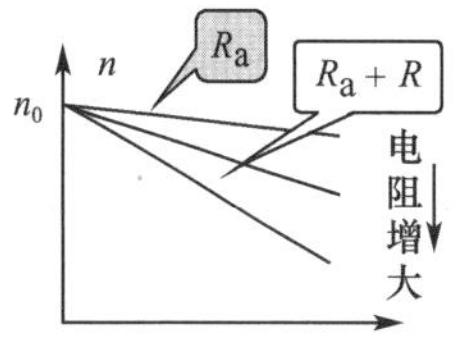

A.改变磁通调速

B.改变电压调速

C.电枢回路串电阻调速

D.励磁回路串电阻调速

36.如果电磁力产生的转矩与转子的转向相反,则为_____;如果电磁力产生的转矩与转子的转向相同,则为_____。

A.阻转矩;平衡转矩　　　　　　　B.平衡转矩;阻转矩

C.驱动转矩;阻转矩　　　　　　　D.阻转矩;驱动转矩

37.下列调速方法不适用于直流电机的是_____。

A.在电枢回路的串联可调电阻　　　B.改变励磁回路中的励磁电阻

C.改变电枢的电压　　　　　　　　D.改变定子磁极对数

38.直流电动机调速时,若保持励磁电流为额定值,即磁通恒定,在负载不变的情况下,电压减小,转速同比_____;电压升高,转速同比_____。

A.增加;增加　　　　　　　　　　B.增加;减小

C.减小;增加　　　　　　　　　　　　D.减小;减小

第九节　异步电动机

1. 如图所示异步电动机模型(图中 n_0 为旋转磁场的转速,⊕、⊙为转子导体电流方向)。若它的转子转向是_____,则其工作状态是_____制动。 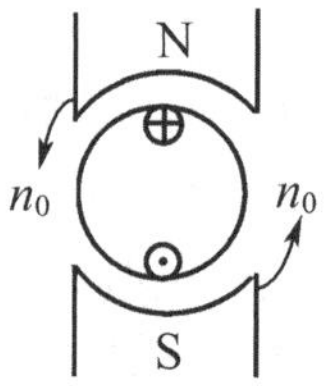
   A.顺时针;能耗
   B.顺时针;反接
   C.逆时针;反接
   D.逆时针;回馈

2. 三相异步电动机之所以能转动起来,是由于_____作用产生电磁转矩。
   A.转子旋转磁场与定子电流　　　　B.定子旋转磁场与定子电流
   C.转子旋转磁场与转子电流　　　　D.定子旋转磁场与转子电流

3. 三相交流异步电动机的定子磁场为_____。
   A.交变磁场　　　　　　　　　　　B.直流磁场
   C.旋转磁场　　　　　　　　　　　D.脉动磁场

4. 绕线式异步电动机的转子三相绕组通常接成_____,与定子绕组磁极对数_____。
   A.三角形;不同　　　　　　　　　B.星形;可能相同也可能不同
   C.三角形;相同　　　　　　　　　D.星形;相同

5. 绕线式三相异步电动机的转子绕组工作时是_____,鼠笼式三相异步电动机的转子绕组是_____。
   A.开路的;闭合的　　　　　　　　B.闭合的;闭合的
   C.开路的;开路的　　　　　　　　D.闭合的;开路的

6. 三相交流异步电动机按转子结构分有_____。
   A.鼠笼式、绕线式　　　　　　　　B.绕线式、空心杯形转子
   C.鼠笼式、空心杯形转子　　　　　D.鼠笼式、绕线式、空心杯形转子

7. 三相交流异步电动机的绕组额定电压为220 V,现电源线电压为380 V,电机绕组必需的接法为_____。
   A.Y形　　　　　　　　　　　　　B.△形
   C.Y形或△形　　　　　　　　　　D.V形

8. 三相异步电动机的旋转方向与三相交流电源的_____有关。
   A.电流大小　　　　　　　　　　　B.频率大小
   C.相序　　　　　　　　　　　　　D.电压大小

9. 关于三相异步电动机,下列说法正确的是_____。
   A.鼠笼式与绕线式的定子绕组无区别
   B.绕线式的转子回路总是连接成三角形,便于星形-三角形起动
   C.鼠笼式的转子回路总是通过滑环和电刷串联电阻,改善起动性能
   D.绕线式比鼠笼式的三相异步电动机构造简单、性能好,所以应用广

46

10. 关于三相异步电动机的结构,下列说法错误的是_____。
   A.三个定子绕组互成120°排列是为了便于形成旋转磁场
   B.三相异步电动机的转子有鼠笼式和绕线式两大类
   C.为保证强度,三相异步电动机的转轴是由成型的圆钢制成的,它的作用是支撑铁芯和传递转矩
   D.三相异步电动机定子与转子之间的气隙是为了通风和降温,所以越大越好

11. 绕线式三相异步电动机定子绕组通常有_____个接线端子可与外电路相连接。
   A.3   B.6
   C.9   D.12

12. 关于异步电动机的结构,下列叙述正确的是_____。
   A.异步电动机的转子由铁芯、绕组、机座、端盖和接线盒等部分组成
   B.绕线式异步电动机的转子绕组是以绝缘铜线绕制的三相对称绕组
   C.异步电动机的定子有鼠笼式和绕线式两种形式
   D.鼠笼式转子的绕组通常连接成星形

13. 三相异步电动机额定运行时,其三相绕组可接成△形,也可接成 Y 形。究竟接哪一种形式,应根据_____来确定。
   A.负载的大小   B.绕组的额定电压和电源电压
   C.输出功率多少   D.电流的大小

14. 转子为绕线式的三相交流异步电动机,转子绕组_____。
   A.需接三相交流电源   B.需接直流电源
   C.不接电源   D.接交流或直流电源均可

15. 一台工作频率为 50 Hz 异步电动机的额定转速为 730 r/min,其磁极对数 p 为_____。
   A.2   B.6
   C.4   D.3

16. 额定转速为 1 450 r/min 的异步电动机,其极对数和额定转差率为_____。
   A.$p=2$,$s_n=0.33$ B.$p=1$,$s_n=0.03$
   C.$p=2$,$s_n=0.033$ D.$p=2$,$s_n=3.3$

17. 额定电压为 380 V/220 V 的三相异步电动机,可以在不同的电压等级下接成 Y 形或△形运行。在这两种情况下,额定工况时线电流 I_Y 与 $I_\triangle$ 的关系为_____。
   A.$I_Y=I_\triangle/3$ B.$I_Y=I_\triangle/\sqrt{3}$
   C.$I_Y=\sqrt{3}I_\triangle$ D.$I_Y=I_\triangle$

18. 一台六极三相异步电动机,接于 50 Hz 的电源上,额定转速 $n=960$ r/min,起动瞬间转子电流的频率为_____ Hz,理想空载运行时转子电流的频率为_____ Hz。
   A.0;20   B.50;0
   C.0;4   D.50;4

19. 三相异步电动机的临界转差率与_____成正比,而与_____无关。
   A.电源电压;定子回路电阻   B.电源电压;转子回路电阻
   C.转子回路电阻;电源电压   D.定子回路电阻;电源电压

20. 关于异步电动机的转速、转差率与运行状态的关系,下列叙述正确的是_____。

    A.当 $n<n_0$ 时,$0<s<1$,异步电动机处于电动运行状态

    B.当 $n=0$ 时,$s=0$,异步电动机处于堵转状态(或电动机起动的瞬间)

    C.当 $n>n_0$ 时,$s<0$,异步电动机处于反接制动状态

    D.当 $n<0$ 时,$s>1$,异步电动机处于发电制动状态

21. 最大转矩 T_{max} 的大小与_____无关。

    A.电源电压　　　　　　　　　　B.定子绕组电压

    C.转子回路电阻　　　　　　　　D.电源频率

22. 异步电动机之所以称之为"异步",是指_____。

    A.定子旋转磁场的转速高于转子的转速

    B.定子旋转磁场的转速低于转子的转速

    C.定子旋转磁场的转速与转子的转速不同

    D.定子旋转磁场的转速与转子旋转磁场的转速不同

23. 对于三相异步电动机,下列说法错误的是_____。

    A.三相异步电动机由静止的定子和转动的转子两大部分组成

    B.按转子结构的不同,三相异步电动机分为鼠笼式和绕线式两大类

    C.根据不同的冷却方式和保护方式,异步电动机有开启式、防护式、封闭式和防爆式几种

    D.过小的气隙不仅造成电机加工和装配的困难,也会降低电动机运行时的功率因数

24. 对于三相异步电动机,下列说法错误的是_____。

    A.额定转速是指电动机额定运行时的转速

    B.额定电压是指在额定运行时定子绕组所接电源线电压值

    C.额定功率是指额定运行时电动机输入的电功率

    D.电机有星形接法和三角形接法两种

25. 异步电动机转差率增大,而电源频率不变时,其转子感应电动势_____。

    A.增大　　　　　　　　　　　　B.减小

    C.不变　　　　　　　　　　　　D.不能确定

26. 鼠笼式异步电动机转子电流与转差率的关系是转差率 s 大时,_____。

    A.电流大

    B.电流小

    C.电流不变

    D.电流波动不定

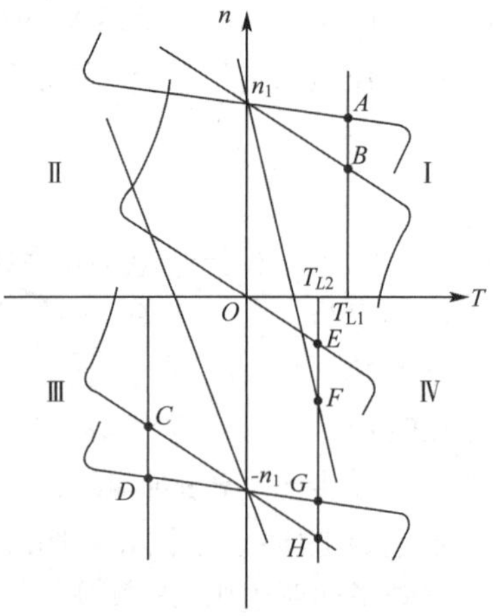

27. 三相异步电动机的机械特性如图所示,图中处于能耗制动状态的工作点是_____。

    A.A 点　　　　　　　　　　　　B.E 点

    C.F 点　　　　　　　　　　　　D.G 点

28. 一台绕线式三相异步电动机接于 50 Hz 的电源上,测得转速为 960 r/min,此时电动机的转子电流频率为 2 Hz,则该电机为_____。

A.6 对极 B.4 对极
C.6 极 D.4 极

29.三相电机的绕组一般采用对称三相绕组,即三相绕组在空间上互差_____电角度。
A.120° B.150°
C.180° D.90°

30.三相异步电动机的机械特性如上图所示,图中处于反馈制动状态的工作点是_____。
A.A 点 B.C 点
C.F 点 D.G 点

31.三相交流异步电动机的转子电流频率为_____。
A.$f_2=f_1$ B.$f_2=s \times f_1$
C.$f_2=f_1/s$ D.与定子电源频率无关

32.某三相交流异步电动机的磁极数为6,则电机的同步转速为_____。
A.1 500 r/min B.1 000 r/min
C.750 r/min D.500 r/min

33.某三相交流异步电动机的电源频率为60 Hz,磁极对数为2,则电机的同步转速为_____。
A.1 800 r/min B.1 500 r/min
C.3 000 r/min D.3 600 r/min

34.三相异步电动机处于电动机工作状态时,其转差率一定为_____。
A.$s>1$ B.$s=0$
C.$0<s<1$ D.$s<0$

35.异步电动机在起动瞬间的转差率 $s=$_____,空载运行时转差率 s 接近_____。
A.1;0 B.0;1
C.1;1 D.0;0

36.计算异步电动机转差率 s 的公式是 $s=(n_0-n)/n_0$,其中 n_0 表示_____转速,n 表示_____转速。
A.同步;旋转磁场 B.转子空载;转子额定
C.旋转磁场;转子 D.旋转磁场;同步

37.异步电动机在_____运行时转子感应电流的频率最低;在_____运行时转子感应电流频率最高。
A.起动;空载 B.空载;堵转
C.额定;起动 D.堵转;额定

38.三相异步电动机的转差率 $s=1$ 时,其电机的工作状态为_____。
A.空载 B.起动
C.再生制动 D.反接制动

39.三相六极异步电动机的额定频率为50 Hz,其转差率 $s_N=0.01$,则其额定转速 n_N 为_____转/分钟(r/min)。
A.200 B.380
C.540 D.990

40. 当 $n<0$ 时,$s>1$,异步电动机处于_____状态。
   A.堵转　　　　　　　　　　　　B.理想空载运行
   C.再生制动　　　　　　　　　　D.电磁制动

41. 下列说法错误的是_____。
   A.异步电动机的电磁转矩与旋转磁场的每极磁通、定子电流及其功率因数成正比
   B.异步电动机的电磁转矩的大小与转差率有关
   C.异步电动机转子电流与转差率也有关
   D.鼠笼式异步电动机转子绕组的磁极对数总是与定子磁极对数相同

42. 三相异步电动机的同步转速取决于_____。
   A.电源频率和电源电流　　　　　B.磁极对数和电源电压
   C.电源电压和磁极对数　　　　　D.电源频率和磁极对数

43. 三相异步电动机在额定转速下运行时,其转差率为_____。
   A.0~0.1　　　　　　　　　　　　B.等于 0
   C.0.1~1　　　　　　　　　　　　D.等于 1

44. 一台 6 极三相异步电动机接入 50 Hz 的电源上,转速为 960 r/min,此时电动机的转子电流频率为_____。
   A.50 Hz　　　　　　　　　　　　B.20 Hz
   C.2 Hz　　　　　　　　　　　　D.4 Hz

45. 三相鼠笼式异步电动机在空载和满载两种情况下的起动电流的关系是_____。
   A.满载起动电流较大　　　　　　B.空载起动电流较大
   C.两者相等　　　　　　　　　　D.方向相反

46. 三相异步交流电动机转子电流频率 f_2 和定子电流频率 f_1 的叙述正确的是_____。
   A. $f_2=sf_1$,并且 f_2 随着转子转速变化而变化
   B. $f_2=f_1$,f_2 与转子转速无关
   C.转子转速越低,转子电流频率越小
   D.转子转速越高,转子电流频率越大

47. 三相异步交流电动机通电旋转,定、转子必须同时满足两个条件,分别为_____。
   A.转子产生旋转磁场,定子产生定子电流　　B.定子产生旋转磁场,定子产生定子电流
   C.转子产生旋转磁场,转子产生转子电流　　D.定子产生旋转磁场,转子产生转子电流

48. 三相异步交流电动机定子电流与转子电流的关系叙述正确的是_____。
   A.定子电流随着转子电流的增加而减小
   B.转子电流随着定子电流的减小而增大
   C.转子电流的大小与负载有关,定子电流与负载无关
   D.定子电流随着转子电流的增减而增减

49. 在忽略定子漏阻抗压降,三相异步电动机每相电压 $U_1 \approx E_1 = 4.44f_1W_1k_{W1}\varphi_m$,如果保持电源电压不变,降低电源频率,则_____。
   A.每极的气隙磁通 φ_m 会增加,励磁电流会增加,严重时电机会因绕组过热而烧毁
   B.每极的气隙磁通 φ_m 会增加,励磁电流会减小,调速成功

C.每极的气隙磁通 φ_m 会减小,励磁电流会增加,调速失败

D.每极的气隙磁通 φ_m 会减小,励磁电流会减小,调速成功

50.三相异步电动机的最大转矩为 900 N·m,额定转矩为 450 N·m,则电动机的过载系数 λ 是_____。

A.0.5　　　　　　　　　　　　　B.1

C.1.5　　　　　　　　　　　　　D.2

51.三相异步电动机的正反转机械特性如图所示,表示处于电动机工作状态的工作点是_____。

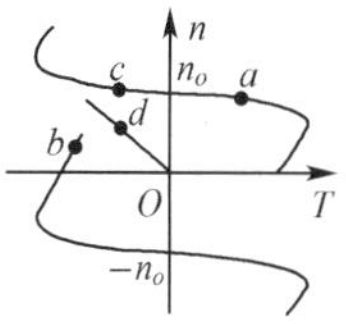

A.a　　　　　　　　　　　　　B.b

C.c　　　　　　　　　　　　　D.d

52.三相异步电动机_____运行时效率最高。

A.空载　　　　　　　　　　　　B.轻载

C.满载　　　　　　　　　　　　D.与负载无关

53.三相异步电动机空载时的功率因数与满载时比较,前者比后者_____。

A.高　　　　　　　　　　　　　B.低

C.都等于 1　　　　　　　　　　D.都等于 0

54.某三相异步电动机额定功率因数为 0.85,则轻载运行时功率因数可能是_____。

A.0.9　　　　　　　　　　　　　B.0.85

C.0.87　　　　　　　　　　　　D.0.4

55.三相异步电动机带载工作时,其转子绕组上由于_____。

A.无外部电源给转子供电,故无电流　　B.有外部电源给转子供电,故有电流

C.无电磁感应,故无电流　　　　　　　D.有电磁感应,故有电流

56.如图所示为三相交流异步电动机的机械特性,说法正确的是_____。(a 点和 b 点哪点为稳定运行点,哪点为不稳定运行点。)

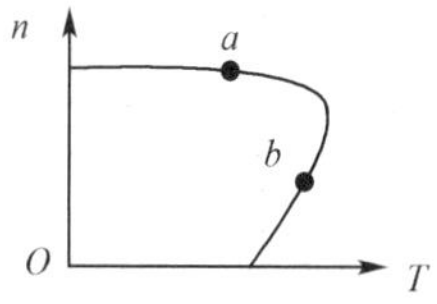

A.a 点为稳定运行点,b 点为不稳定运行点

B.a 点为稳定运行点,b 点为稳定运行点

C.a 点为不稳定运行点,b 点为不稳定运行点

D.a 点为不稳定运行点,b 点为稳定运行点

57.为了限制起动电流,绕线式三相异步电动机起动时在_____回路串接_____器。

A.定子;电阻　　　　　　　　　　B.定子;电抗

C.转子;电阻　　　　　　　　　　D.转子;电抗

58.三相异步电动机在额定的负载转矩下工作,如果电源电压降低,则电动机会_____。

A.过载　　　　　　　　　　　　　B.欠载

C.满载　　　　　　　　　　　　　D.工作情况不变

59.关于三相异步电动机的机械特性,下列叙述正确的是_____。

A.最大转矩 T 的大小与电源电压无关,与转子电阻成正比

B.临界转差率 s 与电源电压有关,与转子电阻成正比

C.最大转矩 T 的大小与电源电压的平方成正比,与转子回路电阻无关

D.过载系数反映了电动机的起动能力

60.电动机额定运行时的功率因数比空载时的功率因数_____。
   A.高   B.低
   C.相等   D.不确定

61.当电源频率恒定时,三相异步电动机的电磁转矩 T 与电源电压 U 的关系是_____。
   A.$T \propto U^2$ B.$T \propto U$
   C.$T \propto 1/U$ D.无关

62.三相异步电动机的定子端电压降低到额定值的90%时。其起动转矩将_____。
   A.不变   B.减小到额定值的81%
   C.减小到额定值的90%   D.增大到额定值的1.1倍

63.位能性负载的特点是_____。
   A.此负载无论电机怎样旋转,它的转矩方向和大小不变
   B.此负载随着位置的变化,转矩方向会改变
   C.此负载随着拖动电机转速的变化,负载转矩大小会变化
   D.此负载随着拖动电机方向的变化,负载转矩方向也会变化

64.对反抗性负载的特点描述正确的是_____。
   A.反抗性负载的转矩是固定不变的
   B.反抗性负载的转矩大小与转速无关,其方向总是和电机方向相反
   C.反抗性负载的转速越大,其转矩值越小
   D.反抗性负载的转速越小,其转矩值越大

65.有关恒转矩负载的描述,错误的是_____。
   A.恒转矩负载指的是其转矩不随转速变化而变化
   B.恒转矩负载指的是其转矩大小不变,其方向总是与转速方向相反
   C.恒转矩负载的功率随转速变化而变化
   D.恒转矩负载的机械特性为直线

66.有关恒转矩负载的描述,错误的是_____。
   A.恒转矩负载指的是其转矩与转速无关
   B.恒转矩负载的功率和转速成正比
   C.恒转矩负载指的是其转矩大小不变,其方向可以和转速相同,也可以相反
   D.恒转矩负载的机械特性为直线且分布在一、三象限

67.通风机型负载的特点是_____。
   A.其转矩与转速成正比   B.其转矩与转速成反比
   C.其功率与转速成正比   D.其转矩与转速的平方成正比

68.某三相异步电动机铭牌如图,下列说法错误的是_____。

型号	Y90L-4	电压	380 V	接法	Y
容量	1.5 kW	电流	3.7 A	工作方式	连续
转速	1 400 r/min	功率因数	0.79	温升	75 ℃
频率	50 Hz	绝缘等级	B	出厂	年 月
某电机厂		编号		重量	kg

A.该电机的磁极数是4

B.不论电源电压是380 V还是220 V,均应接成星形

C.该电机在额定负载范围内,允许长期持续工作

D.该电动机在额定电压下带额定负载运行时,电机的线电流是3.7 A

69.三相异步电动机铭牌的功率因数值是指_____。

A.额定运行下的功率因数值

B.任意状态下的功率因数

C.额定运行下的线电压和线电流之间的相位差

D.任意状态下的相电压和相电流之间的相位差

70.某三相异步电动机铭牌标有:电压380 V/220 V、频率50 Hz、接法Y/△、转速1 440 r/min、绝缘等级B,说法错误的是_____。

A.当线电压为380 V(接成星形)时电机的额定功率是当线电压为220 V(接成三角形)时的3倍

B.额定转差率为4%

C.定子绕组工作温度不应超过130 ℃

D.该电机为4极电机

71.电动机直接起动时,起动电流的最大值可能达到电动机额定电流的5～7倍,这是由于_____。

A.起动电压为工作电压的5～7倍　　　　B.起动转矩为额定转矩的2～3倍

C.起动时电源频率为额定频率的2～3倍　　D.起动瞬间转子转速为零,转差最大

72.关于船舶交流异步电动机采用直接起动方式,叙述正确的是_____。

A.就电动机本身来说,是不允许直接起动的

B.大容量的鼠笼式异步电动机直接起动,会引起较大的船舶电网电压降落

C.直接起动时,定子电流较小

D.由于鼠笼式异步电动机直接起动时的功率因数低,不会影响其他用电设备的正常工作

73.关于船舶交流异步电动机起动方式,叙述错误的是_____。

A.就电动机本身来说,是不允许直接起动的

B.大容量的鼠笼式异步电动机直接起动,会引起较大的船舶电网电压降落

C.直接起动时,定子电流可达额定电流的5～7倍

D.直接起动具有设备简单、操作方便的优点

74.关于船舶交流异步电动机采用直接起动方式叙述,错误的是_____。

A.船舶机舱大多数电动机是允许直接起动的

B.由于鼠笼式异步电动机的结构简单,过载能力较强,且一般起动过程时间较短,起动电流一般不会对电动机造成直接的损害

C.直接起动时,定子电流可达额定电流的1.1～2.0倍

D.由于起动电流大和功率因数低,会引起较大的船舶电网电压降落,影响其他用电设备的正常工作

75.三相绕线式异步电动机,转子回路串联很小的电阻,对于恒转矩负载,下列说法正确的

是_____。

A.起动电流减小　　　　　　　　　　B.起动转矩减小

C.最大转矩减小　　　　　　　　　　D.转差率减小

76.普通型号的三相异步电动机直接起动的电流比额定电流_____;转矩_____。

A.增加不多;增加很多　　　　　　　B.增加很多;增加不多

C.增加不多;减少不多　　　　　　　D.增加很多;减少很多

77.船舶小容量三相异步电动机广泛地采用_____起动方式。

A.变压器　　　　　　　　　　　　　B.串电阻

C.降压　　　　　　　　　　　　　　D.直接

78.关于绕线式异步电动机转子电路串电阻,下列说法不正确的是_____。

A.串电阻后最大转矩不变　　　　　　B.串联适当电阻,可提高起动转矩

C.串电阻后机械特性变软　　　　　　D.最大转矩随串联值增大而增大

79.转子为绕线式异步电动机起动方式通常采用_____。

A.直接起动　　　　　　　　　　　　B.转子回路串电阻起动

C.定子回路串电阻起动　　　　　　　D.自耦变压器降压起动

80.小型鼠笼式异步电动机常用的起动方式是_____。

A.降压起动法　　　　　　　　　　　B.直接起动法

C.转子串电阻起动法　　　　　　　　D.软起动法

81.在起重设备上的绕线式异步电动机常采用的起动方式是_____。

A.转子串电阻起动法　　　　　　　　B.降压起动法

C.直接起动法　　　　　　　　　　　D.定子串电阻起动法

82.三相交流绕线式异步电动机的三相转子绕组和三相定子绕组的叙述错误的是_____。

A.三相定子绕组根据铭牌参数可以接成Y或△,转子绕组通常接成Y

B.三相转子绕组通常接成Y,正常工作时是三把电刷接成短路呈闭合状态

C.三相定、转子绕组有相同的磁极对数

D.三相转子绕组可以根据需要接成Y或△

83.一台三相异步电动机220 V/380 V,△/Y;在额定电压下的两种接法,电动机的额定功率_____,在带相同负载时线电流_____。

A.不同;相同　　　　　　　　　　　B.相同;相同

C.不同;不同　　　　　　　　　　　D.相同;不同

84.三相异步电动机起动电流大的原因是_____。

A.转差率大,电机反电动势为零　　　B.转差率小,电机反电动势为零

C.起动转矩太小　　　　　　　　　　D.负载转矩太大

85.三相鼠笼电机采用软起动的电路是_____。

A.在电源与电机之间接入三相反并联晶闸管作为调压器

B.在电源与电机之间接入三相自耦变压器降压

C.在电源与电机之间接入变频器

D.在电源和电机之间接入分级切换电阻器

86. 三相异步电动机的电磁转矩正比于电压的平方,对于恒转矩负载,当电源电压下降时,下列说法错误的是_____。
   A.电机输出功率减小 B.同步转速减小
   C.电动机转速下降 D.转子电流增大

87. 三相异步电动机的转速除了与磁极对数、转差率有关外,还与_____有关。
   A.磁场强度 B.电源频率
   C.磁感应强度 D.电机电流

88. 若拖动恒转矩负载的三相异步电动机保持 E/f = 常数,当 $f = 50$ Hz,$n = 2\,900$ r/min 时,若降低频率到 $f = 40$ Hz,电动机转速则为_____。
   A.2 900 r/min B.2 320 r/min
   C.2 100 r/min D.2 400 r/min

89. 交流电动机变频调速过程中,当定子频率改变时,电动机的_____随之协调改变,以保持电动机_____参数为恒定值。
   A.定子电压;转子频率 B.定子电流;气隙磁通
   C.定子电压;气隙磁通 D.定子电流;气隙磁阻

90. 交流电动机采用变频调速后,额定频率以上的机械特性的特点是_____。
   A.恒转矩 B.恒功率
   C.恒磁通 D.成比例变化

91. 交流电动机采用变频调速,在额定频率以下变频时,还需要改变_____,才能达到调速的目的。
   A.磁通 B.功率
   C.定子电压 D.定子电流

92. 在采用变极调速的电机带动起升重物负载时,当货物上升过程中突然主令手柄退挡减速时,三相交流电仍然供电,但是电机的极对数_____,减速时电机处于_____状态。
   A.减小;制动 B.增大;制动
   C.减小;电动 D.增大;电动

93. _____异步电动机可以方便实行变极调速,在采用转子极对数的调速电机进行变极对数时应要求_____不变。
   A.鼠笼式;供电相序 B.绕线式;供电相序
   C.鼠笼式;磁通势旋转方向 D.绕线式;磁通势旋转方向

94. 某船舶交流三速变极式起货电动机其铭牌规定:额定转速为:1 440/705/176 r/min;额定功率为:26/26/5.5 kW。_____是正确的。
   A.低、中速为恒功率调速;中、高速为恒转矩调速
   B.低、中速为恒转矩调速;中、高速为恒功率调速
   C.低、中、高速均为恒转矩调速
   D.低、中、高速均为恒功率调速

95. 变极调速必须使用_____交流电动机。
   A.绕线式交流异步电动机 B.鼠笼式交流异步电动机

C.交流步进电动机   D.交流同步电动机

96.多速异步电动机是通过改变_____来实现变极调速的。
   A.频率   B.定子绕组和转子绕组极数
   C.转子绕组极数   D.定子绕组极数

97.关于绕线式异步电动机改变转差率调速的方法,叙述正确的是_____。
   A.绕线式异步电动机不适用转子电路串电阻调速
   B.绕线式异步电动机转子电路串电阻可实现多级调速
   C.转子电路串电阻调速在轻载或空载时调速范围大
   D.当转子串电阻后,电动机的最大转矩增大,而临界转差率不变

98.下列关于异步电动机的调速方法,叙述正确的是_____。
   A.绕线式异步电动机转子电路串电阻可实现变极调速
   B.对于恒转矩性质的负载,变压调速所得到的调速范围很大
   C.变极调速一般只适用于绕线式异步电动机
   D.变极调速一般只适用于鼠笼式异步电动机

99.鼠笼式异步电动机的变极调速属于_____调速。运行时其定、转子绕组的磁极对数_____。
   A.有级;保持一致   B.无级;保持一致
   C.有级;变为不一致   D.无级;变为不一致

100.为保证变极调速时电动机的旋转磁场方向不变,变极调速的同时,则需要改变_____。
   A.电源的频率   B.绕组的相序或电源的相序
   C.电源的电压   D.电源的极性

101.变频调速的特点是_____。
   A.一般只适用于绕线式异步电动机   B.一般只在额定频率之下调速
   C.一般只在额定频率之上调速   D.可以实现对电动机平滑、大范围的调速

102.船用起货机采用多速异步电动机,它通常是用_____得到不同转速的。
   A.空载起动   B.改变电源电压
   C.改变转差率   D.改变定子磁极对数

103.不可能采取_____的方法改变三相鼠笼式异步电动机转速。
   A.改变磁极对数   B.改变电源频率
   C.改变电压   D.转子回路串电阻

104.以下转子串电阻调速的电动机为_____。
   A.鼠笼式三相交流异步电动机   B.绕线式三相交流异步电动机
   C.同步交流电动机   D.伺服电机

105._____的方法不能用于电机调速。
   A.变电源频率   B.变磁极对数
   C.变电源电压   D.变电源相数

106.根据异步电动机的转速公式 $n = \dfrac{60f}{p}(1-s)$,异步电动机的调速可分别通过改变_____来

实现。

A.压差率 s、电源频率 f 和电机极对数 p

B.压差率 s、电源周期 f 和电机极数 p

C.转差率 s、电源频率 f 和电机极对数 p

D.转差率 s、电源频率 f 和电机极数 p

107.绕线式异步电动机带位能性负载,在转子电路中串电阻的调速方法中,常出现溜钩现象,溜钩时发生了_____。

A.能耗制动　　　　　　　　　　B.再生制动

C.电源反接制动　　　　　　　　D.负载倒拉反接制动

108._____电机可以方便实行变极调速,为了保证电动机变极调速转向不变,则_____。

A.绕线式;调换电源相序　　　　B.鼠笼式;调换电源相序

C.绕线式;保证电源原相序　　　D.鼠笼式;保证电源原相序

109.三相异步电动机的反接制动,以下描述,_____是错误的。

A.异步电动机的反接制动分为电源反接制动和倒拉反接制动两种

B.无论是电源反接制动还是倒拉反接制动,都是 $s>1$,都从电网吸取电功率

C.倒拉反接制动通常是在增大转子回路电阻的情况下才能实现,故只适用于绕线式异步电动机

D.对于大容量的频繁起动的鼠笼式异步电动机,为了迅速制动,应尽量采用反接制动

110.关于交流异步电动机电源反接制动的原理,叙述不正确的是_____。

A.电源反接制动时,电动机运行于特性曲线的第Ⅰ象限

B.当交流异步电动机运行在电动状态时,将电动机三相电源的任意两相对调使其相序改变称为电源反接制动

C.电动机因外力矩作用而形成转子的转向与旋转磁场的转向相反的制动运行称为倒拉反接制动

D.电源反接制动时,电动机运行于特性曲线的第Ⅱ象限或第Ⅳ象限

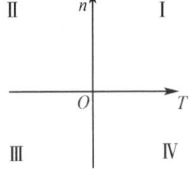

电机运行的四个象限

111.关于交流异步电动机电源反接制动的原理,叙述正确的是_____。

A.电源反接制动时,电动机的转差率小于1

B.电源反接制动时,电动机运行于特性曲线的第Ⅱ象限或第Ⅳ象限

C.反接制动冲击电流小,特别是大功率电动机,大多使用电源反接制动

D.电源反接制动时,电动机的转差率小于0

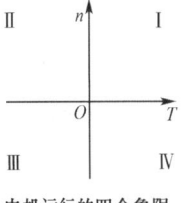

电机运行的四个象限

112.倒拉反接制动可能出现在_____的运行中。

A.变转矩负载　　　　　　　　　B.恒功率负载

C.位能性负载　　　　　　　　　D.通风机型负载

113.倒拉反接制动通常用于_____。

A.直流电动机　　　　　　　　　B.鼠笼式交流电动机

C.绕线式交流电动机　　　　　　D.直流电动机或绕线式交流电动机

114.正序供电的电动机倒拉反接制动时,工作点位于机械特性曲线的_____。

A.第Ⅰ象限 B.第Ⅱ象限
C.第Ⅲ象限 D.第Ⅳ象限

115. 电动机处于倒拉反接制动状态时,电动机电磁转矩对转子的转动起_____作用,转子_____。

A.制动;正转 B.制动;反转
C.起动;正转 D.起动;反转

116. 异步电动机的电气制动,其可常用的方法是_____。
①再生制动;②电源反接制动;③反转制动;④能耗制动;⑤刹车;⑥倒拉反接制动

A.①②④⑥ B.①②③④
C.②③④⑤ D.②④⑤⑥

117. 电动机因外力矩作用而形成转子的转向与旋转磁场的_____的制动运行称为_____制动。

A.转向相反;倒拉反接 B.转向相反;电源反接
C.转向相同;倒拉反接 D.转向相同;电源反接

118. 三相交流异步电动机再生制动的转差率为_____。

A.$s>1$ B.$s=0$
C.$s=1$ D.$s<0$

119. 交流电动机通过_____方式可向电网反馈电能。

A.反接制动 B.能耗制动
C.再生制动 D.机械制动

120. 三相交流电动机产生再生制动的条件是_____。

A.旋转磁场转速大于转子转速 B.转子转速大于旋转磁场转速
C.电动机空载运行 D.电动机带动反抗性负载

121. 三相异步电动机的机械特性如图所示,表示处于发电机再生制动工作状态的工作点是_____。

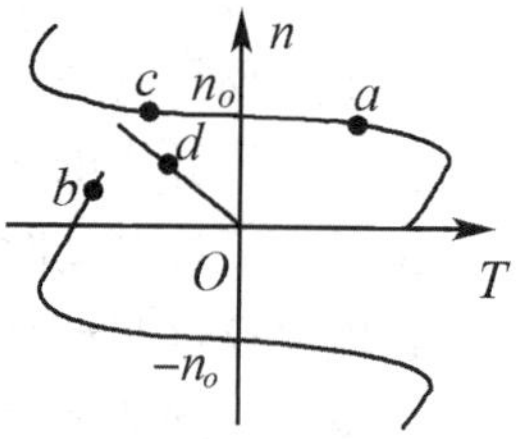

A.a B.b
C.c D.d

122. 三相异步电动机的运行过程中,处于再生制动工况的是_____。

A.电机调压调频加速中
B.电机调压调频减速中
C.电机电源突然断开时
D.电机电源改接为直流电源

123. 三相异步电动机采用通用变频器调速,所配的能耗电阻处在发热状态时,说明电机_____。

A.处于反接制动工作状态 B.处于能耗制动工作状态
C.处于再生制动工作状态 D.处于倒拉反接制动工作状态

124. 船舶电力拖动系统中,_____。
   A.起货机、锚机等位能性负载在等速下降时和由高速向低速调速时会发生再生制动
   B.绞缆机、吊艇机在等速上升时会发生再生制动
   C.起货机、锚机等位能性负载在起升时和由低速向高速调速时会发生再生制动
   D.舵机、通风机在起动时会发生再生制动

125. 电动机再生制动可能发生在_____时。
   A.起货机快速下放重物   B.锚机快速收锚
   C.换气扇停机   D.同步发电机失步

126. 深水抛锚时,电动机在锚重拖动下进入_____状态,实现等速抛锚。
   A.能耗制动   B.再生制动
   C.机械制动   D.反接制动

127. 多速电动机变极调速时,如使电动机由二极变为四极时,此时电动机产生_____。
   A.反接制动   B.能耗制动
   C.直接制动   D.再生制动

128. 三相交流电动机的能耗制动主要消耗的能量是_____。
   A.交流电能   B.直流电能
   C.电动机转动的能量   D.位能性负载的势能

129. 三相交流异步电动机能耗制动需_____。
   A.定子绕组接交流电   B.定子绕组电源反接
   C.定子绕组接直流电   D.定子绕组无须接电源

130. 三相异步电动机的机械特性如图所示,表示处于能耗制动工作状态的工作点是_____。
   A.a B.b
   C.c D.d

131. 三相异步电动机能耗制动时,其定子绕组产生的磁场是_____。
   A.静止磁场   B.圆形旋转磁场
   C.椭圆形旋转磁场   D.脉动磁场

132. 电机能耗制动可能发生在_____的场合。
   A.起货机上吊货物
   B.锚机抛锚
   C.电机停车时在定子绕组三个出线端中任选两个接在蓄电池的正负极
   D.三相异步电动机反转时改变电源的相序

133. 三相异步电动机能耗制动时相当于一台_____,电动机依靠拖动系统贮存的动能或位能发电,电能消耗在_____的总电阻上。
   A.他励电动机;转子回路   B.他励发电机;转子回路
   C.自励电动机;定子回路   D.自励发电机;定子回路

134. 三相异步电动机的能耗制动可以用于实现拖动系统的_____或实现_____的匀速

运行。

A.加速运行;位能性负载　　　　　　B.加速停车;反抗性负载

C.加速停车;位能性负载　　　　　　D.加速运行;反抗性负载

135.三相交流电动机电源反接制动(即运行中突然把电源反接)结束后仍保持电源反接,电动机会_____。

A.制动停转　　　　　　B.继续运转

C.反向起动　　　　　　D.转速变慢

136.正在运行的三相交流异步电动机,若突然把电源反接则产生_____。

A.再生制动　　　　　　B.能耗制动

C.反接制动　　　　　　D.机械制动

137.三相异步电动机现正向运转,欲进行制动停车,下列各制动方法中冲击电流最大和制动时间最短的是_____。

A.能耗制动　　　　　　B.反接制动

C.机械制动　　　　　　D.再生制动

138.三相异步电动机的机械特性如图所示,表示处于反接制动工作状态的工作点是_____。

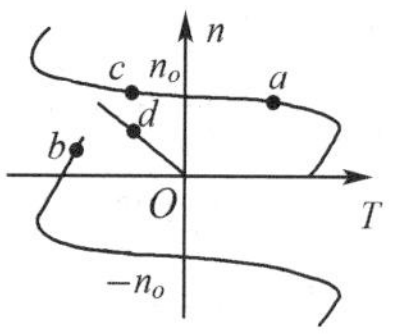

A.a　　　　　　B.b

C.c　　　　　　D.d

139.对一台正在运行的三相异步电动机,突然调换定子绕组的两根进线,则电动机立即进入_____状态。

A.反向电动　　　　　　B.再生制动

C.反接制动　　　　　　D.能耗制动

140.当三相异步电动机转差率 $0<s<1$ 及 $1<s$ 时,电动机工作分别处于_____及_____状态。

A.正向电动;反向电动　　　　　　B.正向电动;反接制动

C.正向电动;再生制动　　　　　　D.再生制动;反向电动

141.三相异步电动机机械特性如图所示,由图可见_____。

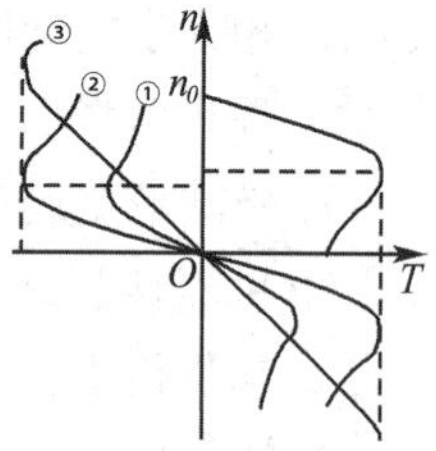

A.图中曲线①是反接制动

B.图中曲线②是再生制动

C.图中曲线②是能耗制动

D.图中曲线③是机械制动

142.图示的异步电动机模型(图中为旋转磁场,⊕、⊙为转子导体电流方向),若它的转子转向是_____,则其工作状态是_____。

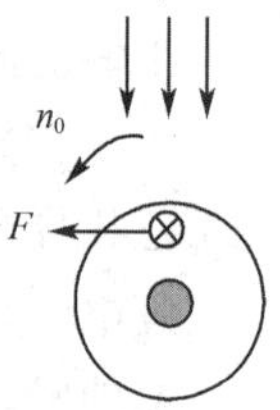

A.逆时针;能耗制动　　　　　　B.逆时针;反接制动

C.顺时针;回馈制动　　　　　　D.顺时针;反接制动

143.在电源反接制动时,电动机的转差率为_____。

A.$s>1$　　　　　　B.$s<-1$

C.$0<s<1$　　　　　　D.$-1<s<0$

144. 回馈制动时,电动机的转差率为_____。
    A.$s>1$　　　　　　　　　　　　B.$s<0$
    C.$0<s<1$　　　　　　　　　　　D.$s<-1$

145. 三相异步电机发生再生制动的条件是_____,此时的转差率是_____。(选项中 n_2 表示转子转速, n_1 表示定子同步转速, s 表示转差率)
    A.$n_2>n_1$;$s>1$　　　　　　　B.$n_2<n_1$;$s>1$
    C.$n_2<n_1$;$s<0$　　　　　　　D.$n_2>n_1$;$s<0$

146. 三相异步电机发生能耗制动的方法是_____。
    A.只要切断电机三相交流电源即可
    B.切断电机三相交流电源,同时任意两相绕组切换为直流电源
    C.给电机加入逆相序三相交流电源
    D.切断电机三相交流电源,同时给三相绕组接入三相对称电阻

147. 三相异步电动机的机械特性如图所示,图中处于倒拉反接制动状态的工作点是_____。
    A.A 点　　　　　　　　　　　　B.C 点
    C.F 点　　　　　　　　　　　　D.G 点

148. 绕线式三相异步电动机,若将定子三相绕组短接,而通过滑环向转子绕组通入对称三相电流,转子便产生顺时针的旋转磁场。则电机_____。
    A.不能转
    B.能转,顺时针旋转
    C.能转,逆时针旋转
    D.左右摇曳

149. 正在运行的三相异步电动机,欲进行制动停车,下列各方法中冲击电流最大的是_____制动。
    A.能耗　　　　　　　　　　　　　B.反接
    C.再生　　　　　　　　　　　　　D.机械

150. 对一台正在运行的三相异步电动机,突然改变定子绕组电流的相序,则电动机立即进入_____状态。
    A.反接制动　　　　　　　　　　　B.能耗制动
    C.反向电动　　　　　　　　　　　D.再生制动

151. 三相异步电动机空载运行,若有一相熔丝烧断,则会出现电动机_____。
    A.仍然正常转动　　　　　　　　　B.立即停止转动
    C.因过热而损坏　　　　　　　　　D.减速,进而反转

152. 三相异步电动机起动时间较长,加负载后转速明显下降,电流显著增加,可能的原因是_____。
    A.电源缺相　　　　　　　　　　　B.电源电压过低

C.定子某相绕组断路　　　　　　　　D.电源频率过高

153. 三相异步电动机轻载运行时,三根电源线突然断一根,这时会出现_____现象。
    A.能耗制动,直至停转
    B.反接制动后,反向转动
    C.由于机械摩擦存在,电动机缓慢停车
    D.电动机继续运转,但电流增大,电机发热

154. 三相异步电动机起动的时间较长,加载后转速明显下降,电流明显增加,可能的原因是_____。
    A.电源缺相　　　　　　　　　　　B.电源电压过低
    C.某相绕组断路　　　　　　　　　D.电源频率过高

155. 当电动机的转子处于_____磁场时,不能自行起动,但用外力拨动转子一下,却可以运转。
    A.空间上不动的永磁铁所产生的　　B.空间旋转的永磁铁所产生的
    C.单相绕组所产生的脉动　　　　　D.三相绕组所产生的旋转磁场

156. 控制三相异步电动机起动的接触器动作后,电动机发出嗡嗡的声音,但不能运转,不可能是_____的原因。
    A.电源电压太低　　　　　　　　　B.电动机的负荷太大
    C.两相保险丝烧断　　　　　　　　D.一相保险丝烧断

157. 三相异步交流电动机因电源缺一相通电不能起动,其原因分析正确的是_____。
    A.转子能产生旋转磁场,但定子无法产生定子电流
    B.定子能产生旋转磁场,但定子无法产生定子电流
    C.定子不能产生磁场,转子能产生转子电流
    D.定子不能产生旋转磁场,转子中不能产生转子电流

158. 鼠笼式三相异步电机的转子结构特点是_____。
    A.绕线式绕组　　　　　　　　　　B.笼型导条与短路环
    C.永磁体磁极　　　　　　　　　　D.换向器与电刷

159. 三相异步电机的"转差率"定义为_____。
    A.(同步转速-转子转速)/同步转速　B.(转子转速-同步转速)/转子转速
    C.同步转速/转子转速　　　　　　　D.转子转速/同步转速

160. Y-△降压起动适用于_____。
    A.正常运行时△接法的电机　　　　B.正常运行时Y接法的电机
    C.所有异步电机　　　　　　　　　D.绕线式转子电机

161. 变频调速的原理是改变_____。
    A.电源频率　　　　　　　　　　　B.磁极对数
    C.转子电阻　　　　　　　　　　　D.电源电压

162. 船舶机舱风机大多采用三相异步电动机拖动,有时需要实现正反转运行,改变其转向是通过改变_____实现。
    A.电源频率　　　　　　　　　　　B.转子转速
    C.电源相序　　　　　　　　　　　D.电源电压

163. 一台4极绕线式异步电动机,在50 Hz电源下额定运行,其额定转速为1 440转每分钟,请问转子中电流的频率为_____。
   A.2.5 Hz   B.50 Hz
   C.47.5 Hz   D.2 Hz

164. 三相异步电动机带额定负载运行时,若电源电压下降,其转差率 s 将会_____。
   A.下降   B.与电源电压无关
   C.升高   D.不变

165. 下列关于三相异步电动机的说法正确的是_____。
   A.三相异步电动机的最大转矩 T_{max} 和起动转矩 T_{st} 与定子电压 U_1 的平方成正比。
   B.当电源电压恒定时,异步电动机最大转矩会随着负载的增加而增加。
   C.绕线转子异步电动机转子串接电阻后,电流减小,启动转矩也相应减小。
   D.同等频率下,异步电动机极数越多,则电动机的转速越高

166. 有一台船用两极绕线式感应电动机要想把转速调高,采取下列可行的调速方法是_____。
   A.变极调速   B.转子回路中串入电阻
   C.变频调速   D.降压调速

167. 当绕线式异步电动机的电源频率和端电压不变,仅在转子回路中串入电阻时,最大转距 T_m 和临界转差率 s_m 将_____。
   A.T_m 和 s_m 均保持不变   B.T_m 减小,s_m 不变
   C.T_m 不变,s_m 增大   D.T_m 和 s_m 均增大

168. 三相异步电机正常运行中,电源由于某一熔断器烧断而造成缺相,那么会出现_____现象。
   A.电机仍能正常运转
   B.电机由于缺相停止转动
   C.电机仍能运转,但转速下降,电机电流变大,温升提高
   D.电机仍能正常运转,但转速上升,电机电流变大,温升提高

169. 三相异步电机在起动前缺一相,则电机接通电源后_____。
   A.可以起动,就是时间延长   B.可以起动,但不能带负载
   C.不能起动,转子抖动,电机发出嗡嗡声   D.能正常起动,但很快又停下来

170. 三相异步电动机铭牌上的额定功率,是指其额定运行时_____。
   A.电动机轴上输出的机械功率
   B.电网输入的交流电功率
   C.电动机消耗的总功率
   D.电网输入的总电功率减去电机本身的发热功率

171. 某三相异步电动机铭牌上标明"380/220 Y/△",下列叙述中错误的是_____。
   A.电源电压380 V时,应接成星形
   B.电源电压220 V时,应接成三角形
   C.该电机可进行星-三角起动
   D.该电机每相定子绕组的额定电压为220 V

172. 三相异步电动机铭牌上有 IP 防护等级,下列叙述中正确的是_____。
    A.防护等级标准由国际电工组织 IEC 起草,由两个数字组成
    B.防护等级的数字越小,则表示其防护等级越高
    C.第一个数字表示该电机防湿气、防水侵入的密闭程度
    D.第二个数字表示该电机离尘、防止外物侵入的等级

173. 三相异步电动机铭牌上有运行方式,下列叙述中错误的是_____。
    A.主要分成 S1 连续、S2 短时和 S3 断续运行三种
    B.连续运行的电动机在额定负载范围内,允许长期持续使用
    C.周期性断续工作是指恒定负载下,按固定的工作和停歇周期交替进行
    D.连续运行的电机改为短时运行,其额定功率值将减小

174. 异步电动机铭牌上有绝缘等级与温升,下列叙述中正确的是_____。
    A.绝缘等级是按电动机所用导电材料的允许极限温度划分的
    B.电机的绝缘等级有 A、E、B、F、H 等
    C.船舶电机常用的绝缘等级需要达到 F~H 级
    D.材料的允许最大温升按照其极限温度减去 50℃而获得

175. 单相异步电动机如不加起动绕组,当通入单相交流电时,它的转矩为_____,磁场为_____。
    A.额定转矩;旋转磁场   B.零;正弦脉动磁场
    C.小于额定转矩;固定磁场   D.零;旋转磁场

176. 单相异步电动机为了获得起动转矩,应在起动绕组上_____。
    A.并联电容   B.并联电阻
    C.串联电感   D.串联电容

177. 要改变电容分相式单相异步电动机的转向,可_____。
    A.改变工作绕组两接线端
    B.改接电机接电源的两根进线
    C.起动时将电机的转子反向拨动一下
    D.同时改接起动绕组与工作绕组的接线端

第十节 同步发电机

1. 我国船舶柴油同步发电机的定子绕组一般是接成_____;若柴油机额定转速为 500 r/min,该同步发电机的磁极对数是_____。
    A.△形;6   B.Y 形;6
    C.△形;5   D.Y 形;5

2. 交流同步发电机转子的转速 n 与定子旋转磁场的转数 n_0 的关系是_____。
    A.$n > n_0$ B.$n < n_0$
    C.$n = n_0$ D.$n \approx n_0$

3. 同步发电机按结构分有转磁式和转枢式两种,其差别在于_____。

A.转磁式的定子是磁极,转子为电枢;转枢式的定子为电枢,转子为磁极
B.转磁式的定子是磁极,转子为电枢;转枢式的定子为磁极,转子为电枢
C.转磁式的定子是电枢,转子为磁极;转枢式的定子为磁极,转子为电枢
D.转磁式的定子是电枢,转子为磁极;转枢式的定子为电枢,转子为磁极

4.关于船舶同步发电机原理,叙述正确的是_____。
A.同步是指转子磁场与电枢磁场的幅值一致
B.同步发电机电枢磁场对气隙磁场的影响称为电枢反应
C.发电机电枢电流与空载电势同相位时产生的电枢反应称为直轴电枢反应
D.同步发电机的励磁绕组接交流电产生磁场

5.关于三相交流同步发电机,下列说法错误的是_____。
A.三相电枢绕组是三相对称的交流绕组   B.三相电枢绕组一般接成星形
C.三相电枢绕组接成三角形   D.三相电枢绕组产生三相对称电动势

6.同步电机之所以称之为"同步",是因为工作中_____。
A.定子电流的频率和转子电流的频率相同   B.旋转磁场的转速和转子电流的频率相同
C.定子电流的频率和转子的转速相同   D.旋转磁场的转速和转子的转速相同

7.关于定子为电枢的同步电机,下列说法错误的是_____。
A.定子铁芯由硅钢片叠成
B.定子铁芯槽内嵌放的三相对称绕组也是依次相差120°空间电角度或$120°/p$空间机械角度
C.定子三相绕组又称电枢绕组
D.作为电力发电机基本上都采用三角形连接

8.下列说法错误的是_____。
A.同步发电机的转子可以采用凸极式,也可以采用隐极式
B.由于水轮机、低速柴油机的转速较低,通常把发电机的转子做成凸极式的
C.对于汽轮发电机,包括中高速柴油发电机,由于转速较高,通常把发电机的转子做成隐极式的
D.同步发电机一般在转子磁极的极靴上还装有起动绕组

9.下列说法错误的是_____。
A.目前船舶同步发电机都采用他励形式
B.按同步发电机的励磁电源的不同有两种基本类型,即自励和他励
C.设有专用励磁电源的称为他励方式
D.无刷发电机的应用大大降低了滑环和炭刷装置带来的维护保养问题

10.关于同步电机,下列说法错误的是_____。
A.旋转磁极式同步电机的转子有两种结构形式:凸极式和隐极式
B.隐极式同步电机转子绕组是交流绕组,通以单相交流电流
C.无论是隐极式转子还是凸极式转子,其磁极均以 N—S—N—S 极顺序排放
D.为了降低转子表面线速度,隐极式转子通常制成细长的圆柱体

11.我国船舶同步发电机的三相定子绕组一般接成_____,如果发电机组的原动机转速为 500 r/min,那么该发电机要想发出 50 Hz 的交流电发电机的磁极对数为_____。

A.△形;6 B.Y形;6
C.△形;12 D.Y形;12

12.同步发电机的负载(感性)功率因数由0.6上升到0.8,为了保持发电机输出电压不变,励磁绕组中电流须_____。
A.增大 B.减小
C.不变 D.视有无恒压装置而定

13.自励同步发电机空载电压建立的条件:_____。
①发电机有剩磁;②励磁电流的磁场方向与剩磁方向相同;③励磁回路的场阻线要合适
A.①② B.②③
C.①③ D.①②③

14.同步发电机以额定转速运行,当励磁电流为0时,空载电压为_____。
A.额定电压 B.剩磁电压
C.理想空载电压 D.0

15.发电机在空载运行时,其定子电枢电流_____。
A.等于0 B.大于0
C.小于0 D.随电压变化

16.自励发电机在起动后建立电压,是依靠发电机中的_____实现的。
A.电枢反应 B.剩磁
C.漏磁通 D.同步电抗

17.已知某三相同步发电机空载时,励磁电流为5 A,输出额定电压为400 V。若现带上一定大小的感性负载,要求保持端口电压额定,则励磁电流_____。
A.增大 B.减小
C.保持5 A D.与实际转速有关

18.当发电机负载电流发生增大时,为维持端电压不变,在阻感性负载下应供给_____的励磁电流,而在容性负载下应供给_____的励磁电流。
A.较小;较大 B.较大;较小
C.不变;较小 D.较大;不变

19.同步发电机分别带三种不同性质的三相对称负载运行(Ⅰ)$\cos\varphi=1$;(Ⅱ)$\cos\varphi=0.8$滞后;(Ⅲ)$\cos\varphi=0.8$超前,在输出电压和输出电流相同的情况下,所需励磁电流_____。
A.Ⅰ最大 B.Ⅱ最大
C.Ⅲ最大 D.一样大

20.同步发电机的额定容量一定,当所带负载的功率因数越低时,其提供的有功功率_____。
A.越小 B.越大
C.不变 D.不一定

21.当同步发电机带上纯电阻性负载时,其电枢反应为_____。
A.交轴反应 B.直轴去磁反应
C.直轴增磁反应 D.没有电枢反应

22.当同步发电机带上纯电感负载时,其电枢反应为_____。

A.交轴反应 B.直轴增磁反应
C.直轴去磁反应 D.没有电枢反应

23.当同步发电机带纯电容负载时,其电枢反应为_____。
A.交轴反应 B.直轴去磁反应
C.直轴增磁反应 D.没有电枢反应

24.由于船舶主要负载为交流异步电动机负载,所以其电枢反应为_____。
①交轴反应;②直轴去磁反应;③直轴增磁反应
A.① B.②
C.③ D.①②

25.在船舶电站中,其负载性质主要是感性负载,随着负载电流的增大其去磁作用_____,或随着功率因数的增加,其去磁作用_____。
A.减小;减小 B.减小;增大
C.增大;减小 D.增大;增大

26.对单机运行的发电机组,减小励磁电流会使电网电压_____。
A.下降 B.上升
C.不变 D.不一定

27.同步发电机自励起压的条件不包括_____。
A.发电机必须有足够的剩磁
B.要使自励过程构成负反馈
C.适当整定励磁回路阻抗
D.由剩磁电势所产生的电流建立的励磁磁势必须与剩磁方向相同

28.不可控相复励自励调压器中,谐振电容的作用是_____。
A.和电抗器谐振,降低一次回路阻抗有利起压
B.保护电抗器
C.提高调压器功率因数
D.增加容性电流

29.船舶同步发电机的自励起压过程是基于_____方式。
A.负反馈 B.双向反馈
C.正反馈 D.无反馈

30.采用可控硅整流的自励式同步发电机的调压装置,在停机时间过长后,再起动时电压不能建立,为解决起压问题常_____。
A.接入起压电容后起动机组
B.接入起压电阻后起动机组
C.使发动机反复起动、停止几次
D.利用蓄电池向发电机的励磁绕组直接充磁

31.在相复励同步发电机自励恒压装置中,为解决发电机自励起压,使用最多的方法是_____与整流桥_____。
A.起压电阻;直流侧并联 B.起压电容;直流侧并联

C.起压电感;交流侧星形连接　　　　D.起压电容;交流侧三角形连接

32.在船舶同步发电机的可控硅自动励磁恒压装置中,整流元件顶端并联一组硒,其作用是_____。
　A.整流元件的过压保护
　B.自励起压
　C.补偿由于负载电流大小变化引起发电机端电压的变化
　D.补偿由于负载性质变化引起发电机端电压的变化

33.如图所示同步发电机的自励电路,接入的电容 CQ 起到的作用是_____。
　A.和 DK 组成串联谐振回路
　B.和 DK 组成 LC 滤波电路
　C.防止发电机的高压脉冲的冲击
　D.防止发电机的电流脉冲的冲击

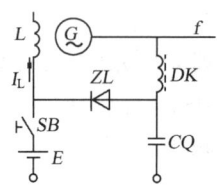

34.一台同步发电机向感性负载供电,为保持电压输出恒定,其调节特性曲线应是_____。

A. 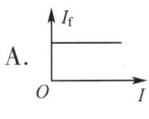　　B.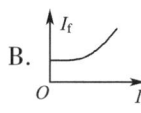

C. 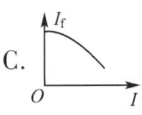　　D.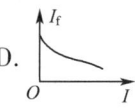

35.图为同步发电机的外特性曲线,已知这四条曲线是负载分别为 $\cos\varphi = 0.6$(感性)、$\cos\varphi = 0.8$(感性)、$\cos\varphi = 0.6$(容性)及纯阻性四种情况下所测得的。其中_____为纯阻性负载所对应的。
　A.A　　　　　　　　　　　B.B
　C.C　　　　　　　　　　　D.D

36.同步发电机的_____随负载电流变化而变化的特性称为同步发电机的调节特性。
　A.端电压　　　　　　　　　　B.励磁电流
　C.电磁转矩　　　　　　　　　D.电磁功率

37.同步发电机的_____随负载电流变化而变化的特性称为同步发电机的外特性。
　A.端电压　　　　　　　　　　B.励磁电流
　C.电磁转矩　　　　　　　　　D.电磁功率

38.为了保持同步发电机端电压不变,负载电流变化时同步发电机的励磁电流必须按_____进行调节。
　A.外特性　　　　　　　　　　B.空载特性
　C.调速特性　　　　　　　　　D.调节特性

39.用实验的方法测量同步发电机的调节特性时,要求保持发电机的_____不变。
　A.端电压　　　　　　　　　　B.电枢电流
　C.励磁电流　　　　　　　　　D.负载大小

40.同步发电机运行时,通常要求随着负载的变化,其端电压最好_____。
   A.根据负载的增加而增大　　　　　B.根据负载的增加而减小
   C.按照一定的函数关系有规律的变化　D.保持不变

41.同步发电机单机运行时,通过_____来调整输出交流电的频率。
   A.调节原动机的油门　　　　　　　B.自动励磁装置
   C.励磁电流的频率　　　　　　　　D.励磁电压的大小

42.同步发电机系统中加装自动励磁装置的目的是_____。
   A.保证电压大小稳定　　　　　　　B.保证频率恒定
   C.保持波形稳定　　　　　　　　　D.节省能源

43.在实际操作中,要改变同步发电机的频率,则必须调整_____。
   A.励磁电流　　　　　　　　　　　B.原动机的转速
   C.负载的性质　　　　　　　　　　D.输出电流

44.三相同步发电机的空载特性是指_____随_____的变化关系。
   A.空载电势 E_0;励磁电流 I_f　　B.空载电势 E_0;负载电流 I
   C.输出电压 U;励磁电流 I_f　　　D.空载电势 E_0;输出电压 U

45.如图所示的同步发电机的特性曲线,叙述正确的是_____。 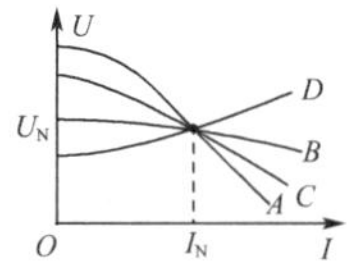
   A.曲线 A 是同步发电机带容性负载时的外特性曲线
   B.曲线 A 是同步发电机带感性负载时的空载特性曲线
   C.曲线 A 是同步发电机带感性负载时的调整特性曲线
   D.曲线 A 是同步发电机带感性负载时的外特性曲线

46.如图所示的同步发电机的特性曲线,叙述正确的是_____。 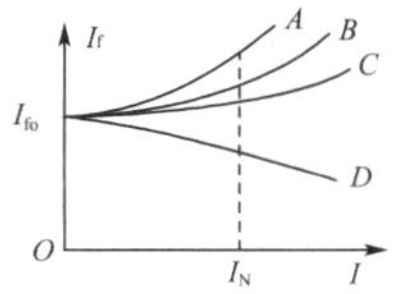
   A.曲线 A 是同步发电机带感性负载时的外特性曲线
   B.曲线 B 是同步发电机带感性负载时的外特性曲线
   C.曲线 D 是同步发电机带容性负载时的调节特性曲线
   D.曲线 C 是同步发电机带容性负载时的调节特性曲线

47.同步电机与异步电机的根本区别是_____。
   A.转子转速与磁场同步　　　　　　B.定子绕组结构不同
   C.功率因数不可调　　　　　　　　D.无换向器

48.凸极式同步电机常用于_____。
   A.高速汽轮机驱动　　　　　　　　B.低速柴油机驱动
   C.变频调速系统　　　　　　　　　D.应急发电机

49.无刷同步发电机的优点是_____。
   A.无须励磁电源　　　　　　　　　B.消除电刷与滑环
   C.功率因数更低　　　　　　　　　D.结构更复杂

50.同步电机调节功率因数的方法是_____。
   A.改变负载大小　　　　　　　　　B.调节励磁电流
   C.改变电源频率　　　　　　　　　D.切换定子绕组接法

51.船舶同步发电机大多采用"无刷励磁系统",其主要优势是_____。

A.维护、检修工作量小 B.动态响应更快
C.输出电压更稳定 D.励磁容量更大

52.船舶同步发电机转子的阻尼绕组通常安装在_____。
A.定子槽楔内 B.转子磁极表面
C.励磁绕组外侧 D.定子铁芯通风道

53.某船舶同步发电机额定运行时,若突然切除全部负载(空载),其端电压会因电枢反应的_____而升高。
A.去磁电枢反应消失
B.交磁电枢反应转化为直轴增磁电枢反应
C.电枢电阻压降归零
D.电抗压降减小

54.同步发电机并网运行时,需调节_____以实现有功功率的均衡分配。
A.电压幅值 B.频率
C.原动机油门(输入机械功率) D.功率因数

55.若同步发电机的外特性曲线呈现"下降"趋势(端电压随负载电流增大而降低),主要原因可能是_____。
A.电枢电阻压降和感性电枢反应
B.原动机转速不稳定
C.励磁系统故障
D.负载功率因数过高

56.当船舶同步发电机带容性负载时,调节特性中要求调整励磁电流以维持电压稳定包括_____。
A.增大励磁电流 B.减小励磁电流
C.保持励磁电流不变 D.与负载功率因数无关

57.实际励磁在起压时,由于初始电压不够高,可能无法克服高阻状态,励磁电流不能提高,发电机不能起压,此时可采用的方法不包括_____。
A.提高发电机的剩磁电压
B.降低伏安特性
C.给励磁回路充磁
D.利用降压变压器来向励磁回路供电起压

58.同步电动机不能自起动,可以采用的起动方法不包括_____。
A.辅助电动机起动 B.变极起动
C.变频起动 D.异步起动

59.采用变频起动法起动同步电机时,需借助_____逐步升高加在定子上的电源频率。
A.电感元件 B.变频器
C.电容元件 D.电阻元件

60._____起动、控制均较麻烦,起动转矩也小,所以在机械功率较大或者转速必须恒定时才选用。

A.交流异步电动机 B.交流同步电动机
C.直流电机 D.深槽式异步电动机

61.对于船舶低速柴油发电机来说,因转速较低,其离心力较_____,发电机转子多采用_____的转子。
   A.大;凸极式 B.小;凸极式
   C.小;隐极式 D.大;隐极式

62.旋转磁极式同步发电机的转子有_____两种结构,均由铁芯、_____、转轴和轴承等组成。
   A.炭刷式和无刷式;永磁材料 B.炭刷式和无刷式;励磁绕组
   C.凸极式和隐极式;永磁材料 D.凸极式和隐极式;励磁绕组

63.4/6双凸极发电机的定子有_____个定子极,转子有_____个转子极。
   A.4;6 B.4;4
   C.6;4 D.6;6

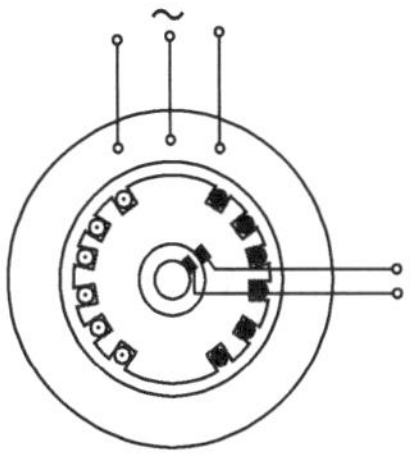

64.如图所示为同步发电机转子结构为_____。
   A.凸极式 B.隐极式
   C.鼠笼式 D.电枢式

65.改变运行于无穷大电网中(电网电压、频率恒定不变)同步电动机的励磁电流,错误的叙述是_____。
   A.可以改变电动机的功率因数
   B.正常励磁状态下,电机相当于纯电阻
   C.欠励状态下,电机相当于一个感性负载
   D.过励状态下,电机会从电网吸收有功和无功功率

66.三相同步发电机的励磁电流是_____。
   A.直流
   B.与同步发电机同频率的电流
   C.高于发电机频率的电流
   D.交流、直流均可

第十一节　特种电机

1.关于单相异步电动机的叙述,错误的是_____。
   A.罩极式电动机不能反转
   B.电容分相式电动机起动绕组的匝数比励磁绕组匝数少得多
   C.电容分相式电动机起动时定子绕组产生旋转的合成磁场
   D.罩极式电动机定子绕组不产生旋转磁场

2.要改变电容分相式单相异步电动机的转向,应_____。
   A.调换电机的两根进线
   B.调换工作绕组的始末端两根进线

C. 同时调换工作绕组、起动绕组的始末端两根进线
D. 起动时将电机的转子反向拨动一下

3. 电容分相式单相异步电动机中,串接电容的那相绕组电流比另一绕组的电流_____。
   A. 超前   B. 滞后
   C. 同相   D. 时而超前,时而滞后

4. 在单相异步电动机起动绕组上串联电容的目的是_____。
   A. 提高功率因数
   B. 增加电磁转矩
   C. 获得与工作绕组相位差90°的电流
   D. 增加起动转矩

5. 电容分相式单相异步电动机,起动后起动绕组断路,电机将_____。
   A. 继续正常运行   B. 可以运行,但带负载能力降低
   C. 停转   D. 被烧毁

6. 罩极式单相异步电动机的旋转方向_____。
   A. 是固定不变的   B. 是可以改变的
   C. 与电源相序有关   D. 可用改变定子电压相位的办法来改变

7. 电容分相式单相异步电动机_____改变转向;罩极式单相异步电动机通常_____改变转向。
   A. 可以;不可以   B. 可以;可以
   C. 不可以;不可以   D. 不可以;可以

8. 单相异步电动机为了获得起动转矩,应在起动绕组上_____。
   A. 串联电容   B. 并联电容
   C. 串联或并联电容   D. 不需要加任何设备

9. 单相电容起动异步电动机的起动绕组回路断线,通电后,则电机_____。
   A. 能正常起动,并能带额定负载正常运行
   B. 能正常起动,但不能带额定负载,否则过载运行
   C. 不能自行起动,但外力推动转子后,电机便转动起来,可带额定负载正常运行
   D. 不能自行起动,但外力推动转子后,电机便转动起来,但不能带额定负载,否则过载运行

10. 电容分相单相异步电动机,定子上有工作绕组(主绕组)和起动绕组(辅绕组),电容应该被接入_____支路,运行时,电动机内的合成磁场是_____。
    A. 工作绕组;旋转磁场   B. 工作绕组;脉振磁场
    C. 起动绕组;旋转磁场   D. 起动绕组;脉振磁场

11. 关于单相异步电动机的说法,错误的是_____。
    A. 效率比较高   B. 功率因数比较低
    C. 过载能力较差   D. 电机供电是单相的

12. 单相异步电动机如不加起动绕组,当通入单相交流电时,它的转矩为_____,它的磁场为_____。
    A. 额定转矩;旋转磁场   B. 零;正弦脉动磁场

C.小于额定转矩;固定磁场 　　　　　D.零;旋转磁场

13.电容分相式异步电动机是在其起动绕组中串入一适当容量的电容,然后与工作绕组并联接到单相交流电源上,如图所示,电机的转向是_____。

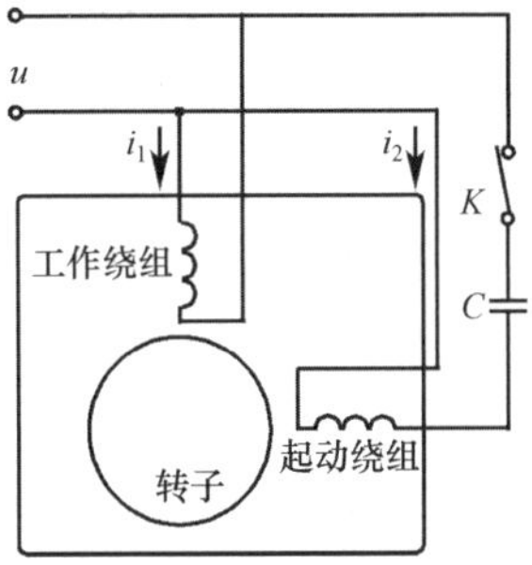

A.顺时针

B.逆时针

C.先顺时针,再逆时针

D.先逆时针,再顺时针

14.关于单相异步电动机,下列说法错误的是_____。

A.单相异步电动机是以单相交流电作为电源的异步电动机

B.转子采用普通的鼠笼式结构

C.定子绕组通常有两个,在空间相隔120°安放

D.单相异步电动机有两种工作方式。其中一种是两个绕组在起动、运行中,都接在电源上,两个绕组都是工作绕组

15.关于罩极式单相异步电动机,下列说法错误的是_____。

A.罩极式单相异步电动机的转子也是采用鼠笼式结构

B.定子铁芯由硅钢片叠成,通常做成凸极式

C.铁芯被罩部分中的磁通和其余未被罩部分中的磁通不但幅值不同,而且在相位上也不同

D.转子的转向总是由磁极的被罩部分转向未罩部分

16.罩极式单相交流电动机,穿过被罩磁极的磁通_____于穿过非罩极部分一个角度。从而形成由_____向_____转动的磁场。

A.超前;被罩;未被罩 　　　　　B.滞后;被罩;未被罩

C.超前;未被罩;被罩 　　　　　D.滞后;未被罩;被罩

17.交流伺服电动机的特点是_____。

A.转动惯量小,转子电阻小,控制电流改变转速,控制电压改变转向

B.转动惯量大,转子电阻大,控制电流改变转速,控制电压改变转向

C.转动惯量小,转子电阻大,控制电流改变转速,控制电压改变转向

D.转动惯量小,转子电阻大,控制电压改变转速,控制电压相位改变转向

18.交流伺服电动机的转子导体的电阻比普通鼠笼式异步电机转子导体的电阻_____。

A.小 　　　　　B.大

C.相同 　　　　　D.无要求

19.交流伺服电动机的定子绕组一般为_____绕组,转子为_____。

A.两相对称;鼠笼式或空心杯式 　　　　　B.三相;鼠笼式

C.单相;空心杯式 　　　　　D.单相;鼠笼式

20.交流伺服电动机的转子制成空心杯形式是为了_____。

A.减小起动电流 　　　　　B.减小电机的体积和质量

C.减小转动惯性,便于迅速起动 　　　　　D.拆装方便轻松

21.一般交流伺服电动机转子的特点是_____。

A.转子细长,转动惯量小,电阻大　　　　　B.转子细长,转动惯量大,电阻小
C.转子细长,转动惯量小,电阻小　　　　　D.转子细长,转动惯量大,电阻大

22.交流执行电动机控制绕组上所加的控制电压消失后,电动机将_____。
A.在机械摩擦作用下,转动几周后停止
B.减速并继续运行
C.保持原转速运行
D.立即停止

23.一般交流伺服执行电动机与单相异步电动机的主要区别是_____。
A.执行电动机转子细长(长径比大)　　　　B.执行电动机定子电压低
C.执行电动机转子电阻小　　　　　　　　D.执行电动机定子电压高

24.下列电机的结构中有电刷的是_____。
A.三相鼠笼式异步电动机　　　　　　　　B.三相绕线式异步电动机
C.步进电机　　　　　　　　　　　　　　D.交流测速发电机

25.直流伺服电动机有_____两种基本结构类型。
A.电动式和永磁式　　　　　　　　　　　B.电磁式和电动式
C.电磁式和机械式　　　　　　　　　　　D.电磁式和永磁式

26.关于伺服电机种类和用途,下列叙述正确的是_____。
A.伺服电动机的特点是有控制信号时,立即转动,控制电压消失,立即停转
B.交流伺服电动机的转子电阻很小,机械特性硬,起动力矩大
C.直流伺服电动机的转子电阻很大,机械特性软,起动力矩大
D.伺服电动机的特点是在一定负载转矩下控制电压与转速无关

27.关于交流伺服电动机,下列说法错误的是_____。
A.一旦励磁电压为0时,电动机立即制动停转,这是交流伺服电动机的特点
B.励磁绕组中串联电容器C的作用是使其分相,与控制绕组一起产生旋转磁场
C.当有控制信号时,交流伺服电机工作在两相状态,产生旋转磁场
D.在一定负载转矩下,控制电压越高,则转速也越快

28.某反应式步进电机的定子三相绕组为A、B、C,若A-B-C为正转方向,则其以三相双三拍方式反转运行时定子绕组的通电切换过程是_____。
A.A-C-B-A　　　　　　　　　　　　　　B.A-B-C-A
C.AC-CB-BA-AC　　　　　　　　　　　　D.AB-BC-CA-AB

29.某反应式步进电机的定子三相绕组为A、B、C,若A-B-C为正转方向,则其以三相单、双六拍方式正转运行时定子绕组的通电切换过程是_____。
A.A-AC-C-CB-B-BA-A　　　　　　　　　B.A-AB-B-BC-C-CA-A
C.AC-CB-BA-AC　　　　　　　　　　　　D.AB-BC-CA-AB

30.交流伺服电动机的转子和普通电机的转子不同,要么采用细而长的鼠笼式转子或者杯型转子,主要目的是_____,并且转子导体电阻比普通鼠笼式转子电阻_____。
A.减小转动惯量,便于起停迅速;小　　　B.减小转动惯量,便于起停迅速;大
C.减小起动电流;小　　　　　　　　　　D.减小起动电流;大

31. 在船上交流伺服电机常用于_____场合。
    A.舵角指示器   B.电车钟
    C.调节发电机组原动机油门   D.水箱水位调节控制
32. 控制式自整角机的作用是将发送机的_____信号转换为接收机的_____信号输出。
    A.电压;电压   B.转角;转角
    C.转角;电压   D.电压;转角
33. 舵角指示器是常由_____组成的同步跟踪系统。
    A.两个交流伺服电机   B.两个直流伺服电动机
    C.一对自整角机   D.一对步进电机
34. 船舶中_____不能采用自整角机。
    A.舵角发讯及其舵角指示器   B.主机油门刻度检测
    C.低速柴油机的转速检测   D.陀螺罗经的方位角显示
35. 在船舶中力矩式自整角机常用于_____。
    A.油门的双位控制   B.测速
    C.车钟和舵角指示   D.锅炉水位控制
36. 交流电动传令钟的两套自整角机同步传递系统的励磁绕组_____。
    A.并联在三相交流电源上   B.串联在单相交流电源上
    C.并联在直流电源上   D.并联在单相交流电源上
37. 自整角机按使用方式分为_____两种形式。
    A.力矩式和控制式   B.接触式和无接触式
    C.控制式和差动式   D.力矩式和差动式
38. 交流电车钟实际上是由_____组成的同步传递系统。
    A.两对控制式自整角机   B.一对力矩式自整角机
    C.一对控制式自整角机   D.两对力矩式自整角机
39. 在自动操舵控制系统中,常采用控制式自整角机,它将舵叶的偏转角转换成_____,用以作为控制信号或反馈信号。
    A.电压输出   B.电压输入
    C.力矩输出   D.力矩输入
40. 下列说法错误的是_____。
    A.力矩式自整角机发送机和接收机的励磁绕组接同一直流电源
    B.力矩式自整角机发送机和接收机的三相整步绕组按序号规定相互连接
    C.控制式自整角机接收机的单相绕组作为输出绕组对外输出电压
    D.控制式自整角机输出电压需要经相敏整流后得到一个直流输出电压
41. 力矩式自整角机,在船上常用于_____场合。
    A.测速结构   B.发电机组原动机油门控制
    C.水位控制   D.车钟和舵机指示器
42. 关于步进电机的步距角,错误的叙述是_____。
    A.步进电机的转子齿数、定子相数和运行拍数愈多,则步距角愈小

B.一台步进电机的定、转子结构确定了,其步距角也就固定不变了
C.定子控制绕组每改变一次通电方式,转子所转过的空间角度称为步距角
D.步距角越小,步进电机的控制越精确

43.磁钢最原始的定义即是_____合金,具有高矫顽性,是很适合为永久磁铁的材料。
   A.铝镍钴   B.钕铁硼
   C.钐钴   D.强磁

44.对于单相导通星形三相三状态无刷直流电动机,每个开关管连续为_____。
   A.60 s   B.90 s
   C.120 s   D.180 s

45.关于永磁同步发电机工作原理的说法中错误的是_____。
   A.工作原理上与旋转电机不同   B.在旋转的三相绕组中通入三相正弦交流电
   C.旋转磁场的转速又叫同步转速   D.在旋转电机的气隙中产生旋转气隙磁场

46.步进电动机的转速取决于_____。
   A.脉冲的波形   B.脉冲的幅值
   C.脉冲的宽度   D.脉冲的频率

47.如图步进电动机采用三相单、双三拍控制,其步距角为_____。 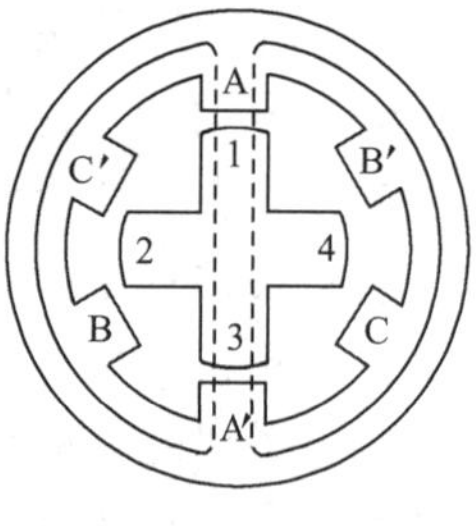
   A.15°   B.30°
   C.60°   D.90°

48.步进电动机各相绕组要求_____电流。
   A.通入直流   B.通入对称交流
   C.同时通入脉冲   D.依次轮流通入脉冲

49.伺服电机的主要用途是_____。
   A.能量转换   B.速度与位置控制
   C.功率放大   D.电阻检测

50.自整角机在船舶中的典型应用是_____。
   A.舵角指示器   B.照明系统
   C.压载泵驱动   D.应急发电机

51.步进电机的"步距角"取决于_____。
   A.电源频率   B.转子齿数与通电拍数
   C.定子绕组匝数   D.负载转矩

52.船舶舵角指示系统中,自整角机发送机与接收机的转子绕组供电方式通常为_____。
   A.接收机和发送机转子接同一交流电源
   B.接收机和发送机转子均通直流励磁
   C.接收机转子通单相交流电源,发送机转子开路
   D.接收机和发送机转子均通三相交流电源

53.在船舶舵角指示系统中,自整角机的工作模式通常是_____。
   A.力矩式,发送角度信号
   B.力矩式,直接驱动机械负载转动

C.控制式,用于计算两个输入角度的差值

D.步进式,通过脉冲信号控制角度步进

54.关于步进电机,下列说法错误的是_____。

A.步进电机是一种控制用特种电机,它有伺服型和功率型两类

B.步进电机是一种将电脉冲转化为角位移的执行器件

C.步进电机的转子采用鼠笼式结构,定子采用彼此独立的多相绕组

D.定子绕组相数常见有二相、三相、四相、五相四种

55.关于步进电机,下列说法错误的是_____。

A.步进电机接收驱动器发来的脉冲信号,按照驱动电机设定的方向转动一个固定角度

B.步进电机的控制器有单片机、可编程控制器PLC等

C.通过控制脉冲个数来控制角位移量,从而达到准确定位

D.通过控制脉冲幅值的大小来控制电机的速度

56.步距角是步进式电机中的重要参数,下列对其叙述中不正确的是_____。

A.步距角越小,则电机能达到的位置精度越高

B.它表示控制系统每发一个步进脉冲信号,电机所转动的角度

C.对于已经制造好的电机,其固有步距角是唯一确定的

D.除与电机相数和转子齿数有关外,还与电机的通电方式有关

57.如果电机的通电切换过程是 A→AB→B→BC→C→CA→A,则其工作为_____。

A.单拍工作方式 B.双拍工作方式

C.单、双拍工作方式 D.三拍工作方式

58.步进电动机是一种用_____信号进行控制,并将_____信号转换成相应的角位移或线位移的控制电机。

A.电脉冲;电脉冲 B.转速;转速

C.电压;电压 D.电压;转速

59.步进电机的定子控制绕组每改变一次通电方式,称为_____,此时电机转子所转过的空间角度称为_____。

A.一拍;齿距角 B.换向;步距角

C.一拍;步距角 D.换向;齿距角

60.调节脉冲信号的_____可以改变步进电机的转速,改变各相输入脉冲的_____,可以改变电机的旋转方向。

A.大小;先后顺序 B.频率;大小

C.先后顺序;频率 D.频率;先后顺序

61.转子齿数为40的三相单三拍步进电动机的步距角为_____。

A.3° B.1.5°

C.9° D.30°

62.一台转子为4齿、定子为三相控制绕组的步进电动机,采用三相单、双三拍工作方式,那么步距角等于_____。采用三相单三拍工作方式,其步距角等于_____。

A.30°;15° B.15°;60°

C.15°;30° D.30°;60°
63.步进电动机旋转方向调节是通过_____;转速调节是通过_____;电机的位置控制是通过_____。
A.改变每相定子控制绕组电流的顺序;调节脉冲信号的频率;脉冲的个数
B.调节脉冲信号的频率;脉冲的个数;改变每相定子控制绕组电流的顺序
C.改变每相定子控制绕组电流的顺序;脉冲的个数;调节脉冲信号的频率
D.脉冲的个数;改变每相定子控制绕组电流的顺序;调节脉冲信号的频率

参考答案

第一节 电路的基础知识

1.B	2.A	3.B	4.B	5.D	6.D	7.B	8.A	9.B	10.D
11.C	12.B	13.D	14.C	15.C	16.B	17.B	18.A	19.B	20.C
21.D	22.A	23.B	24.B	25.C	26.A	27.A	28.A	29.A	30.D
31.B	32.A	33.D	34.B	35.C	36.C	37.A			

第二节 直流电路

1.C	2.C	3.A	4.D	5.B	6.B	7.A	8.B	9.A	10.C
11.B	12.C	13.B	14.C	15.C	16.B	17.A	18.D	19.B	20.C
21.A	22.C	23.B	24.C	25.C	26.D	27.A	28.B	29.D	30.C
31.C	32.A	33.C	34.C	35.D	36.C	37.A	38.D	39.B	40.B
41.B	42.B	43.C	44.B	45.D	46.D				

第三节 交流电路

1.D	2.A	3.A	4.C	5.B	6.C	7.B	8.B	9.B	10.A
11.D	12.A	13.D	14.D	15.C	16.C	17.D	18.B	19.C	20.D
21.D	22.C	23.B	24.C	25.D	26.A	27.D	28.A	29.B	30.C
31.B	32.C	33.B	34.C	35.B	36.C	37.B	38.D	39.A	40.B
41.C	42.D	43.B	44.C	45.A	46.C	47.C	48.B	49.D	50.B
51.A	52.B	53.C	54.C	55.B	56.C	57.A	58.C	59.B	60.B
61.C	62.A	63.C	64.C	65.C	66.A	67.C	68.C	69.C	70.D
71.A	72.C	73.C	74.C	75.A	76.D	77.A	78.C	79.A	80.B
81.B	82.B	83.B	84.B	85.B	86.A	87.C	88.C	89.C	90.D
91.D	92.D	93.A	94.B	95.A	96.B				

第四节　磁场和电磁感应

1.C	2.C	3.C	4.C	5.D	6.D	7.B	8.B	9.C	10.A
11.C	12.C	13.A	14.C	15.B	16.D	17.B	18.C	19.A	20.A
21.D	22.B	23.C	24.C	25.D	26.C	27.B	28.C	29.A	30.B
31.B	32.D	33.D	34.B	35.C	36C	37.D	38.A	39.C	40.A
41.D	42.D	43.B							

第五节　电气材料技术

1.A	2.B	3.C	4.B	5.C	6.A	7.D	8.B	9.C	10.A
11.C	12.B	13.C	14.A	15.A	16.D	17.C	18.C	19.C	20.B
21.B	22.B	23.A	24.C	25.C	26.C	27.A	28.C	29.D	30.D
31.B	32.B	33.C	34.D	35.D					

第六节　变压器

1.C	2.A	3.B	4.B	5.A	6.D	7.D	8.B	9.A	10.B
11.A	12.A	13.A	14.D	15.D	16.A	17.A	18.B	19.C	20.C
21.A	22.B	23.D	24.A	25.B	26.B	27.B	28.A	29.B	30.D
31.C	32.B	33.A	34.B	35.A	36.B	37.B	38.B	39.C	40.C
41.C	42.B	43.B	44.C	45.B	46.B	47.B	48.B	49.A	50.A
51.A	52.C	53.B	54.D	55.B	56.A	57.C	58.B	59.C	60.A
61.D	62.D	63.B	64.B	65.A	66.D	67.C	68.A	69.A	70.D
71.D	72.D	73.A							

第七节　电机基本原理

1.D	2.C	3.B	4.C	5.D	6.A	7.C	8.B	9.C	10.B
11.B	12.B	13.A	14.C	15.B	16.D	17.C	18.D	19.D	20.B
21.C									

第八节　直流电机

| 1.B | 2.A | 3.D | 4.B | 5.A | 6.A | 7.D | 8.B | 9.B | 10.C |
| 11.A | 12.B | 13.C | 14.C | 15.B | 16.C | 17.B | 18.C | 19.B | 20.A |

21.B	22.B	23.B	24.C	25.C	26.D	27.C	28.A	29.A	30.D
31.B	32.B	33.D	34.B	35.C	36.D	37.D	38.C		

第九节　异步电动机

1.B	2.D	3.C	4.D	5.B	6.A	7.A	8.C	9.A	10.D
11.B	12.B	13.B	14.C	15.C	16.C	17.B	18.B	19.C	20.A
21.C	22.C	23.D	24.C	25.A	26.A	27.B	28.C	29.A	30.D
31.B	32.B	33.A	34.C	35.A	36.C	37.B	38.B	39.D	40.D
41.A	42.D	43.A	44.C	45.C	46.A	47.D	48.D	49.A	50.D
51.A	52.C	53.B	54.D	55.D	56.A	57.C	58.A	59.C	60.A
61.A	62.B	63.A	64.B	65.B	66.D	67.D	68.B	69.A	70.A
71.D	72.B	73.A	74.C	75.A	76.B	77.D	78.B	79.B	80.B
81.A	82.D	83.D	84.A	85.A	86.B	87.B	88.B	89.C	90.B
91.C	92.B	93.C	94.B	95.B	96.D	97.B	98.D	99.A	100.B
101.D	102.D	103.D	104.B	105.D	106.C	107.D	108.B	109.D	110.A
111.B	112.C	113.D	114.D	115.B	116.A	117.A	118.D	119.C	120.B
121.C	122.B	123.C	124.A	125.A	126.B	127.D	128.C	129.C	130.D
131.A	132.C	133.B	134.C	135.C	136.C	137.B	138.B	139.C	140.B
141.C	142.D	143.A	144.B	145.D	146.B	147.C	148.C	149.B	150.A
151.C	152.B	153.C	154.B	155.C	156.C	157.B	158.B	159.A	160.A
161.A	162.C	163.D	164.C	165.A	166.C	167.C	168.C	169.C	170.A
171.C	172.A	173.D	174.B	175.B	176.D	177.A			

第十节　同步发电机

1.B	2.C	3.C	4.B	5.C	6.D	7.D	8.D	9.A	10.B
11.B	12.B	13.D	14.B	15.A	16.B	17.A	18.B	19.B	20.A
21.A	22.C	23.C	24.D	25.C	26.A	27.B	28.A	29.C	30.D
31.D	32.A	33.A	34.B	35.B	36.B	37.A	38.D	39.A	40.D
41.A	42.A	43.B	44.A	45.C	46.C	47.B	48.B	49.B	50.B
51.A	52.B	53.A	54.C	55.A	56.B	57.D	58.B	59.B	60.B
61.B	62.D	63.A	64.B	65.D	66.A				

第十一节　特种电机

1.D	2.B	3.A	4.C	5.A	6.A	7.A	8.A	9.C	10.C
11.A	12.B	13.B	14.C	15.D	16.D	17.D	18.B	19.A	20.C

21.A	22.D	23.A	24.B	25.D	26.A	27.A	28.C	29.B	30.B
31.C	32.C	33.C	34.C	35.C	36.D	37.A	38.D	39.A	40.A
41.D	42.B	43.A	44.C	45.A	46.D	47.A	48.D	49.B	50.A
51.B	52.A	53.A	54.C	55.D	56.C	57.C	58.A	59.C	60.D
61.A	62.C	63.A							

第二章 电力电子基础

1. 下列电力电子器件中不属于全控型器件的是_____。
   A.晶闸管(SCR)   B.门极可关断晶闸管(GTO)
   C.绝缘栅双极性三极管(IGBT)   D.电力晶体管(GTR)

2. 电力二极管是_____电力电子器件。
   A.可控双极型   B.不可控双极型
   C.可控单极型   D.不可控单极型

3. 按加在控制端的驱动电路有效波形来看,不属于脉冲或电平控制型的电力电子器件是_____。
   A.电力二极管   B.晶闸管
   C.MOSFET   D.IGBT

4. 按控制程度来对电力电子器件分类,属于半控型的电力电子器件是_____。
   A.电力二极管   B.晶闸管
   C.MOSFET   D.IGBT

5. _____不属于电力电子器件。
   A.电力二极管   B.稳压管
   C.晶闸管   D.IGBT

6. 下列电力电子器件中,属于半控型器件的是_____。
   A.整流二极管   B.普通晶闸管
   C.GTR   D.IGBT

7. 在下面的电力电子器件中,_____属于全控型器件。
   A.普通晶闸管   B.整流二极管
   C.IGBT   D.双向晶闸管

8. 按照电力电子器件能够被控制电路信号控制的程度,可以将电力电子器件分为以下三类_____。
   A.二极管、晶闸管、IGBT   B.不可控型、电压控制型、电流控制型
   C.不可控型、脉冲控制型、电平控制型 D.半控型器件、全控型器件、不可控器件

9. 电力二极管(Power Diode)只有两个端子,其基本特性与信息电子电路中的二极管一样,但_____。

A.都带散热器 B.能够承受高电压和流过大电流
C.只能低速导通和关断 D.可以高速导通或关断

10.关于电力电子器件的分类,叙述正确的是_____。
A.晶闸管为脉冲触发型电力电子器件
B.晶闸管不属于电流控制型电力电子器件
C.绝缘栅双极晶体管为电流控制型电力电子器件
D.绝缘栅双极晶体管为脉冲触发型电力电子器件

11.下列关于电力电子器件的说法错误的是_____。
A.根据驱动电路加在电力电子器件控制端和公共端之间有效信号的波形,可以将电力电子器件分为脉冲触发型和电平控制型两类
B.按照驱动电路加在电力电子器件控制端和公共端之间信号的性质,可以将电力电子器件分为电流驱动型、电压驱动型和功率驱动型三类
C.按照电力电子器件能够被控制电路信号所控制的程度,可以将电力电子器件分为半控型器件、全控型器件、不可控器件三类
D.为了减小本身的损耗,提高效率,一般都工作在开关状态

12.下列关于电力电子器件的说法错误的是_____。
A.由信息电子电路来控制,而且需要驱动电路
B.开关频率较高时,开关损耗是电力电子器件功率损耗的主要原因
C.自身的功率损耗通常略大于信息电子器件,在其工作时一般不需要安装散热器
D.开关频率不高时,通态损耗是电力电子器件功率损耗的主要原因

13.绝缘栅双极晶体管的三个极为_____。
A.集电极、发射极、栅极 B.集电极、发射极、基极
C.集电极、发射极、源极 D.集电极、发射极、漏极

14.IGBT 的正向偏置安全工作区是根据最大集射极间电压、最大集电极功耗和最大_____确定的。
A.栅极和集电极之间的电压 B.栅极电流
C.发射极电流 D.集电极电流

15.在电力电子电路中,IGBT 工作在_____状态。
A.放大 B.阻断
C.开关 D.饱和

16.IGBT 的静态特性如图所示,一般情况下,其在电力电子电路中的工作区为_____。
A.饱和区和反向阻断区之间来回转换
B.有源区和正向阻断区之间来回转换
C.饱和区和正向阻断区之间来回转换
D.正向阻断区以外

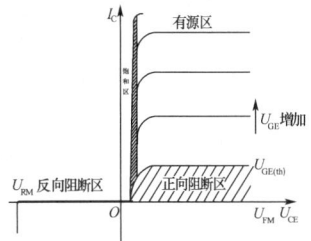

17.按照加在电力电子器件控制端和公共端之间的有效信号波形来看,不属于脉冲触发型或电平控制型的器件是_____。

A.IGBT B.SCR
C.MOSFET D.电力二极管

18.电力二极管的PN结温升主要取决于_____。
A.正向压降 B.正向浪涌电流
C.正向平均电流 D.反向重复峰值电压

19.有关晶闸管导通,下列叙述错误的是_____。
A.阳极和阴极间加正向电压,且控制极和阴极加一定的控制电压
B.承受反向电压,但只要控制极和阴极加一定的控制电压产生足够的触发电流
C.控制极和阴极不加触发电压,阳极和阴极间只要加足够大的正向电压也能导通
D.晶闸管是半控型器件,它的导通属于电流控制型,它的关断不可控

20.晶闸管导通后的关断条件是_____。
A.将控制极触发脉冲关断 B.减小阳极电流使之小于维持电流
C.在控制极加反向电压 D.断开控制极电路

21.有关IGBT,下列叙述错误的是_____。
A.IGBT属于全控型器件,其导通和关断都可以控制
B.IGBT的导通由其栅极和发射极间的电压决定,只要在两极间加上电压就能导通
C.在IGBT栅极和发射极间的加反向电压,IGBT将关断
D.IGBT开关速度高,开关损耗小

22.可实现有源逆变的电路为_____。
A.三相半波可控整流电路 B.三相半控桥式整流电路
C.单相全控桥接续流二极管电路 D.单相半控桥式整流电路

23.晶闸管触发电路中,若改变_____的大小,则输出脉冲产生相位移动,达到移相控制的目的。
A.同步电压 B.控制电压
C.脉冲变压器变比 D.偏移调正电压

24.下列_____不是绝缘栅双极晶体管IGBT的特点。
A.工作速度快 B.电流较大
C.耐压等级高 D.导通压降低

25.双向晶闸管与_____特性相同。
A.两个普通晶闸管正向串联 B.两个普通晶闸管正向并联
C.两个普通晶闸管反向并联 D.两个普通晶闸管反向串联

26.下列关于IGBT说法不正确的是_____。

84

A.综合了 MOSFET 和 GTR 的优点

B.对于工作在开关状态的 IGBT,应避免使其工作在线性区,否则功耗很大

C.限制集电极电流 I_C 不能超过 I_{CM},否则会因功率过大导致器件损坏

D.在 G-E 开路时,在 C-E 端承受反压才能关断

27.关于绝缘栅双极晶体管 IGBT 的描述中,错误的是_____。

A.只要控制电压大于开启电压,IGBT 正向工作时即可导通

B.只要给控制端加大于开启电压的脉冲,IGBT 正向工作时即可导通

C.正常使用中,常控制 IGBT 工作在正向阻断区和饱和区

D.IGBT 开关速度快,开关损耗小,但是控制端输入阻抗高

28.利用模拟式万用表测量可控硅,用 $R×10$ 或 $R×100$ 挡测控制极 G 和阴极 K 正、反向电阻,正向电阻为几欧姆,而反向电阻要比正向电阻明显地大一些(有几百欧姆),就可认为此可控硅_____。

A.性能降低　　　　　　　　　　B.正常

C.短路　　　　　　　　　　　　D.断路

29.如果测得 IGBT 管三个引脚间电阻均很小,则说明该管_____;若测得 IGBT 管三个引脚间电阻均为无穷大,则说明该管_____。

A.击穿损坏;正常　　　　　　　B.正常;开路损坏

C.击穿损坏;开路损坏　　　　　D.击穿损坏或开路损坏;正常

30.电力二极管拆下来检查,用数字万用表的二极管挡,红表笔和黑表笔分别接二极管的两端,有两种接法,其中在_____时,说明器件故障。

A.一种接法显示 0.6 左右

B.一种接法显示 $1x\cdots$(x 表示没有显示)

C.一种接法显示 0.6 左右,另一种接法显示 $1x\cdots$(x 表示没有显示)

D.两种接法均显示 0.6 左右

31.关于电力电子器件的替换,叙述正确的是_____。

A.选用同型号的器件进行替换时,无须进行通电实验

B.进行器件替换时只要主要功能相同,特性相近即可

C.非直接替换时只需要考虑主要功能相同,特性相近,不用考虑耐压、过流等技术指标

D.无论何种替换,都需进行通电实验

32.用指针式万用表测试已拆下的二极管时,则应选用万用表的_____。

A.$R×100$ 或 $R×1k$ 欧姆挡　　　　B.直流电压挡

C.直流电流挡　　　　　　　　　　D.$R×1$ 欧姆挡

33.如果是大功率单向晶闸管,用肉眼即可判断出控制极(即外形最小的接线端为控制极),用万用表测量该极与其他两极,_____是 A 极;_____是 K 极。

A.不通的;不通的　　　　　　　B.导通的;导通的

C.导通的;不通的　　　　　　　D.不通的;导通的

34.用数字式万用表测两个二极管,第一个测得正反向显示均几乎为零,第二个测得正反向显示均为无穷大,则可判断_____。

A.两个二极管均正常 B.两个二极管均损坏
C.第一个正常、第二个损坏 D.第一个损坏、第二个正常

35.电力二极管用数字式万用表二极管挡测试判定，_____说明此管已损坏。
A.交换红黑表笔测试,一种显示 0.6 V,一种显示 0L
B.交换红黑表笔测试,两种显示均为 0.6 V 左右
C.一种显示 0.6 V
D.一种显示 0L

36.晶闸管使用中突然损坏,不可能的原因是_____。
A.输出发生短路 B.输出发生过载
C.外界开关操作、雷击引起过电压 D.控制极和阳极开路

37.在滤波电路中,电容器与负载_____联,电感与负载_____联。
A.串;并 B.并;串
C.并;并 D.串;串

38.具有电容滤波器的单相半波整流电路,若变压器副边有效值 $U=20$ V,当负载开路时,输出平均电压 U_o 约为_____。
A.9 V B.28.2 V
C.8 V D.20 V

39.具有电容滤波器的单相半波整流电路,若变压器副边电压有效值 $U=20$ V,则二极管承受的最高反向电压为_____。
A.20 V B.28.2 V
C.40 V D.56.4 V

40.整流电路的目的是_____。
A.直流电变交流电 B.电压放大
C.交流电变直流电 D.功率放大

41.单相半波整流电路的输入交流电压有效值为 100 V,则输出的脉动电压平均值为_____;二极管承受的最高反向电压为_____。
A.45 V;100 V B.90 V;100 V
C.90 V;141 V D.45 V;141 V

42.二极管全波整流电路,所获得的直流电压平均值为输入整流装置的交流电压有效值的_____倍。
A.0.9 B.0.45
C.0.5 D.0.725

43.如图所示电路,它是_____整流电路。 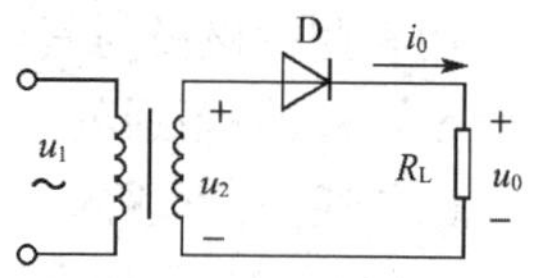
A.单相半波不可控
B.单相半波可控
C.单相全波可控
D.单相全波不可控

44. 三相全桥不可控整流电路的每个二极管在一个周期内导通的时间为_____。
   A. 60°
   B. 120°
   C. 180°
   D. 电阻性负载120°,阻感性负载60°

45. 带阻感性负载的三相全桥不可控整流电路的整流输出电压_____。(U 为三相交流供电的相电压)
   A. $2.34U$
   B. $1.17U$
   C. $2.45U$
   D. $\sqrt{6}U$

46. 带电阻性负载的三相全桥不可控整流电路的整流输出电压一周期脉动_____。每个二极管的平均电流为负载平均电流的_____。
   A. 三次;一半
   B. 六次;一半
   C. 三次;三分之一
   D. 六次;三分之一

47. 三相全桥不可控整流电路中,共阴极接法的三个整流二极管每隔_____换流一次。
   A. 60°
   B. 90°
   C. 120°
   D. 150°

48. 三相不可控整流电路说法不正确的是_____。
   A. 与三相全控整流的区别在于用二极管取代晶闸管
   B. 常用于交直交变频器、不间断电源、开关电源等场合
   C. 由于电感的存在,交流侧的电流波形前沿比接纯电阻性负载平缓
   D. 二极管承受的最大反向电压为 $\sqrt{3}U_2$(U_2 是整流变压器二次侧额定相电压的有效值)

49. 最常用的三相整流电路如图所示,三相交流电压经过三相变压器T后向整流电路供电,阳极连接在一起的3个整流二极管称为共阳极组,其编号为_____;共阳极的电压是_____电压。

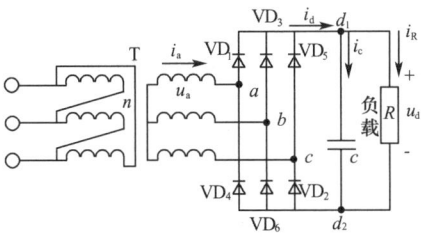

   A. VD_1、VD_3、VD_5;正
   B. VD_2、VD_4、VD_6;负
   C. VD_1、VD_3、VD_5;负
   D. VD_2、VD_4、VD_6;正

50. 图示电路的输出电压平均值 U_d 空载时,输出电压平均值最大,为_____,如果图示电路中的电容没有,则输出平均值是_____。

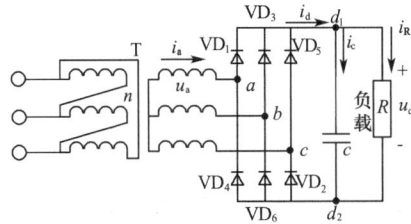

A. $U_d\sqrt{6}U_2$；$U_d=1.17U_2$
B. $U_d\sqrt{3}U_2$；$U_d=1.17U_2$
C. $U_d\sqrt{6}U_2$；$U_d=2.34U_2$
D. $U_d\sqrt{3}U_2$；$U_d=2.34U_2$

51. 图示整流电路，每个二极管的电流平均值为 I_d 的_____，二极管承受的最大反向电压为_____。

A. $1；3；\sqrt{6}U_2$
B. $1；6；\sqrt{6}U_2$
C. $1；2；\sqrt{3}U_2$
D. $1；6；\sqrt{3}U_2$

52. 三相全桥可控整流电路带电阻性负载时，触发角 α 不大于 60°时，整流输出的电压为_____。

A. $2.34U_2\cos\alpha$
B. $1.17U_2\cos\alpha$
C. $2.45U_2\cos\alpha$
D. $\sqrt{6}U_2\cos\alpha$

53. 三相全桥可控整流电路带电阻性负载，当控制角 α=0°时，整流电压平均值为整流器输入交流相电压的_____倍。

A. 1.35
B. 2
C. 0.9
D. 2.34

54. 在三相全桥可控整流电路中，每个时刻均需有_____个晶闸管同时导通。

A. 1
B. 2
C. 3
D. 4

55. 最常用的三相可控整流电路如图所示，三相交流电压经过三相变压器 T 后向整流电路供电，阴极连接在一起的 3 个整流二极管称为共阴极组，其编号为_____；共阴极的电压是_____电压。

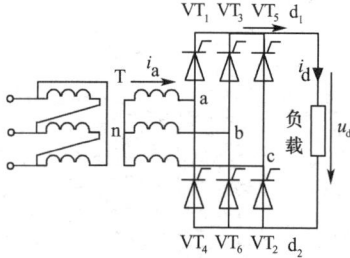

A. VT_1、VT_3、VT_5；负
B. VT_2、VT_4、VT_6；正
C. VT_1、VT_3、VT_5；正
D. VT_2、VT_4、VT_6；负

56. 图示电路的负载为阻感性，电路输出电压平均值 U_d 为_____。

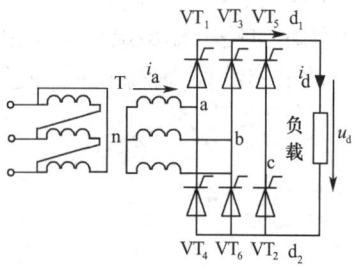

A. $U_d=1.17U_2\cos\alpha$
B. $U_d=2.34U_2\cos\alpha$
C. $U_d=1.17U_2(1+\cos\alpha)$
D. $U_d=2.34U_2(1+\cos\alpha)$

57. 三相全控桥式整流电路中共阴极组 VT_1、VT_3、VT_5 的触发脉冲依次差_____，共阳极组

VT₂、VT₄、VT₆ 的触发脉冲依次差_____。

A.60°;120°

B.120°;120°

C.150°;150°

D.180°;180°

58. 关于三相全桥可控整流电路对触发脉冲的要求,下列说法错误的是_____。

A.触发脉冲的电压和电流应大于晶闸管要求的数值,并留有一定的裕量

B.触发脉冲应满足要求的移相范围

C.触发脉冲与晶闸管主电路电源必须同步

D.为满足三相全控桥的要求,触发电路应能输出大于30°宽的脉冲

59. 三相全桥可控整流电路中的触发脉冲可以用宽脉冲触发,此时,每一个触发脉冲的宽度必须大于_____,小于_____。

A.30°;90°　　　　　　　　　　B.60°;120°

C.60°;90°　　　　　　　　　　D.30°;120°

60. 三相全控桥式整流电路在脉冲触发方式下一个周期内所需要的触发脉冲共有6个,它们在相位上依次相差_____。

A.60°　　　　　　　　　　　　B.120°

C.90°　　　　　　　　　　　　D.180°

61. 带电容滤波的三相全桥不可控整流,二极管承受的最大反向电压为_____。

A.$\sqrt{2}U_2$　　　　　　　　　　B.$\sqrt{3}U_2$

C.$\sqrt{6}U_2$　　　　　　　　　　D.$2\sqrt{2}U_2$

62. 三相全桥可控整流有关触发角的移相范围,下列叙述正确的是_____。

A.带电阻性负载时移相范围是0°~120°　　B.带电阻性负载时移相范围是0°~60°

C.带阻感性负载时移相范围是0°~120°　　D.带阻感性负载时移相范围是0°~60°

63. 三相全桥可控整流带电阻性负载,触发角 α≤60°时,整流输出电压为_____。

A.$1.17U_2\cos\alpha$　　　　　　　　B.$2.34U_2\cos\alpha$

C.$2.45U_2\cos\alpha$　　　　　　　　D.$\sqrt{6}U_2$

64. 电压型逆变器的直流环节采用_____滤波,因而直流电压波形比较平直,在理想情况下是一个内阻为零的恒压源。

A.大电感　　　　　　　　　　B.大电阻

C.大线圈　　　　　　　　　　D.大电容

65. 电流型逆变器的直流环节采用_____滤波,因而直流电流波形比较平直,在理想情况下是一个内阻为零的恒流源。

A.大电阻　　　　　　　　　　B.大电感

C.大线圈　　　　　　　　　　D.大电容

66. 有关电压源型逆变器的叙述_____是错误的。

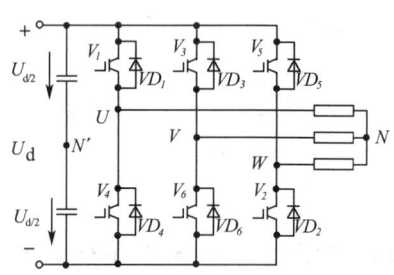

A.三个单相逆变器电路可组成一个三相逆变器

B.三相桥式逆变电路的基本工作方式是180°导电方式

C.同一相上下两臂交替导电,各相开始导电的角度差120°,任一瞬间有三个桥臂同时导通

D.每次换流都是在同一相上下两桥臂之间进行,称为横向换流

67.根据直流环节的储能方式来分,交-直-交变频器可分成_____。

A.电压型和电流型　　　　　　　　B.电压型和功率型

C.功率型和电流型　　　　　　　　D.电场型和磁场型

68.中间电路通过大容量电容进行滤波的变频器是_____。

A.电流型变频器　　　　　　　　　B.电压型变频器

C.适应再生制动的变频器　　　　　D.适应于可逆运行的变频器

69.下列有关电压源型逆变器的叙述不正确的是_____。

A.电压源型逆变器的直流侧接的直流电压源

B.电压源型逆变器的直流侧多接大电容,作缓冲滤波,构成低阻抗的电压源

C.电压源型逆变器的输出电压确定,波形接近矩形波

D.电压源型逆变器的电流输出与负载无关,波形接近矩形波

70.如图所示,电压源型单相全桥逆变电路,由于负载是电感性,在图示参考方向下,负载正向通电流时,电流流通器件的回路是_____。

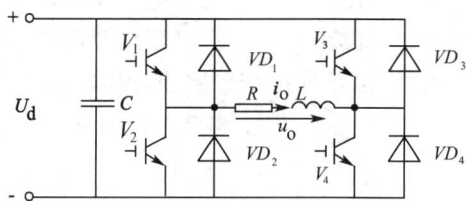

A.U₊→V₁→RL→V₄→U₋

B.U₊→V₃→RL→V₂→U₋

C.U₊→V₁→RL→V₄→U₋ 或 U₋→VD₂→RL→VD₃→U₊

D.U₊→V₃→RL→V₂→U₋ 或 U₋→VD₄→RL→VD₁→U₊

71.对于三相电压源型逆变电路,其各相开始导电时的角度差为_____,三相交流各相的电压波形为_____。

A.60°;近似正弦　　　　　　　　B.90°;近似正弦

C.120°;方波　　　　　　　　　　D.180°;方波

72. 对于三相电流源型晶闸管逆变电路,如图所示,其各相开始导电时的角度差为_____,三相交流各相的电流为_____。

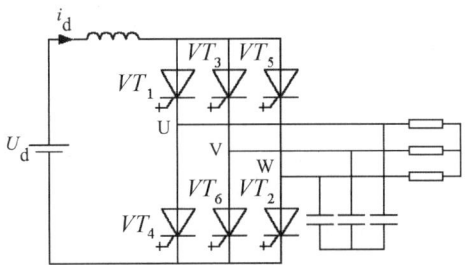

A.180°;方波 B.120°;方波
C.90°;正弦 D.60°;正弦

73. 图示三相逆变电路中 U_d 是直流电压源,逆变后三相交流的线电压 U_{uv} 的最大值是_____。

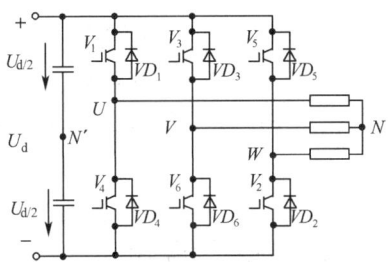

A.幅值 U_d B.幅值 $U_d/2$
C.幅值 $2U_d/3$ D.幅值 $U_d/3$

74. 电压型和电流型逆变器在主电路上虽然只是滤波环节的不同,在性能上却带来了明显的差异,主要表现为_____。
A.电压源型逆变器输出的电压波形为方波,电流源型逆变器输出的电流波形为方波
B.电压源型逆变器使用较多,而电流源型逆变器极少使用
C.电压源型逆变器使用IGBT,电流源型逆变器除IGBT外,还使用晶闸管
D.电压源型逆变器容易控制,电流源型逆变器控制困难

75. 关于电流型逆变电路,下列说法错误的是_____。
A.直流侧串联大电感,相当于电流源。直流侧电流基本无脉动,直流回路呈现高阻抗
B.电路中开关器件的作用仅是改变直流电流的流通路径,因此交流侧输出电流为矩形波,并且与负载阻抗角无关
C.交流侧输出电压波形和相位则因负载阻抗情况的不同而不同
D.当交流侧为阻感负载时需要提供无功功率,直流侧电容起缓冲无功能量的作用

76. 有关电流源型逆变器,下列描述错误的是_____。
A.直流侧串联大电感,且直流回路呈现高阻抗
B.交流侧输出电流波形为矩形波或者阶梯波,并且受负载阻抗的影响
C.三相电流型桥式逆变电路的基本工作方式为120°导电方式
D.三相电流型桥式逆变电路的换流方式是横向换流

77. 通用变频器外部接口电路不包括_____。
   A.频率指令输入   B.检测信号和数字信号输出电路
   C.顺序控制指令输入   D.主电源电路

78. 循环变频器(AC-AC)所用的电动机通常是_____。
   A.交流异步高速变频电动机   B.交流异步低速变频电动机
   C.永磁低速同步电动机   D.高速同步电动机

79. 交-交变频又称为循环变频器,以下对其描述中正确的是_____。
   A.无中间环节,直接由交流输入到交流输出
   B.中间的直流环节可以采用电容或电感滤波
   C.每一相电路都是两组电力二极管整流装置的反向并联
   D.线路中使用电力电子器件数量较多,网侧谐波较少

80. 变频器种类很多,其中按滤波方式可分为电压型和_____型。
   A.电流   B.电阻
   C.电容   D.电感

81. _____广泛应用于大功率三相异步电动机和同步电动机的低速变频调速。
   A.交-交变频   B.交-直-交变频
   C.直-交变频   D.交-直变频

82. 交-交变频由于输出的_____,其应用受到限制。
   A.频率低和功率因数低   B.频率高和功率因数低
   C.频率低和功率因数高   D.频率高和功率因数高

83. 开关式稳压电路中的调整管工作在_____和_____状态。
   A.线性放大;截止   B.饱和导通;截止
   C.线性放大;饱和导通   D.线性放大;反向导通

84. 逆变电路是将直流电变换为频率和幅值可调节的交流电,对逆变电路中功率器件的开关控制一般采用_____控制方式。
   A.PFM   B.PWM
   C.SPWM   D.SVPWM

85. 正弦波脉宽调制技术的载波是_____。
   A.正弦波
   B.频率比期望波高得多的等腰三角波
   C.在半个周期内,呈两边窄中间宽的矩形波
   D.三角波

86. 有关同步调制的叙述错误的是_____。
   A.载波比是变化的
   B.在基本同步调制时,调制信号变化时保持载波比不变
   C.信号波一周期内输出脉冲数固定
   D.在变频时,使载波与信号波保持同步的控制方式

87.关于交流变频调速,叙述正确的是_____。

A.交-直-交变频器是由 AC/DC、DC/AC 两类基本的变流电路组合形成的

B.交-直-交变频器是由 DC/AC、AC/DC 两类基本的变流电路组合形成的

C.交-直-交变频器是先将频率固定的交流电逆变后,再经过整流,变成频率连续可调的三相交流电

D.交-直-交变频器是先将频率固定的交流电整流后变成直流,再经过逆变电路,把直流电逆变成频率连续不可调的三相交流电

88.关于 PWM 逆变器工作原理,下列说法错误的是_____。

A.PWM 控制可获得一系列宽度不等的矩形电压脉冲列

B.PWM 逆变器通过改变脉冲的宽度进行调压

C.必须在逆变器变频的同时,改变输入直流电压的大小

D.PWM 逆变器通过改变调制周期进行调频

89.正弦脉宽调制(SPWM)技术中,不需要另用计算实现 SPWM 控制的是_____。

A.自然采样法 B.规则采样法

C.直接 PWM 法 D.专用 SPWM 集成电路法

90.SPWM 脉冲系列中,各脉冲的宽度以及相互间的间隔宽度是由_____来决定的。

A.基准波和载波的交点 B.基准波

C.载波 D.规则采样法

91.正弦波脉冲宽度调制通常采用_____相交方案,来产生脉冲宽度按正弦波分布的波形。

A.直流参考信号与三角波载波信号

B.正弦波参考信号与三角波载波信号

C.正弦波参考信号与锯齿波载波信号

D.直流参考信号与锯齿波载波信号

92.采用 PWM 控制技术的变压变频器一般都是_____。

A.交-直-交电流型逆变器 B.交-直-交电压型逆变器

C.交-直-交电感型逆变器 D.交-直-交电容型逆变器

93.正弦波脉宽调制技术的调制结果是_____。

A.正弦波(锯齿波)

B.频率比期望波高得多的等腰三角波

C.在半个周期内,呈两边窄中间宽的矩形波

D.三角波

94.面积等效原理是 PWM 控制技术的重要理论基础。原理内容为_____而形状不同的窄脉冲加在具有惯性的环节上时,其效果基本相同。

A.周期相等 B.幅值相等

C.宽度相等 D.冲量相等

95.电力二极管的反向恢复时间(t_{rr})主要与以下哪个过程相关?_____。
   A.正向导通时的电压建立　　　　　B.关断过程中反向电流的消失
   C.温度升高时的热稳定性　　　　　D.雪崩击穿时的能量损耗

96.晶闸管一旦导通后,门极信号的作用是_____。
   A.必须持续施加才能维持导通　　　B.可移除,导通状态由阳极电流维持
   C.需要反向脉冲才能关断　　　　　D.仅用于调节导通压降

97.使用万用表电阻档判断晶闸管是否短路失效时,以下哪种情况表明阳极和阴极之间可能已短路?
   A.正反向测量均显示高阻值(>1 MΩ)
   B.正向测量为低阻值(几欧姆),反向测量为高阻值
   C.正反向测量均显示低阻值(接近0 Ω)
   D.仅正向触发门极(G)后显示低阻值

98.某晶闸管在门极施加触发信号后仍无法导通,但阳极与阴极间正向电压正常。以下哪种情况可能造成此故障?_____。
   A.门极与阴极间开路(触发失效)　　B.阳极与阴极间反向击穿
   C.晶闸管散热不良导致过热　　　　D.阳极电流上升率(di/dt)过高

99.在三相半波可控整流电路中,触发角(α)为0°时,输出电压波形与不可控整流电路的关系是_____。
   A.输出电压波形完全相同　　　　　B.输出电压波形被截断
   C.输出电压幅值更高　　　　　　　D.输出电压谐波更大

100.下列关于单相桥式PWM逆变电路说法中,正确的是_____。
   A.单相桥式电路只能采取单极性调制
   B.单相桥式电路只能采取双极性调制
   C.单相桥式电路能采取单极性调制,也能采取双极性调制
   D.不论采取何种调节,它们的输出波形相同

101.把希望输出的正弦波波形作为_____,把接受调制三角波信号作为_____,通过信号波的调制可得到所期望的PWM波形。
   A.调制信号;调制信号　　　　　　B.调制信号;载波
   C.载波;调制信号　　　　　　　　D.载波;载波

102.实现三相桥式PWM逆变电路(调制法),采用的是_____控制方式,U、V和W三相的PWM控制通常共用一个_____,三相的调制信号U_{rU}、U_{rV}和U_{rW}依次相差120°。
   A.单极性;矩形载波　　　　　　　B.单极性;三角形载波
   C.双极性;矩形载波　　　　　　　D.双极性;三角波载波

103. 下列不属于 PWM 调制方式的是_____。
    A.异步调制   B.同步调制
    C.分段同步调制   D.分段异步调制

104. 关于 PWM 调制，下列说法错误的是_____。
    A.以频率比期望波频率低得多的等腰三角波作为载波
    B.用频率和期望波频率相同的正弦波作为调制波
    C.单相桥式电路既可采取单极性调制，也可采用双极性调制
    D.三相逆变器 U、V 和 W 三相的 PWM 控制通常共用一个三角波载波

105. 有关 PWM 技术的理解，下列叙述错误的是_____。
    A.PWM 调制波的获得就是把期望波作为调制波，采用调制法，让调制波的规律决定输出脉冲宽度的变化
    B.SPWM 调制波就是按正弦规律调制输出脉冲电压宽度的变化
    C.根据 PWM 调制波的不同，可分为单脉冲、多脉冲、正弦脉宽调制波
    D.所有 PWM 调制波都是等幅、宽度变化的调制波

106. PWM 变频器的共模电压中含有的高频电压分量，会通过电机、电缆的分布电容产生对地高频漏电流，含转子到机壳再到地的轴电流，其主要危害是_____。
    A.烧坏转子绕组   B.烧坏定子绕组
    C.电蚀轴承   D.降低电机绝缘

107. 对电子线路中调压器电路的理解，正确的是_____。
    A.采用双向晶闸管的通断控制输出交流电压值
    B.既可以调整电压，也可以改变频率
    C.采用电磁的工作原理
    D.是一种交流-直流的变流电路

108. 关于三相调压器的错误叙述是_____。
    A.又称作三相晶闸管电力调整器、可控硅电力调整器
    B.是带动三相负载的无级平滑调节电压设备
    C.可以采用三相自耦变压器的形式进行调压
    D.一般是将三个单相调压器叠装，且三相电压同轴调节

109. PWM 脉冲宽度调制型开关稳压电路通过控制调整管的_____来实现电压的调整。
    A.集电极和发射极之间的电压降   B.发射极的电流
    C.导通、截止时间的比例   D.集电极的电流

参考答案

1.A	2.B	3.A	4.B	5.B	6.B	7.C	8.D	9.B	10.A
11.B	12.C	13.A	14.D	15.C	16.C	17.D	18.C	19.B	20.B
21.B	22.A	23.B	24.C	25.C	26.D	27.B	28.B	29.C	30.D
31.D	32.A	33.D	34.B	35.B	36.D	37.B	38.B	39.D	40.C
41.D	42.A	43.A	44.B	45.A	46.D	47.C	48.D	49.B	50.C
51.A	52.A	53.D	54.B	55.C	56.B	57.B	58.D	59.B	60.A
61.C	62.A	63.B	64.D	65.B	66.D	67.A	68.B	69.D	70.C
71.C	72.B	73.A	74.A	75.D	76.B	77.D	78.C	79.A	80.A
81.A	82.A	83.B	84.C	85.B	86.A	87.A	88.C	89.D	90.A
91.B	92.B	93.C	94.D	95.B	96.B	97.C	98.A	99.A	100.C
101.B	102.D	103.D	104.A	105.D	106.D	107.A	108.C	109.C	

第三章 配电板和电气设备

第一节 船舶电气设备的基本参数

1. 下列有关 IP 防护等级说法错误的是_____。
   A.该防护等级系统由国际电工委员会(IEC)所起草
   B.其将电器依其防尘防水加以分级
   C.防护等级由两个数字所组成,第一个数字表示防尘及其他外物侵入的等级,第二个数字表示防湿气、防水侵入的密闭程度
   D.该等级中数字越大表示其防护等级越低

2. 国际电工委员会对电气设备的防护标准有具体的规定。用"IP××"表明防护等级。IP 后面第一位数字表示_____,第二位数字表示_____。
   A.防外部固体侵入等级;防水液侵入等级   B.防水液侵入等级;防外部固体侵入等级
   C.防漏电等级;防水液侵入等级   D.绝缘等级;防外部固体、液体侵入等级

3. 根据_____确定船舶电气设备的防护等级。
   A.电气设备的电压等级   B.电气设备的安装场所
   C.电气设备的绝缘程度   D.电气设备的功率大小

4. 根据中国船级社(CCS)的相关规范,安装于露天甲板上的电动机,其防水等级至少应该是_____。
   A.0,无防护   B.3,防止喷洒的水侵入
   C.4,防止飞溅的水侵入   D.6,防止大浪侵入

5. 船上干燥居住处所和控制室(只有触及带电部分的危险),其照明设备、控制箱、电动机、开关、接线盒等,最低防护等级为_____。
   A.IP10   B.IP20
   C.IP30   D.IP40

6. 按统一的国际防护标准(IP),船舶照明器可分为_____。
   A.荧光灯、白炽灯、气体放电灯   B.保护型、非保护型
   C.防水型、非保护型   D.保护型、防水型、防爆型

7. 船舶蓄电池房间的灯具要求为_____。

A.防爆型　　　　　　　　　　　　B.防水型
C.保护型　　　　　　　　　　　　D.防潮型

8.关于电器额定值、实际值的说法,正确的是_____。

A.额定值就是实际值

B.照明负载额定值就是实际值

C.电机额定值就是实际值

D.为保证设备的安全和寿命,功率实际值应该等于或小于额定值

9.船舶发电机的额定电压通常高于电网标称电压的原因是_____。

A.补偿线路电压损失　　　　　　B.提高功率因数
C.降低短路电流　　　　　　　　D.便于绝缘设计

10.IP22 防护等级适用的场所包括_____。

A.干燥舱室　　　　　　　　　　B.存在滴水和中等机械伤害的舱室
C.露天甲板　　　　　　　　　　D.机舱花铁板以下

11.船舶用电设备的额定电压与电网标称电压的关系为_____。

A.高 5%　　　　　　　　　　　　B.低 5%
C.相同　　　　　　　　　　　　D.无固定关系

12.船舶电气设备的防护等级中,第二位数字表示_____。

A.防固体侵入等级　　　　　　　B.防水侵入等级
C.防爆等级　　　　　　　　　　D.绝缘等级

13.船舶发电机的额定频率通常为_____。

A.50 Hz 或 60 Hz　　　　　　　B.100 Hz
C.150 Hz　　　　　　　　　　　D.200 Hz

14.短时工作制设备的负荷计算需考虑_____。

A.暂载率　　　　　　　　　　　B.功率因数
C.短路电流　　　　　　　　　　D.温升

15.船舶电网的短路保护中,熔断器的作用是_____。

A.过载保护　　　　　　　　　　B.短路保护
C.欠压保护　　　　　　　　　　D.逆功率保护

16.船舶电力系统的核心组成部分不包括_____。

A.发电装置　　　　　　　　　　B.配电装置
C.输电装置　　　　　　　　　　D.导航装置

17.船舶电力系统选择"三相三线绝缘系统"的主要目的之一是_____。

A.降低电缆成本　　　　　　　　B.提高传输效率
C.避免单相接地导致短路　　　　D.简化发电机结构

18.船舶电力系统对短路保护的要求高于陆地电网,主要是因为_____。

A.系统容量小,短路电流上升快且危害大

B.陆地电网无须短路保护

C.船舶电缆更易发热

D.发电机转子惯性更大

19.三相交流电动机按工作方式,即按工作制的不同分类,没有_____。
  A.连续工作制   B.短时工作制
  C.断续工作制   D.过载工作制

20.关于连续变动负载的下列说法中,不正确的是_____。
  A.负载在连续运行期间,转矩是经常变动的
  B.负载在连续运行期间,转矩基本不变
  C.除了满足温升方面的要求外,还必须注意负载对过载能力的要求
  D.只要温升不超过允许值,在工作过程中出现的短时间过载是允许的

21.关于断续负载,_____被称为负载持续率。
  A.负载持续时间对整个工作周期之比的百分率
  B.整个工作周期对负载持续时间之比的百分率
  C.无负载时间对整个工作周期之比的百分率
  D.负载持续时间与无负载时间之比的百分率

22._____工作制不是电气设备的工作制。
  A.连续   B.短时
  C.断续   D.循环

23.以下能够对故障电弧进行有效的保护的是_____。
  A.漏电保护装置   B.过载保护装置
  C.断路器   D.故障电弧断路器

24.以下关于短路的危害,叙述不正确的是_____。
  A.使短路电路中元件受到损坏和破坏,甚至引发火灾事故
  B.电路的电压骤降,将严重影响电气设备的正常运行
  C.短路时不会产生很高的温度
  D.使并列运行的发电机组失去同步,造成系统解列

25._____不是造成短路故障的原因。
  A.误操作   B.电源电压低
  C.绝缘击穿   D.机械性绝缘损伤

26.短路时系统的阻抗大幅度_____,而电流则大幅度_____。
  A.减少;增加   B.增加;减少
  C.减少;减少   D.增加;增加

27.对船用电气设备提出的所谓三防指的是_____。
  A.防高温、防霉菌和防盐雾油雾   B.防高温、防潮湿和防盐雾油雾
  C.防潮湿、防霉菌和防盐雾油雾   D.防湿热、防霉菌和防盐雾油雾

28.湿度对船舶电气设备的影响不包括_____。
  A.降低电气设备的绝缘强度   B.对电气设备导电性无影响
  C.潮湿的空气有利于霉菌的生长   D.潮湿的空气将使电气设备中的导电金属锈蚀

第二节　船舶配电板

1. 规范要求船舶主发电机设计至少_____，且尽可能采用同容量、同型号机组，有利于并联运行的稳定性和减少备件。
   A. 1 台　　　　　　　　　　　　B. 2 台
   C. 3 台　　　　　　　　　　　　D. 4 台
2. 船舶通信导航设备属于电力系统中的_____。
   A. 电源　　　　　　　　　　　　B. 电网
   C. 负载　　　　　　　　　　　　D. 配电装置
3. 船舶电力系统由发电机组、配电装置、_____和用电设备组成。
   A. 调压器　　　　　　　　　　　B. 电力网
   C. 调频调载装置　　　　　　　　D. 原动机
4. 船舶电力系统的电源主要有_____。
   A. 主发电机组、应急发电机组、临时应急电源(蓄电池)和岸电
   B. 燃气轮机发电站、火力发电站、核电站、水力发电站
   C. 主发电机组、火力发电站、核电站、水力发电站
   D. 应急发电机组、临时应急电源(蓄电池)和岸电
5. 我国民用运输船舶多采用_____作为船舶主电源。
   A. 轴带发电机组　　　　　　　　B. 蓄电池
   C. 柴油发电机组　　　　　　　　D. 汽轮发电机组
6. 船舶电力网通常由_____组成。
   A. 动力电网、照明电网、应急电网、临时应急电网
   B. 照明电网、强电电网、弱电电网、应急电网
   C. 动力电网、强电电网、弱电电网、小应急电网
   D. 低压电网、弱电电网、小应急电网、强电电网
7. 下列不属于船舶电力系统特点的是_____。
   A. 船舶电站容量较大　　　　　　B. 船舶电网线路短
   C. 船舶电网的频率、电压易波动　D. 船舶电气设备工作环境恶劣
8. 船舶电力系统与陆地电网相比，下列说法错误的是_____。
   A. 船舶电网的频率、电压不易波动　　B. 船舶电网的电流小
   C. 船舶电气设备工作环境恶劣　　　　D. 我国船舶电网额定频率为 50 Hz
9. 关于船舶电力系统特点，叙述正确的是_____。
   A. 船舶电站容量相对较小，线路阻抗小，因此短路电流较小
   B. 船舶电力系统负载变化相对较小，发电机组的转速(频率)和电压波动较小
   C. 船舶电力系统负载变化频繁，电站容量相对较大，发电机组的转速(频率)和电压波动小
   D. 船舶电力系统工作环境恶劣，应进行防湿热、防霉菌、防盐雾油雾和电磁兼容的设计

10.船舶电力系统的基本参数是电源种类、船舶配电系统的线制以及_____。
   A.电压、频率   B.电压、功率
   C.电流、频率   D.功率、频率

11.关于船舶电力系统的基本参数,叙述正确的是_____。
   A.船舶电力系统的基本参数主要包括电制、额定电压、额定频率和额定功率
   B.三线绝缘系统发生单相接地时不形成短路,仍可维持电气设备短时工作
   C.发电机额定电压一般应与相同电压等级的受电设备额定电压相同
   D.三相交流电制的油船,采用的配电方式是交流三相四线制系统

12.船舶电网三相绝缘系统的特点是_____。
   A.照明电网与动力电网互相隔离,电网对地绝缘好,发生单相接地不会形成短路
   B.照明电网与动力电网互相隔离,电网对地绝缘好,发生单相接地会形成短路
   C.照明电网与动力电网互相隔离,电网对地绝缘不好,发生单相接地会形成短路
   D.主电网与应急电网相连,电网对地绝缘不好,发生单相接地会形成短路

13.三相绝缘系统的特点是_____。
   A.系统对地绝缘,较安全,供电连续性好,发生单相接地不形成短路
   B.系统对地绝缘,不安全,供电连续性好,发生单相接地不形成短路
   C.系统对地不绝缘,较安全,供电连续性差,发生单相接地不形成短路
   D.系统对地不绝缘,较安全,供电连续性好,发生单相接地形成短路

14.船舶三相绝缘系统照明线路的负载_____。
   A.不需采用双保险丝进行保护   B.需采用单保险丝进行保护
   C.不需采用保险丝进行保护   D.需采用双保险丝进行保护

15.船舶三相绝缘系统_____。
   A.三相照明系统与动力系统有直接电的联系,相互影响小,但需用照明变压器
   B.三相照明系统与动力系统有直接电的联系,相互影响小,不需用照明变压器
   C.三相照明系统与动力系统无直接电的联系,相互影响大,但需用照明变压器
   D.三相照明系统与动力系统无直接电的联系,相互影响小,但需用照明变压器

16.目前我国大多数船舶采用的船舶电网线制是_____。
   A.中性点接地三线系统   B.中性点接地的三相四线系统
   C.利用船体作为中线形成回路的三线系统   D.三相绝缘系统

17.三相交流电制配电方式包括_____。
   ①三线绝缘系统;②三相供电系统;③中性点接地的四线制;④中性线接船体的三线系统;
   ⑤双线绝缘系统
   A.①②③④   B.①③④
   C.②③④   D.①②③④⑤

18.下图属于_____。

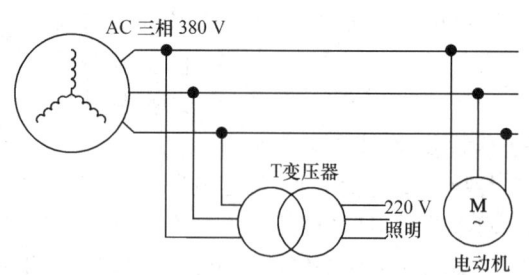

A.双线绝缘系统 B.中线点接地四线制系统
C.三线绝缘系统 D.利用船体作为中性线回路三线系统

19.船舶电力系统是由_____组成的。
   A.电源设备、负载
   B.动力电源、应急电源、负载
   C.电源设备、配电装置、电力网、负载
   D.主配电板、应急配电板、分配电板、负载屏

20.以下为船舶电力系统基本参数的是_____。
   A.额定功率、额定电压、额定频率
   B.电流种类、额定电压、额定频率
   C.额定频率、电流大小、额定电压
   D.额定电压、电流大小、功率大小

21.如下图所示,船舶电力系统单线图中 ACB_1 为_____。

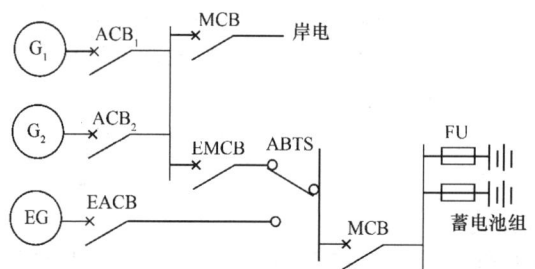

   A.空气断路器 B.装置式断路器
   C.汇流排转换接触器 D.空气制动器

22.如下图所示的船舶电力系统单线图,联络开关 ABTS 可称为_____。

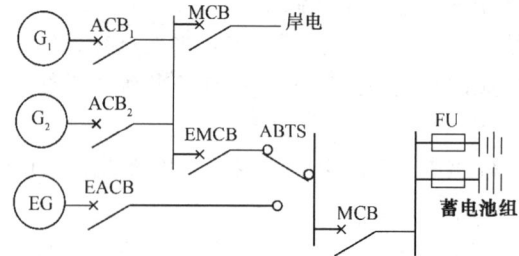

   A.空气断路器 B.装置式断路器
   C.汇流排转换接触器 D.应急空气断路器

23.关于配电屏的说法错误的是_____。
   A.配电屏是用来接收和分配电能的设备
   B.能够对配电设备进行控制、保护和测量
   C.只有交流配电屏,无直流配电屏
   D.配电屏要保持清洁

24.母联充电保护动作应满足的条件不包括_____。

A.母联充电保护压板投入 B.母联电流小于母联充电保护电流定值
C.母联断路器位置由分到合 D.其中一段母线已失压

25.下列关于母线充电及过流保护设置的叙述不正确的是_____。
   A.母联(分段)过流保护可以作为母线解列保护
   B.可作为线路(变压器)的临时应急保护
   C.不可以作为线路(变压器)的临时应急保护
   D.母联过流(分段)保护投入后,当母联任一相电流大于母联过流定值时,经延时跳母联开关,不经复合电压闭锁

26.船舶主配电盘组成有_____。
   A.发电机控制屏、并车屏、负载屏、应急发电机屏
   B.发电机控制屏、并车屏、应急发电机屏、连接母线
   C.发电机控制屏、并车屏、负载屏、连接母线
   D.发电机控制屏、并车屏、负载屏、岸电箱

27.下列仪表和仪器,船舶主配电板不需要安装_____。
   A.负序继电器 B.同步表
   C.频率表 D.逆功率继电器

28.船舶主配电板的_____装有同步表。
   A.发电机的控制屏 B.并车屏
   C.负载屏 D.岸电箱

29.绝缘指示灯是装在主配电盘的_____上。
   A.并车屏 B.负载屏
   C.应急发电机控制屏 D.主发电机控制屏

30.兆欧表及与岸电箱相连的岸电开关一般装在_____上。
   A.并车屏 B.主发电机控制屏
   C.岸电箱 D.负载屏

31.船舶交流电站的主发电机控制屏上除装有电流表、电压表外,一般还装有_____。
   A.频率表、功率表、功率因数表 B.频率表、功率表、兆欧表
   C.功率表、频率表、转速表 D.频率表、兆欧表、转速表

32.在并车屏上装有_____。
   A.同步表、整步指示灯、功率因数表 B.整步指示灯、功率因数表及其转换开关
   C.功率因数表、频率表及其转换开关 D.同步表、整步指示灯、频率表及选择开关

33.对于主配电盘中的负载屏,说法错误的是_____。
   A.负载屏用来分配电能并对各馈电线路进行控制、监视和保护
   B.通过馈电开关将电能供给各用电设备和分电箱
   C.负载屏上装有逆功率继电器、仪用互感器
   D.负载屏上装的自动开关大多为装置式自动空气开关

34.对于主配电盘中的负载屏,说法正确的是_____。
   A.负载屏上一般有万能式自动空气断路器 B.负载屏上装有逆功率继电器及仪用互感器

C.负载屏包括动力负载屏和照明负载屏　　D.负载屏上装有发电机自动调整装置

35.下列不属于主配电板的组成部分的是_____。
　　A.汇流排　　　　　　　　　　　　　B.主发电机的负载屏
　　C.并车屏　　　　　　　　　　　　　D.岸电箱

36.关于树干式接线,下列说法错误的是_____。
　　A.电缆使用较少,投资较省　　　　　B.便于增加新负载
　　C.保护装置简单,整定检修维护容易　D.电压损耗、功率损耗较小

37.关于环式接线,下列说法错误的是_____。
　　A.每个负载均是双回路供电,可控性高　B.便于增加新负载
　　C.造价高,维修保养复杂　　　　　　D.电压损耗、功率损耗较小

38.船舶主配电板的功能不包括_____。
　　A.接收和分配电能　　　　　　　　　B.测量和显示各种参数
　　C.控制和调节　　　　　　　　　　　D.产生电能

39.主配电板不包括_____。
　　A.控制屏　　　　　　　　　　　　　B.并车屏
　　C.负载屏　　　　　　　　　　　　　D.应急负载屏

40.船舶电网短路故障保护各级开关的电流设置是按_____原则。
　　A.选择性　　　　　　　　　　　　　B.灵敏性
　　C.可靠性　　　　　　　　　　　　　D.反时限

41.如图为船舶电力系统选择性保护示意图。若a点短路,根据选择性保护的要求,则应首先动作分断的断路器是Q_6,若由于故障Q_6未断开,则后备保护Q_3应断开,这样,船舶电力系统就部分失去了继电保护的_____。

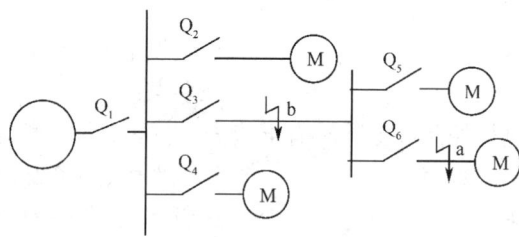

　　A.快速性　　　　　　　　　　　　　B.灵敏性
　　C.可靠性　　　　　　　　　　　　　D.选择性

42.如图为船舶电力系统选择性保护示意图。根据选择性保护的要求,若a点短路,则应首先动作分断的断路器是_____。

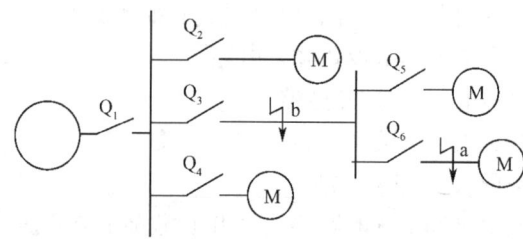

A.Q_6 B.Q_3
C.Q_1 D.Q_5

43.船舶电力系统一般采用_____原则,来满足短路保护选择性的要求。
 A.功率 B.电压
 C.时间和电流 D.稳定性

44.主配电盘的核心组成部分通常不包括_____。
 A.发电机控制屏 B.并车屏
 C.负载屏 D.应急配电屏

45.主配电盘的汇流排颜色中,A 相为_____。
 A.红色 B.绿色
 C.黄色 D.褐色

46.应急发电机应在主电网失电后_____内自动起动。
 A.15 s B.30 s
 C.45 s D.60 s

47.并车屏的主要功能是_____。
 A.负载分配 B.同步检测与合闸控制
 C.短路保护 D.频率调节

48.船舶照明配电屏的电压等级通常为_____。
 A.24 V B.50 V
 C.110 V 或 220 V D.380 V

49.主配电盘的负载屏主要用于_____。
 A.控制发电机起停 B.分配电能至各负载
 C.监测电网频率 D.调节励磁电流

50.船舶主配电板上的"同步表"主要用于检测_____。
 A.电压幅值差 B.频率差和相位差
 C.电流平衡度 D.功率因数一致性

51.船舶主配电板上安装的"绝缘监测表"通常用于检测_____。
 A.电网电压波动 B.电网对地绝缘电阻
 C.发电机功率因数 D.电缆温度异常

52.发电机并联运行时,若主配电板上功率表显示负载分配不均,应优先调整_____。
 A.发电机的电压 B.发电机的油门
 C.发电机的励磁 D.配电板断路器开合状态

53.主配电板的"优先脱扣"功能主要用于_____。
 A.保护发电机过载 B.分级切除次要负载以保障关键设备供电
 C.防止短路电流冲击 D.自动切换应急电源

54.下图为船舶电网部分单线图,现图中各空气开关均合闸供电。当 a 点发生特大短路电流,应动作的空气开关是_____。

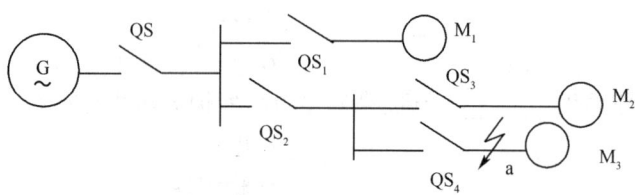

A. QS_1 B. QS

C. QS_4 D. QS_2

55. 为保证船舶电网最大范围地连续供电,电网各级短路保护电器的动作值整定原则是:从负载至电源端,逐级加大整定各级保护的动作电流整定值,即所谓的"_____"。

A. 自动分级原则   B. 反时限原则

C. 电流原则   D. 灵敏性原则

56. 下图为船舶电网部分单线图,现图中各空气开关均合闸供电。当 a 点发生特大短路电流,应先动作的空气开关是_____。

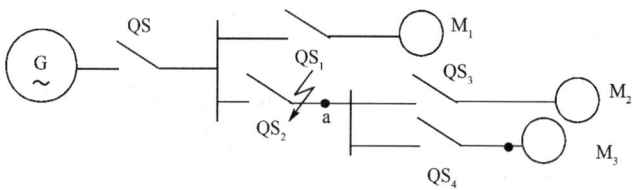

A. QS B. QS_1

C. QS_2 D. QS_4

57. 下图为船舶电力系统短路保护的单线示意图,若对各级保护装置的动作整定值按时间原则予以整定,则应有_____。

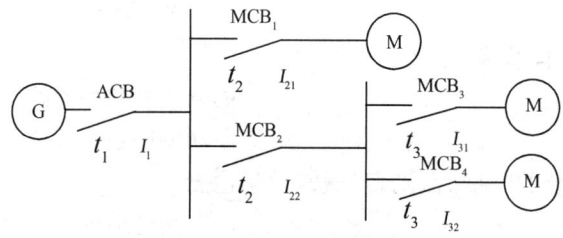

船舶电力系统短路保护的单线示意图

A. $t_1 > t_2 > t_3$ B. $t_1 > t_3 > t_2$

C. $t_3 > t_2 > t_1$ D. $t_2 > t_3 > t_1$

58. 下图为船舶电力系统短路保护的单线示意图,若对各级保护装置的动作整定值按电流原则予以整定,则应有_____。

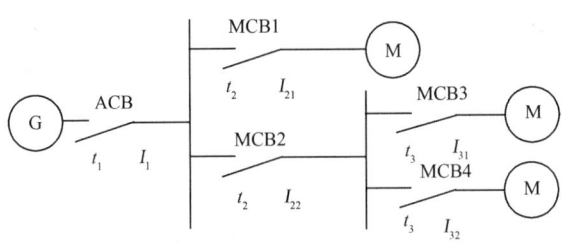

船舶电力系统短路保护的单线示意图

A. $I_1 > I_{21} > I_{22}$　　　　　　　　B. $I_1 > I_{22} > I_{32}$
C. $I_{31} > I_{22} > I_1$　　　　　　　　D. $I_1 > I_{22} > I_{21}$

59. 如下图所示,根据选择性保护的要求,若 b 点短路,则应首先动作分断的断路器是_____。

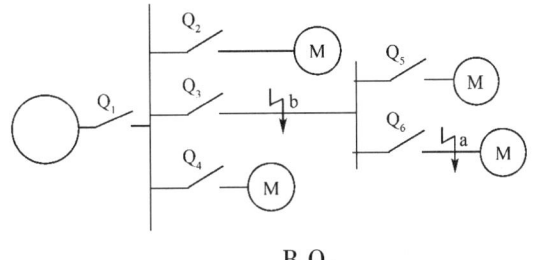

A. Q_5　　　　　　　　　　　　　　B. Q_3
C. Q_1　　　　　　　　　　　　　　D. Q_6

60. 如下图所示,若 a 点短路,根据选择性保护的要求,则应首先动作分断的断路器是 Q_6,若由于 Q_6 故障未断开,则后备保护_____应断开。

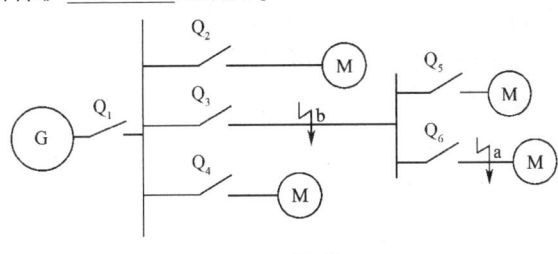

A. Q_5　　　　　　　　　　　　　　B. Q_2
C. Q_3　　　　　　　　　　　　　　D. Q_1

61. 如下图所示,若 b 点短路,Q_3 由于故障未断开,则后备保护_____应断开。

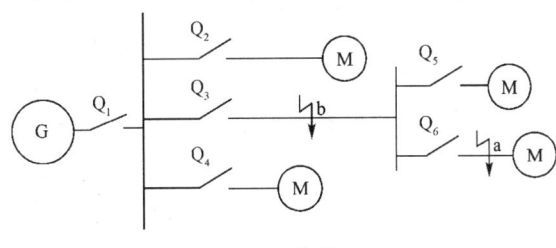

A. Q_1　　　　　　　　　　　　　　B. Q_2
C. Q_4　　　　　　　　　　　　　　D. Q_5

62. 电力系统从发电机到负载,应分级设置保护装置,使保护具有选择性,选择性保护是通过整定从发电机到负载的各级保护电器的_____和_____来实现。

A.动作电流值;动作延时   B.动作电压值;快速性
C.动作电流值;瞬时动作   D.动作电压值;灵敏性

63.实现保护选择性的时间原则中,Δt 是相邻两级保护动作时限之差。Δt 过大,影响_____,Δt 过小,影响_____。

A.速动性;灵敏性   B.灵敏性;稳定性
C.速动性;选择性   D.选择性;速动性

第三节　船舶配电设备

1.通电延时动作的时间继电器线圈通电时,其常闭触点_____。
   A.瞬时闭合   B.瞬时断开
   C.延时闭合   D.延时断开

2.关于欠压保护继电器性能特点的叙述错误的是_____。
   A.不能判断静态断相故障
   B.能准确判断动态断相故障
   C.能准确区分断相故障和相序错误故障
   D.采用三相三线制,能更好适应三相三线制供电设备的保护

3.关于过流保护继电器性能特点的叙述错误的是_____。
   A.一般选取线圈额定电流小于最大负载电流
   B.当负载电流不超过整定值时,衔铁不产生吸合动作
   C.当负载电流高出整定电流时,衔铁产生吸合动作
   D.对于冲击性过流具有很好的保护效果

4.关于热过载保护继电器性能特点的叙述错误的是_____。
   A.热继电器是由流入热元件的电流产生热量
   B.使有不同膨胀系数的双金属片发生形变
   C.动作时使控制电路断开,从而使接触器失电,主电路断开
   D.体积小、结构复杂、成本高

5.船舶电网绝缘电阻连续监测通常采用_____。
   A.手摇式兆欧表   B.配电盘式兆欧表
   C.指示灯   D.万用表欧姆挡

6.船舶配电盘上的绝缘指示灯用来监视船舶电网绝缘,若电网一相接地,则_____。
   A.三盏灯全灭   B.三盏灯全亮
   C.一盏灯灭,其余两盏灯比平时亮   D.一盏灯亮,其余两盏灯灭

7.用地气灯监视电力系统的绝缘,无接地情况,三盏灯所承受的电压均为_____,所以三盏灯亮度相同。
   A.线电压   B.相电压
   C.零电压   D.正电压

8. 用地气灯监视电力系统的绝缘,如其中一盏灯熄灭,其余两盏灯比平时亮,说明_____。
   A.一盏灯灯泡烧毁   B.单相接地
   C.双相接地   D.三相接地

9. 采用地气灯对船舶电网单相接地进行监测,仅适合于_____。
   A.中性点接地的三相四线制   B.船体做中线的三相系统
   C.三相绝缘系统   D.中性点接船体的三相系统

10. 在船舶电站中,配电板上装有_____用来监视电网的接地,还装有_____用来检测电网的绝缘电阻值。
    A.相序测定仪;摇表   B.绝缘指示灯;配电板式兆欧表
    C.兆欧表;绝缘指示灯   D.摇表;相序测定仪

11. 装在船舶主配电板负载屏的三只接成星形且中点接船壳的灯泡,是_____。
    A.相序测定仪   B.绝缘指示灯
    C.岸电投入指示灯   D.主发电机投入指示灯

12. 船舶主配电板负载屏上大多装有如图所示的灯光指示装置,图中三盏灯的作用是_____。 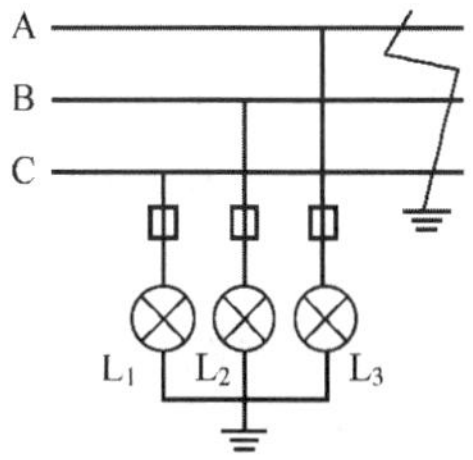
    A.监视电网相序   B.单相接地监视
    C.监视发电机绝缘   D.监测负载绝缘

13. 配电板式兆欧表法适用于三相绝缘系统_____测量对地绝缘。
    A.带电   B.不带电
    C.断电   D.停电

14. 船舶配电板上大多装有绝缘指示灯以监视_____的单相接地。
    A.负载   B.电网
    C.发电机   D.岸电

15. 船舶电网的保护主要是_____保护。
    A.过载、欠压   B.过载、逆功率
    C.过载、短路   D.欠压、短路

16. 下列设备中,不需设置过载保护装置的是_____。
    A.舵机   B.起货机
    C.空压机   D.伙食冰机

17. 船舶电力系统的保护包括发电机、电网和用电设备的保护,其中船舶电网主要是要保护_____。
    A.发电机   B.电动机
    C.电缆   D.主开关

18. 船舶电力系统的保护包括发电机、电网和用电设备的保护,其中船舶电网的保护主要是通过_____来实现。
    A.发电机主开关   B.电动机的热继电器
    C.电网中各级断路器   D.发电机保护单元PPU

19. 船舶接岸电时,用于逆相序自动保护的装置是_____。

A.相序指示器与岸电空气开关　　　　　B.负序继电器与岸电空气开关
C.逆功继电器与岸电空气开关　　　　　D.岸电空气开关独立完成

20.一般情况下时间继电器常开触点,通电后触点_____。
A.立即闭合,失电后延时打开;或延时闭合,失电后立即打开
B.立即闭合,失电后立即打开;或延时闭合,失电后立即打开
C.立即闭合,失电后延时打开;或延时闭合,失电后延时打开
D.立即闭合,失电后立即打开;或延时闭合,失电后延时打开

21.船舶主开关的失压脱扣是指_____衔铁动作,开关断开。
A.双金属片受热　　　　　　　　　　　B.失压脱扣线圈断电
C.失压脱扣线圈通电　　　　　　　　　D.特殊情况下,保证开关闭合

22.船用万能式自动空气断路器既是一种具有短路、过载、欠压多种保护的保护电器,又是一种_____的开关电器。
A.频繁操作　　　　　　　　　　　　　B.不允许操作
C.反复操作　　　　　　　　　　　　　D.非频繁操作

23.自动空气开关的过流脱扣器_____保护。
A.仅用于短路　　　　　　　　　　　　B.仅用于过载
C.用于短路、过载　　　　　　　　　　D.用于过载和零压

24.塑壳式自动空气断路器的基本作用之一是_____保护。
A.短路　　　　　　　　　　　　　　　B.逆功率
C.逆相序　　　　　　　　　　　　　　D.缺相

25.同步发电机的欠压保护是通过_____来实现的。
A.负序继电器　　　　　　　　　　　　B.接触器
C.自动空气开关的失压脱扣器　　　　　D.自动空气开关的过流脱扣器

26.万能式自动空气断路器常用于_____。
A.负载开关　　　　　　　　　　　　　B.发电机主开关
C.照明回路　　　　　　　　　　　　　D.弱电控制

27.隔离开关的主要作用是_____。
A.带负荷通断电路　　　　　　　　　　B.隔离电源,保证检修安全
C.自动切断故障电流　　　　　　　　　D.调节电压

28.热继电器的整定值通常为电机额定电流的_____。
A.80%　　　　　　　　　　　　　　　B.105%
C.150%　　　　　　　　　　　　　　　D.200%

29.电流互感器的副边额定电流通常为_____。
A.1 A 或 5 A　　　　　　　　　　　　B.10 A
C.20 A　　　　　　　　　　　　　　　D.50 A

30.船舶配电设备中,用于无功功率补偿的是_____。

A.同步补偿机 B.电流互感器
C.电压互感器 D.熔断器

31.装置式自动空气断路器的特点是_____。
A.大容量,用于主电路 B.小容量,用于负载回路
C.带灭弧罩 D.需外接储能装置

32.逆功率继电器的作用是防止发电机_____。
A.超速 B.短路
C.变为电动机运行 D.电压过高

33.主开关的储能机构主要用于_____。
A.储存电能 B.提供快速分合闸的动力
C.调节电流大小 D.冷却触头

34.船舶发电机主开关(ACB)的核心功能是_____。
A.仅控制发电机输出电压
B.接通/断开主发电机与电网的连接,并提供短路、过载、失压等保护
C.调节电网功率因数
D.监测电缆绝缘电阻

35.船舶发电机主开关的"储能合闸"操作目的是_____。
A.减少手动操作力度 B.实现快速合闸
C.延长触头寿命 D.降低合闸噪声

36.船舶发电机主开关的"失压脱扣器"在_____情况下会动作。
A.电压波动±10% B.电压降至额定值的35%~70%
C.频率上升至52 Hz D.电流超载20%

37.船舶发电机主开关一般采用万能式自动空气断路器。关于其基本功能的叙述,正确的是_____。
A.过流脱扣器用于短路、过载和逆功保护
B.脱扣器主要分为失压脱扣器、逆功脱扣器和过电流脱扣器等
C.脱扣器主要分为失压脱扣器、分励脱扣器和逆功脱扣器等
D.过流脱扣器用于短路、过载保护

38.船舶发电机主开关分闸,触点动作顺序为_____。
A.副触点、弧触点、主触点 B.主触点、弧触点、副触点
C.弧触点、主触点、副触点 D.主触点、副触点、弧触点

39.船用万能式自动空气断路器的主触点、副触点和弧触点用在通、断_____,而辅助触点用在控制电路。
A.主电路 B.副电路
C.直流电路 D.辅助控制电路

40.万能空气断路器的触点系统含有主触点、副触点、弧触点及辅助触点,在合闸时,_____最

后接通。

A.主触点 B.副触点

C.弧触点 D.辅助触点

41.船舶主开关的分励脱扣是指_____衔铁动作,开关断开。

A.分励脱扣线圈通电 B.分励脱扣线圈断电

C.双金属片受热 D.特殊情况下,保证开关闭合

42.船舶主开关的分励脱扣器是为远距离控制主开关_____用的。

A.迅速断开电路 B.迅速闭合电路

C.缓慢断开电路 D.缓慢闭合电路

43.船舶主开关的失压脱扣器用于主开关_____。

A.缓慢断开电路 B.缓慢闭合电路

C.迅速断开电路 D.迅速闭合电路

44.船用万能式自动空气断路器的_____用于控制电路。

A.辅助触点 B.灭弧触点

C.主触点 D.副触点

45.配电板主开关触点系统,用来通、断的触点包括_____,断开电路时,_____最后断开。

A.主触点、副触点、弧触点;弧触点 B.主触点、弧触点;副触点

C.主触点;弧触点 D.主触点、辅助触点;副触点

46.配电板主开关能独立完成的保护有_____,需要配合完成的保护有_____。

A.短路和过载保护;欠压保护 B.短路、过载和欠压保护;逆功率保护

C.短路和欠压保护;逆功率保护 D.短路和欠压保护;过载保护

第四节　船舶电缆

1.船用电缆和电线按其所用绝缘材料可分为两大类,即_____。

A.通用电缆和电信电缆 B.橡皮绝缘电缆和塑料绝缘电缆

C.金属丝编织护套电缆和铅包电缆 D.耐油橡套电缆和耐寒橡套电缆

2.用于传输电话、电报、广播、电视和数据等的电缆是_____。

A.漆包线 B.铝绞线

C.通信电缆 D.橡皮绝缘电缆

3.船用电缆的性能要求中,不含_____。

A.所有电缆应是阻燃或防火型 B.满足防潮湿防盐雾要求

C.具有良好的抗振和抗机械损伤能力 D.热电常数比小

4.电缆一般由_____、_____和_____三部分组成,有的护套还装有铠装。

A.导电芯线;绝缘层;护套 B.导电芯线;聚合材料;铝皮

C.导电芯线;聚合材料;护套 D.导电芯线;绝缘层;铝皮

5.船用电缆的绝缘层,主要功能是_____。
   A.传输电能并能承受一定的机械力,形状一般是圆形,以利于增加散热面积
   B.隔绝芯线电流与外界物质的联系,防止芯线接地或发生相间短路
   C.护套主要是用来保护电缆内部,以免遭受机械损伤
   D.防止水、盐雾、油雾等的侵蚀,起密封作用

6.关于船舶电工材料,说法不正确的是_____。
   A.船用电气设备一般应用耐久、滞燃和耐潮的材料制成
   B.高导电材料分为传导电流的导电材料、保护性导电材料、接触性导电材料等
   C.船用电缆接用途分,可分为船用电力电缆、船用控制电缆、船用通信电缆
   D.导电材料包括低导电材料和高电阻材料

7.关于船用电缆结构与分类,叙述正确的是_____。
   A.信号电缆可以与控制电缆、电源电缆共用一条多芯电缆
   B.电缆的允许最大载流量应大于该电缆的最大可能工作电流
   C.交流电网应采用单芯电缆
   D.选择和使用电缆时应把控制线和电源线共用一条多芯电缆

8.按照我国《钢质海船入级规范》要求,平时不载流的工作接地线,其截面积应为载流导线的截面积_____,但不应小于1.5 mm²。
   A.二分之一   B.四分之一
   C.二倍   D.相等

9.由电缆所载_____的大小决定电缆芯线截面。
   A.电压   B.频率
   C.电源   D.电流

10.电缆的允许最大载流量_____。
   A.应大于该电缆的最大可能工作电流,以保证温升不超过允许值
   B.应小于该电缆的最大可能工作电流,以保证温升不超过允许值
   C.应大于该电缆的最大可能工作电流,以保证电压不超过允许值
   D.应小于该电缆的最大可能工作电流,以保证电压不超过允许值

11.导体长期允许工作温度60 ℃,芯数为2,标称截面为1.5 mm²,则其载流量为_____。
   A.8 A   B.17 A
   C.10 A   D.22 A

12.成缆元件的分类不包括_____。
   A.对线组   B.五线组
   C.三线组   D.四线组

13.当船舶需要增加电气设备,进行电缆敷设时,错误的是_____。
   A.由于船舶电缆具有防护层,所以敷设时不必考虑其周围环境的温度、腐蚀性等
   B.电缆不应直接固定在船壳板上

C. 电缆穿过舱壁和甲板时,应以不影响其防护功能为前提

D. 进入无线电室的电缆应敷设在金属管道内,此管道在进、出无线电室处均应可靠屏蔽接地

14. 检修机电设备,有时要进行船舶电缆的敷设,说法错误的是_____。

　　A. 电缆应尽量敷设在便于检查的地方

　　B. 电缆不应固定在船壳板上

　　C. 主馈电线、应急馈电线应一起敷设于一处,方便切换

　　D. 进入无线电室的电缆应敷设在金属管道内,此管道在进、出无线电室处均应可靠屏蔽接地

15. 检查船舶动力电缆(额定电压500 V)绝缘电阻的方法是:①必须在电源和负载都断开后用万用表的欧姆挡测量;②必须在断开电源后用1 000 V手摇兆欧表测量;③必须把电源和负载都断开后用1 000 V手摇兆欧表测量;④手摇兆欧表与被测电缆之间应使用单股线分开连接;其中叙述正确的是_____。

　　A. ①③　　　　　　　　　　　　　　B. ①②
　　C. ②③　　　　　　　　　　　　　　D. ③④

16. 船舶电缆的结构不包括_____。

　　A. 导电芯线　　　　　　　　　　　　B. 绝缘层
　　C. 防护套　　　　　　　　　　　　　D. 屏蔽层

17. 电缆载流量选择的主要依据是_____。

　　A. 环境温度　　　　　　　　　　　　B. 导线颜色
　　C. 电流大小　　　　　　　　　　　　D. 敷设方式

18. 船用电缆的防护套主要作用是_____。

　　A. 导电　　　　　　　　　　　　　　B. 绝缘
　　C. 防机械损伤和腐蚀　　　　　　　　D. 散热

19. 交流电网应避免使用_____。

　　A. 多芯电缆　　　　　　　　　　　　B. 单芯电缆
　　C. 铠装电缆　　　　　　　　　　　　D. 无卤电缆

20. 电缆截面修正需考虑的因素不包括_____。

　　A. 环境温度　　　　　　　　　　　　B. 敷设方式
　　C. 负载类型　　　　　　　　　　　　D. 导线材料

21. 电缆连续工作时的最大载流量基准环境温度为_____。

　　A. 25 ℃　　　　　　　　　　　　　　B. 45 ℃
　　C. 60 ℃　　　　　　　　　　　　　　D. 85 ℃

22. 信号电缆与电源电缆的敷设要求是_____。

　　A. 共用同一电缆　　　　　　　　　　B. 分开敷设,避免干扰
　　C. 交叉敷设　　　　　　　　　　　　D. 无特殊要求

23. 船舶电缆敷设前的必要检查步骤不包括_____。

　　A. 检查电缆是否受潮　　　　　　　　B. 测量绝缘电阻

C.测试导体材料成分　　　　　　　　D.检查表面机械损伤

24.选择船舶电缆敷设路径时,以下_____不符合要求。
　A.路径最短且转弯最少　　　　　　B.远离化学腐蚀性管道
　C.允许与管道频繁交叉以节省空间　D.确保散热条件良好

25.船舶电缆接头施工中,必须保证其介电强度_____。
　A.等于电缆护套强度　　　　　　　B.不低于电缆本身的介电强度
　C.仅满足工作电压即可　　　　　　D.由接地电阻决定

26.关于船舶电缆金属屏蔽层与接地要求,正确的是_____。
　A.仅金属屏蔽层需接地　　　　　　B.金属屏蔽层、支托架及保护管均需可靠接地
　C.接地电阻越大越好　　　　　　　D.接地线可用普通塑料包裹

27.甲板露天电器接头包扎所用绝缘带应采用_____。
　A.PVC胶带　　　　　　　　　　　B.黑胶布带
　C.白布带　　　　　　　　　　　　D.黄蜡绸带

28.高压电缆的敷设应符合要求的说法中,不正确的是_____。
　A.高压电缆路经居住处所时,应敷设在封闭的电缆敷设系统内
　B.高压电缆应与其他不同工作电压的电缆分隔开
　C.高压电缆可以与额定电压1 kV及以下的电缆安装在同一电缆托架上
　D.高压电缆应具有合适的标志,以便识别

29.有关高压电力系统电缆敷设的叙述,不正确的是_____。
　A.电缆应与低压电缆尽可能的远离敷设,并且电缆应敷设在不易受到机械损伤的地方
　B.电缆可直接悬挂敷设在起居处所内
　C.电缆应适当地标以"高压"警告牌
　D.管子或者管道或者电缆槽的内壁应光滑,且其端部应成形或加衬套,以防止将电缆损伤

30.下列关于船舶电缆安装的叙述中错误的是_____。
　A.电缆敷设应防止潮气凝结和油水的影响
　B.滴水和有油对于船舶电缆的安装无影响
　C.应尽量避免在有潮气凝结,以及水浸入的场所敷设电缆
　D.若在舱底花铁板下敷设电缆时,应将电缆敷设在金属软管内

31.下列关于船舶电缆安装的叙述中错误的是_____。
　A.电缆应尽量避免在油漆间敷设
　B.电缆应尽量避免在气焊瓶间敷设
　C.电缆应尽量避免在储存危险物品的舱室敷设
　D.电缆可以在易燃、易爆和有腐蚀性气体等影响的场所敷设

32.下列关于船舶电缆安装的叙述中错误的是_____。
　A.电缆应避免在易燃、易爆和有腐蚀性气体等影响的场所敷设
　B.对于舱室本身所必不可少的电缆,应敷设在金属管子或管道内

C.当金属管子或管道穿过舱壁时,不用保持原有的密封性能

D.当金属管子或管道穿过舱壁时,应防止有害气体进入其他舱室

33.下列关于船舶电缆安装的叙述中错误的是_____。

A.管子与舱壁的焊接应保证水密,并应有防蚀措施

B.电缆严禁穿越油舱

C.电缆一般不应穿越水舱,如无法避免时,可用单根无缝钢管穿管敷设

D.电缆可以经过锅炉、热管道、电热器等热源敷设

34.电缆采用的绝缘材料最高工作温度与安装场所可能的最高环境温度关系为_____。

A.相等 B.取决于绝缘材料的等级

C.至少高 10 ℃ D.至少高 5 ℃

35.船舶照明或控制电缆采用的绝缘材料一般是_____。

A.石英 B.橡胶

C.耐高温塑料 D.SF_6

36.辅锅炉点火变压器电极引线采用的绝缘材料一般是_____。

A.石英 B.橡胶

C.耐高温塑料 D.SF_6

第五节 其他船舶电气设备

1.蓄电池的容量是用_____表示。

A.安培·伏 B.焦耳

C.安培·小时 D.伏·库仑

2.对于已充好电、容量为 200 Ah 的铅蓄电池,说法正确的是_____。

A.若放电电流为 40 A,则可工作 5 h B.若放电电流为 50 A,则可工作 4 h

C.若放电电流为 20 A,则可工作 10 h D.若放电电流为 100 A,则可工作 2 h

3.目前船用蓄电池分两大类,它们是_____。

A.铅蓄电池和酸性蓄电池 B.酸性蓄电池和碱性蓄电池

C.酸性蓄电池和镉镍蓄电池 D.镉镍蓄电池和碱性蓄电池

4.用_____放电率的安时数表示酸性蓄电池的容量,又称标称容量。

A.8 h B.5 h

C.15 h D.10 h

5.铅蓄电池胶塞上的透气孔需保持畅通,蓄电池室要通风良好并严禁烟火,主要原因是_____。

A.蓄电池为硬橡胶、塑料外壳,耐火性差

B.电解液为易燃物质

C.充电过程中产生易燃、易爆气体

D.放电过程中产生氢气和氧气

6. 铅蓄电池电解液液面降低,补充液时通常应加_____。
   A.盐酸　　　　　　　　　　　　B.碱
   C.蒸馏水　　　　　　　　　　　D.稀硫酸

7. 铅蓄电池如果充足了电,则其电解液比重正常在_____。
   A.1.20以下　　　　　　　　　　B.1.18左右
   C.1.20　　　　　　　　　　　　D.1.28~1.30

8. 酸性蓄电池硫酸电解液比重下降到_____为极限。
   A.0.5　　　　　　　　　　　　B.1.0
   C.1.15　　　　　　　　　　　　D.1.5

9. 酸性蓄电池中每个小电池充电完毕电压为_____V。
   A.1.5~2.1　　　　　　　　　　B.1.25~2.0
   C.2.0~2.1　　　　　　　　　　D.2.4~2.6

10. 图为日光灯照明原理图,正确接线为_____。

    A.1-2间接启辉器,3-4间接铁芯线圈整流器
    B.1-2间接铁芯线圈整流器,3-4间接电容器
    C.1-2间接电子整流器,3-4间接启辉器
    D.1-2间接铁芯线圈整流器,3-4间接启辉器

11. 白炽灯灯泡不发光,可能的原因有_____。
    A.镇流器不配套　　　　　　　　B.灯座或开关触点接触不良
    C.电源电压过高　　　　　　　　D.环境温度太低

12. 日光灯灯管不发光,可能的原因有_____。
    A.日光灯灯管安装时方向插错　　B.启辉器损坏
    C.电源电压过高　　　　　　　　D.环境温度太低

13. 日光灯灯管两端发黑,可能的原因有_____。
    A.灯管老化　　　　　　　　　　B.启辉器损坏
    C.灯丝断裂　　　　　　　　　　D.环境温度太低

14. 船舶照明器从电光源发光原理来看,可分为_____。
    A.热辐射光源型、白炽灯型　　　B.保护型、防水型、防爆型
    C.气体放电光源型、防水型　　　D.热辐射光源型及气体放电光源型

15. 日光灯与白炽灯比较,日光灯是_____;白炽灯是_____。
    A.气体放电光源,光效低;热辐射光源,光效高
    B.气体放电光源,光效高;热辐射光源,光效低

C.热辐射光源,光效高;气体放电光源,光效高

D.热辐射光源,光效低;气体放电光源,光效低

16.起动后需用镇流器限流,为提高瞬间起动电压,还需使用启辉器的是_____。

　　A.普通白炽灯　　　　　　　　　　　　B.卤钨灯

　　C.荧光灯　　　　　　　　　　　　　　D.高压汞灯

17.机舱照明日光灯通常是分配在三相供电支路中,三相灯点交错分布,其优点是_____。

　　A.三相功率平衡,照明可靠　　　　　　B.三相功率平衡,消除闪烁效应

　　C.照明可靠,消除闪烁效应　　　　　　D.三相功率平衡,照明可靠,消除闪烁效应

18.船舶照明器一般由分配电板(箱)引出单相支路供电。为消除机炉舱内的日光灯"闪烁效应",舱内各灯点供电方式是_____。

　　A.每一个灯点使用不同的供电支路,不同供电支路由同一相引出

　　B.不同灯点使用同一个供电支路

　　C.灯点分组使用不同的供电支路,不同供电支路由不同相引出

　　D.由蓄电池供电

19.下列关于白炽灯技术原理的说法错误的是_____。

　　A.白炽灯是一种热辐射光源

　　B.能量的转换效率很低,只有2%~4%的电能转换为眼睛能够感受到的光

　　C.由于炽热的灯丝产生了光辐射,才使电灯发出了明亮的光芒

　　D.钨丝灯泡没必要抽成真空,不用把空气都清除出去

20.下列关于白炽灯优点的说法错误的是_____。

　　A.显色性好　　　　　　　　　　　　　B.光谱连续

　　C.能量转换效率较高　　　　　　　　　D.使用方便

21.下列关于卤钨灯的说法错误的是_____。

　　A.在适当的温度条件下,从灯丝蒸发出来的钨在泡壁区域内与卤素物质反应,形成挥发性的卤钨化合物

　　B.由于泡壁温度足够高,卤钨化合物呈气态,当卤钨化合物扩散到较热的灯丝周围区域时又分化为卤素和钨

　　C.卤钨灯的管壁温度要比普通白炽灯低

　　D.氟、氯、溴、碘各种卤素都能产生钨的再生循环

22.下列关于阴极电流保护的说法错误的是_____。

　　A.是一种用于防止金属在电介质中腐蚀的电化学保护技术

　　B.使金属构件作为阴极,对其施加一定的直流电流,使其产生阴极极化

　　C.当金属的电位负于某一电位值时,金属表面电化学不均匀性得到消除

　　D.使金属构件作为阳极,对其施加一定的直流电流,使其产生阳极极化

23.在阴极电流保护法中作为阳极的材料通常不选用_____。

　　A.镁　　　　　　　　　　　　　　　　B.铁

　　C.铝　　　　　　　　　　　　　　　　D.锌

24.下列关于阴极电流保护特点的说法错误的是_____。

A.技术成熟 B.大大增加维护费用
C.安全可靠 D.稳定性好

25.在船舶计算机网络系统中,一般都配备不间断电源(UPS),它在系统失电时,为计算机提供_____电源。
A.直流 B.交流
C.交直流 D.其他

26.若船舶计算机网络系统中的服务器配有不间断电源(UPS),那么当该服务器突然失电时,UPS蓄电池通过_____继续向该服务器供电。
A.整流器 B.逆变器
C.变换器 D.滤波器

27.轴带发电机的主要优点是_____。
A.独立供电,无须并联 B.利用主机剩余功率,节能
C.结构简单,维护方便 D.适用于所有工况

28.同步补偿机的主要作用是_____。
A.提供有功功率 B.调节频率
C.补偿无功功率,稳定电压 D.控制转速

29.船舶电力管理系统(PMS)的核心功能是_____。
A.发电机起停控制 B.负荷分配与保护
C.绝缘监测 D.故障报警

30.应急电源的供电范围不包括_____。
A.航行灯 B.厨房设备
C.应急照明 D.消防泵

31.船舶自动化电站中,自动分级卸载的目的是_____。
A.保护负载 B.过载保护
C.提高功率因数 D.调节频率

32.冷铁技术(AMP)的主要目的是_____。
A.减少靠港污染 B.提高供电稳定性
C.简化配电操作 D.节省电缆成本

33.船舶电网绝缘监测仪在接岸电时应_____。
A.保持开启 B.关闭,避免误报警
C.调整整定值 D.更换量程

34.船体外加电流阴极保护法与牺牲阳极法相比,最显著的优势是_____。
A.使用锌基合金作为阳极材料 B.保护效率高且维护成本低
C.无须外部电源供电 D.阳极材料可重复利用

35.牺牲阳极的阴极保护法中,通常不采用的阳极材料是_____。
A.锌基合金 B.铝基合金
C.高硅铸铁 D.镁基合金

36.船舶UPS系统的蓄电池组维护要求中,错误的是_____。

A.每月充分放电一次后手动充满　　　　B.日常采用浮充电制
C.蓄电池组每年需强制更换　　　　　　D.保持电瓶间通风良好

37.检修 UPS 系统时,为确保高压电站控制系统供电,正确的操作是_____。
A.直接关闭 UPS 电源　　　　　　　　B.将 UPS 切换至旁路供电模式
C.断开蓄电池组连接　　　　　　　　　D.仅断开逆变器电源

38.在船舶局域网中配备在线式 UPS,则不论供电是否正常,网络设备都由_____供电。
A.变换器　　　　　　　　　　　　　　B.整流器
C.逆变器　　　　　　　　　　　　　　D.滤波器

39.关于 UPS 的输入输出,下列说法正确的是_____。
A.交流输入,交流输出　　　　　　　　B.直流输入,交流输出
C.交流输入,直流输出　　　　　　　　D.直流输入,直流输出

40.根据_____的输出波形,UPS 可分为方波输出 UPS 和正弦波输出 UPS。
A.整流器　　　　　　　　　　　　　　B.充电器
C.交流调压器　　　　　　　　　　　　D.逆变器

41._____用于保护 UPS 和负载,并实现旁路供电和逆变器供电的转换。
A.整流器　　　　　　　　　　　　　　B.充电器
C.旁路开关　　　　　　　　　　　　　D.逆变器

42.交流电出现故障(中断,电压过高或过低)时,在线式 UPS 的_____停止工作。
A.逆变器　　　　　　　　　　　　　　B.整流器
C.蓄电池　　　　　　　　　　　　　　D.旁路开关

43.当负载过大或 UPS 内的逆变器有故障时,在线式 UPS 的_____停止工作。
A.逆变器、整流器、蓄电池　　　　　　B.整流器、蓄电池、旁路开关
C.蓄电池、旁路开关　　　　　　　　　D.旁路开关、充电器

44.不管电网电压是否正常,负载所用的交流电压都要经过逆变电路,即逆变电路始终处于工作状态,这种 UPS 称作_____。
A.互动式 UPS　　　　　　　　　　　　B.后备式 UPS
C.串并联调整式 UPS　　　　　　　　　D.在线式 UPS

45.在线式 UPS 一般为双变换结构,所谓双变换是指 UPS 正常工作时,电能经过了_____两次变换后再供给负载。
A.AC/DC 和 AC/DC　　　　　　　　　　B.AC/DC 和 DC/AC
C.DC/AC 和 AC/DC　　　　　　　　　　D.DC/AC 和 DC/AC

46.后备式不间断电源的显著特点是_____。
A.输出的交流电波形为理想的正弦波　　B.电网和用电设备是隔离的
C.只有在电网断电时才会介入供电　　　D.可供给"电感型负载"

47.UPS 按照电路主结构可以分为以下_____几种。
A.后备式、在线式、在线互动式　　　　B.后备式、在线式
C.后备式、在线互动式、前备式　　　　D.后备式、前备式

参考答案

第一节　船舶电气设备的基本参数

1.D	2.A	3.B	4.D	5.B	6.D	7.A	8.D	9.A	10.B
11.C	12.B	13.A	14.A	15.B	16.D	17.C	18.A	19.D	20.B
21.A	22.D	23.D	24.C	25.B	26.A	27.D	28.B		

第二节　船舶配电板

1.B	2.C	3.B	4.A	5.C	6.A	7.A	8.A	9.D	10.A
11.B	12.A	13.A	14.D	15.D	16.D	17.B	18.C	19.C	20.B
21.A	22.C	23.C	24.B	25.C	26.C	27.A	28.B	29.B	30.D
31.A	32.D	33.C	34.C	35.C	36.D	37.C	38.C	39.D	40.A
41.D	42.A	43.C	44.D	45.B	46.C	47.B	48.C	49.B	50.B
51.B	52.B	53.B	54.C	55.C	56.B	57.A	58.B	59.B	60.C
61.A	62.A	63.C							

第三节　船舶配电设备

1.D	2.A	3.A	4.D	5.B	6.C	7.B	8.B	9.C	10.B
11.B	12.B	13.A	14.B	15.C	16.A	17.C	18.C	19.B	20.A
21.A	22.D	23.C	24.A	25.C	26.B	27.B	28.B	29.A	30.A
31.B	32.C	33.B	34.B	35.B	36.B	37.D	38.D	39.A	40.A
41.A	42.A	43.C	44.A	45.A	46.B				

第四节　船舶电缆

1.B	2.C	3.D	4.A	5.B	6.D	7.B	8.A	9.D	10.A
11.C	12.B	13.A	14.C	15.D	16.D	17.C	18.C	19.B	20.D
21.B	22.B	23.C	24.C	25.B	26.B	27.A	28.C	29.B	30.B
31.D	32.C	33.C	34.C	35.C	36.B				

第五节　其他船舶电气设备

1.C	2.C	3.B	4.D	5.C	6.C	7.D	8.C	9.D	10.D
11.B	12.B	13.A	14.D	15.B	16.C	17.D	18.C	19.D	20.C

21.C	22.D	23.B	24.B	25.B	26.B	27.B	28.C	29.B	30.B
31.B	32.A	33.B	34.B	35.C	36.C	37.B	38.C	39.A	40.D
41.C	42.B	43.A	44.D	45.B	46.C	47.A			

第四章
电力拖动

1. 如右图所示,主令控制器表示_____。

   A.主令控制器在左位,触点 SA_1 打开,主令控制器在右位,触点 SA_3 打开,主令控制器在零位,触点 SA_2 打开

   B.主令控制器在左位,触点 SA_1 打开,主令控制器在右位,触点 SA_3 闭合,主令控制器在零位,触点 SA_2 闭合

   C.主令控制器在左位,触点 SA_1 打开,主令控制器在右位,触点 SA_3 打开,主令控制器在零位,触点 SA_2 闭合

   D.主令控制器在左位,触点 SA_1 闭合,主令控制器在右位,触点 SA_3 闭合,主令控制器在零位,触点 SA_2 闭合

触点	位 置		
	左	零	右
SA_1	×		
SA_2		×	
SA_3			×

2. 某组合开关的触点状态如下表所示;有四组触点对,图中"×"表示接通。现要用这组组合开关来控制一盏电灯。要求当手柄置中间位置时灯灭,而手柄位于左或右位置时,灯亮,现应_____连接。

手柄位置 触点对	左	中间	右
1-2	×		
3-4	×	×	
5-6		×	×
7-8			×

   A.将 1-2 触点对串入电灯回路

   B.将 3-4 触点对与 5-6 触点对串联后再串入电灯回路

   C.将 1-5 触点对与 5-6 触点对串联后再串入电灯回路

   D.将 1-2 触点对与 7-8 触点对并联后再串入电灯回路

3. 主令控制器通常用在_____。

   A.船舶各类泵浦电力拖动系统

   B.船舶吊艇机、舷梯电力拖动系统

   C.船舶通风机、冷藏机电力拖动系统

   D.船舶锚机、绞缆机、起货机电力拖动系统

4.主令控制器是多位置、多回路的控制开关,有多对触点,转动手柄可以得到不同的触点开关状态,图示的主令控制器表示_____。

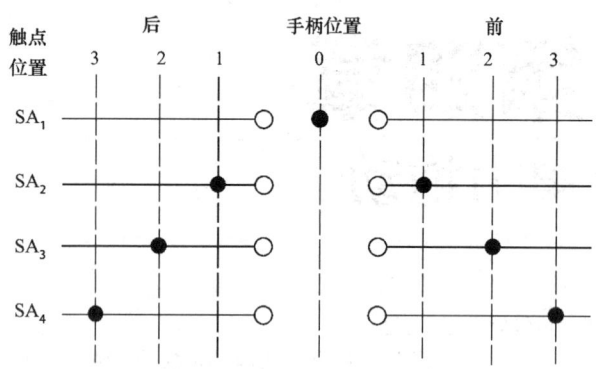

A.手柄在 0 位,SA₁ 触点闭合,其余断开

B.手柄在前 2 位,表示 SA₂ 闭断开合,SA₃ 闭合

C.手柄在后 1 位,表示 SA₂、SA₁ 闭合

D.手柄在前 1 位,表示 SA₂ 断开,其余闭合

5.主令控制器是多位置、多回路的控制开关,有多对触点,转动手柄可以得到不同的触点开关状态,图示的主令控制器表示_____。

	F					R	
	3	2	1	0	1	2	3
SA₁				×			
SA₂					×	×	
SA₃		×				×	
SA₄	×						×
SA₅					×	×	×
SA₆	×	×	×				

A.手柄在 F₁ 位,只有 SA₂ 触点闭合

B.手柄在 F₂ 位或 R₂ 位时,只有 SA₃ 触点闭合

C.手柄在 F 方向,SA₅ 或 SA₆ 都通

D.手柄在 F₃ 位,SA₄ 和 SA₆ 都通

6.如图所示的时间继电器触点符号具体意义是_____。

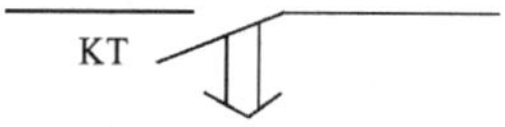

A.常开延时开　　　　　　　B.常闭延时闭

C.常开延时闭　　　　　　　D.常闭延时开

7.控制线路中的某电器元件符号如图所示,它是_____符号。

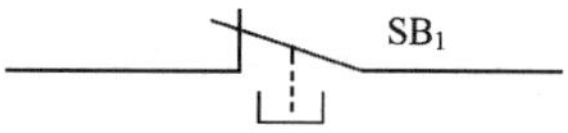

A.常开按钮触点　　　　　　B.常闭按钮触点

C.延时触点　　　　　　　　D.热继电器的常闭触点

8.以下哪种时间继电器触点在其线圈通电后立即闭合,断电后延时断开?_____。

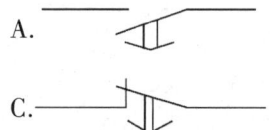

9.控制线路中的某电器元件符号如图所示,它是_____符号。

A.欠压继电器线圈　　　　　B.过流继电器线圈

C.欠流继电器线圈　　　　　D.速度继电器

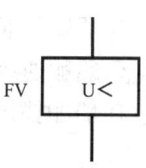

10.控制线路中的某电器元件符号如图所示,它是_____符号。

　　A.电压继电器线圈　　　　　　　　B.电流继电器线圈

　　C.熔断器　　　　　　　　　　　　D.电阻

11.控制线路中的某电器元件符号如图所示,则这是_____。

　　A.动合(常开)触点　　　　　　　　B.动断(常闭)触点

　　C.热继电器动断(常闭)触点　　　　D.延时触点符号

12.双金属片热继电器在电动机控制线路中的作用是_____保护。

　　A.短路　　　　　　　　　　　　　B.零位

　　C.失压　　　　　　　　　　　　　D.过载和缺相

13.关于电磁式继电器,说法错误的是_____。

　　A.交流电压继电器衔铁吸合前后吸力基本不变

　　B.直流继电器为恒磁势电器

　　C.若不串经济电阻,直流继电器衔铁吸合后的电磁吸力远大于吸合前的电磁吸力

　　D.若不串经济电阻,直流继电器衔铁吸合后的电磁吸力远小于吸合前的电磁吸力

14.热继电器对于船舶三相异步电动机来说,不能进行_____保护。

　　A.短路　　　　　　　　　　　　　B.过载

　　C.缺相运行　　　　　　　　　　　D.过载和缺相运行

15.三相异步电动机若采用热继电器过载保护时,应至少使用_____个热元件。

　　A.1　　　　　　　　　　　　　　B.2

　　C.3　　　　　　　　　　　　　　D.任意

16.下图利用继电器 LYJ 和主令控制器 LK 一起在电路中所起的作用是_____。

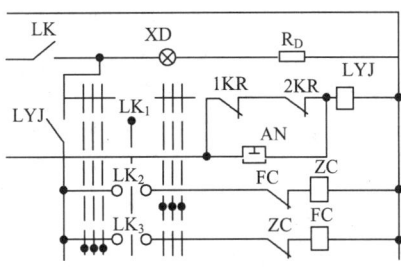

　　A.互锁保护　　　　　　　　　　　B.短路保护

　　C.过载保护　　　　　　　　　　　D.零压保护

17.船舶锚机控制采用主令控制器,有关主令控制器叙述错误的是_____。

　　A.主令控制器是一个多位置、含有多个控制开关的电器

　　B.主令控制器含有零位和正反两个方向对称的开关位置

　　C.主令控制器在正反两个方向操作时都有机械自锁,不需要电气自锁

　　D.主令控制器在正反两个方向通断是包含互锁功能的,所以在电路上就不需要电气互锁了

18.系统失电故障排除后恢复供电,为防止电动机自行起动,所以设置_____。

　　A.缺相保护　　　　　　　　　　　B.短路保护

C.过载保护　　　　　　　　　D.零压保护

19.具有磁力起动器起动装置的电动机,其失压(欠压)保护是通过_____来实现的。
   A.熔断器　　　　　　　　　B.热继电器
   C.接触器本身的电磁机构与起动按钮　　D.手动刀闸开关

20.具有磁力起动器起动装置的船舶电动机,其缺相保护一般是通过_____自动完成的。
   A.熔断器　　　　　　　　　B.热继电器
   C.接触器与起停按钮相配合　　D.手动刀闸开关

21.通常,三相异步电动机不设_____保护。
   A.过载　　　　　　　　　　B.逆序
   C.短路　　　　　　　　　　D.失压

22.为了保护电缆和电源不因短路时的特大电流而损坏或烧毁,通常在线路中加_____能把短路段与电源隔离。
   A.电压继电器　　　　　　　B.电流互感器
   C.熔断器　　　　　　　　　D.热继电器

23.为了防止三相异步电动机起动时电流较大而将熔丝烧断,为对单台直接起动的电动机实现短路保护,在起动不频繁的情况下主电路的熔丝额定电流应按电动机的_____来选择。
   A.额定电流　　　　　　　　B.起动电流
   C.额定电流的1.5~2.5倍　　D.额定电流的3.5倍

24.为了保证生产安全,_____线路中允许且需要接入合适的熔断器。
   A.接地　　　　　　　　　　B.三相四线制的中性
   C.配电变压器低压侧　　　　D.直流电动机的励磁

25.船舶交流电动机失压保护的目的是保护_____。
   A.电动机　　　　　　　　　B.控制线路
   C.电源　　　　　　　　　　D.设备及人身安全

26.船舶交流电动机的短路、过载及欠压保护分别采用_____。
   A.热继电器、熔断器、接触器　　B.熔断器、热继电器、接触器
   C.接触器、热继电器、熔断器　　D.熔断器、接触器、热继电器

27.在实现过载保护的原理中,叙述错误的是_____。
   A.所谓"过载保护"是表示要保护过载现象
   B.热继电器和过电流继电器是两种最常用的过载保护继电器
   C.热继电器是利用过载时的热效应使保护电器动作来实现过载保护的
   D.过电流继电器是利用过载时的电磁效应使保护电器动作来实现过载保护的

28.在利用热继电器对电动机过载保护时,热继电器的整定电流值一般按被保护电动机的_____选取。
   A.起动电流值　　　　　　　B.起动电流值的2倍
   C.额定电流值的2倍　　　　D.额定电流值

29.磁力起动器起动装置不能对电动机进行_____保护。
   A.失压　　　　　　　　　　B.欠压

C.过载　　　　　　　　　　　　　D.超速

30. 电机及其起动控制箱在使用中,主回路的空气断路器为基本配置,除控制主回路供电外,还有_____作用。
   A.缺相保护　　　　　　　　　　B.逆功率保护
   C.短路保护　　　　　　　　　　D.欠压保护

31. 电机及其起动控制箱在使用中,主回路的空气断路器为基本配置,除额定电流外,还标有分断电流,这是指断路器_____。
   A.过载保护的电流　　　　　　　B.能够承受的浪涌电流
   C.能够分断动作的最大电流　　　D.能够承受电机起动而不分断的电流

32. 当电源电压由于某种原因消失时,三相异步电动机会自动停车。当电源电压恢复时,三相异步电动机不会自动起动,只有在操作人员按下起动按钮后,三相异步电动机才可起动,这种保护称为_____。
   A.失压保护　　　　　　　　　　B.欠压保护
   C.缺相保护　　　　　　　　　　D.过载保护

33. 关于短路保护与过载保护的实现及保护器件的选择,叙述正确的是_____。
   A.热继电器具有对电路进行短路和过载保护的功能
   B.热继电器是利用过载时的热效应来使保护电器动作以实现短路保护的
   C.自动空气开关具有对电路进行短路或过载保护的功能
   D.过电流继电器是最常用的短路保护继电器

34. 当电源电压由于某种原因消失时,三相异步电动机会自动停车。当电源电压恢复时,三相异步电动机不会自动起动,只有在操作人员按下起动按钮后,三相异步电动机才可起动,这种保护称为_____。
   A.零压保护　　　　　　　　　　B.欠压保护
   C.缺相保护　　　　　　　　　　D.过载保护

35. 如图所示电路起互锁作用的是_____。

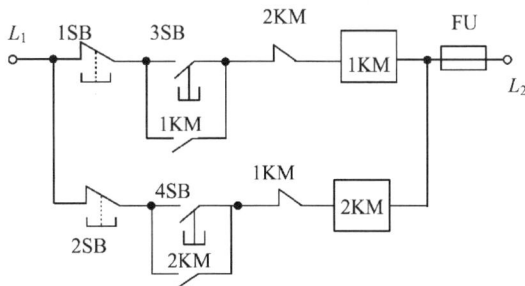

   A.1KM 和 2KM 常开触点　　　　B.1KM 和 2KM 常闭触点
   C.1SB、2SB　　　　　　　　　　D.3SB、4SB

36. 电动机正、反转控制线路中,常把正转接触器的_____触点_____在反转接触器线圈的线路中,实现互锁控制。

A. 常开；并联   B. 常开；串联
C. 常闭；并联   D. 常闭；串联

37. 关于互锁控制，下列叙述正确的是_____。
    A. 在接触器控制电路中，将接触器的辅助常闭触点并联到对方的线圈回路中，即可构成电气互锁控制
    B. 在接触器控制电路中，将接触器的辅助常开触点串联到对方的线圈回路中，即可构成电气互锁控制
    C. 要求两个电器不能同时工作，当一个工作时另一个不能工作，这种控制关系称为互锁控制
    D. 要求某一电器必须在另一电器运行后才能起动的控制关系称为互锁控制

38. 船舶电动机的正、反转控制通常需采用_____。
    A. 自锁控制   B. 联锁控制
    C. 互锁控制   D. 点动控制

39. 如图所示电路所起的控制作用是_____。

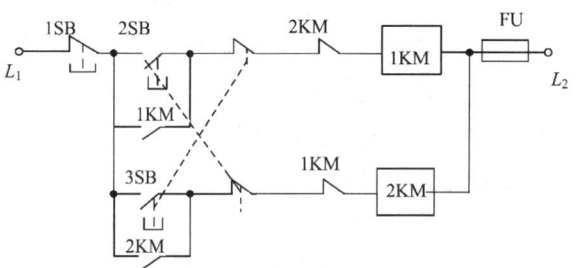

    A. 自锁、联锁   B. 自锁、互锁
    C. 联锁、互锁   D. 两地、联锁

40. 如图所示电动机控制电路，该线路能实现_____控制。

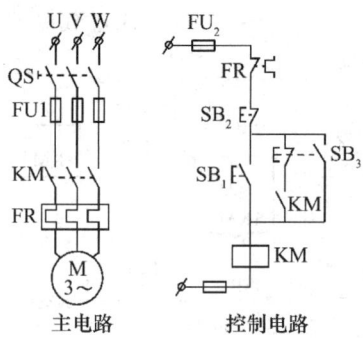

    A. 两地起动   B. 正、反转控制
    C. 点动与连续运转   D. 联锁

41. 如图所示电路，为电动机自锁连续控制和点动控制局部电路，当按下_____可实现_____控制。

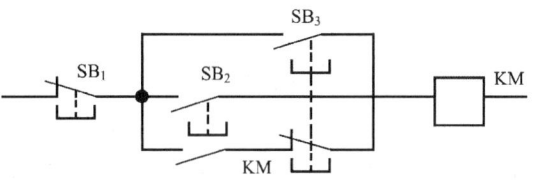

A. SB_1；点动   B. SB_2；点动

C. SB_3；点动   D. SB_3；自锁连续

42. 如图所示电动机为控制电路，它能实现_____控制。

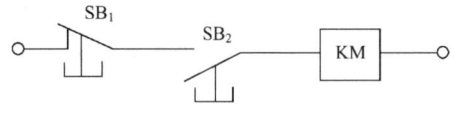

A. 自锁   B. 点动

C. 联锁   D. 互锁

43. 某些生产机械的运动范围有一定限制，例如船舶舵机的左右舵角偏转必须限制在35°以内，起货机提升机构必须防止吊索收尽而造成吊钩撞碰吊臂事故等，而采用_____。

A. 联锁控制   B. 多地点控制

C. 行程控制   D. 连续运行控制

44. 如图所示的电动机控制线路，该线路不具有_____。

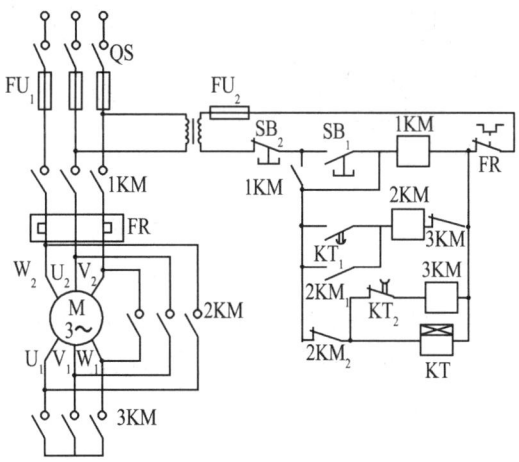

A. 失压保护   B. 自锁环节

C. 互锁环节   D. 点动环节

45. 如图所示的异步电动机 Y-△ 降压起动线路，在合上 QS 三相电源开关后，按下 SB_2 后，线圈 KM_1、KT、KM_2、KM_3 中最后获电的是_____。

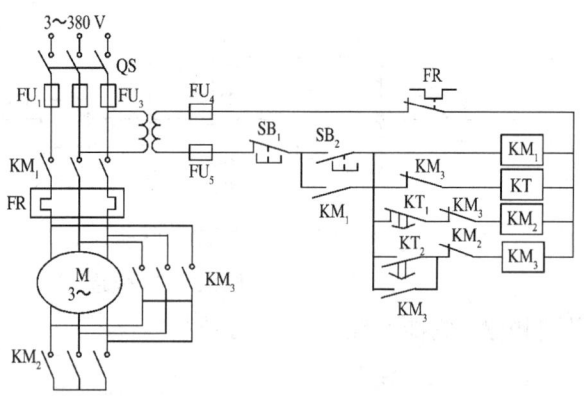

A.KM_1 线圈   B.KT 线圈

C.KM_2 线圈   D.KM_3 线圈

46. 如图所示的 Y-△降压起动电路，当电动机正常运转后，KM_1、KT、KM_2、KM_3 四个线圈中有电的是_____。

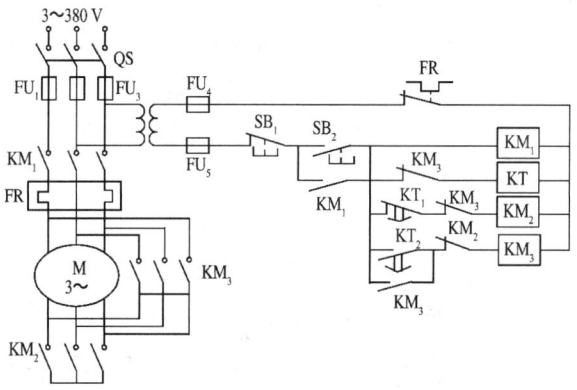

A.KM_1、KT、KM_2 B.KM_1、KM_2

C.KM_1、KT、KM_2、KM_3 D.KM_1、KM_3

47. 如图所示的 Y-△降压起动控制电路，从主电路来看，起动时接触器_____的主触点闭合，Y 起动，经延时后接触器_____的主触点闭合，实现△运转。

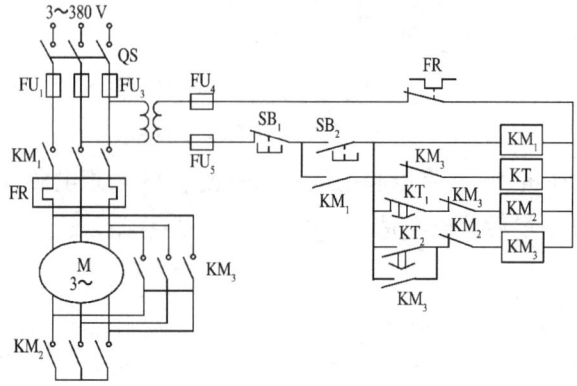

A.KM_1;KM_2 B.KM_1、KM_2;KM_1、KM_3

C.KM_1、KM_3;KM_1、KM_2 D.KM_1;KM_2、KM_3

48.如图所示的Y-△降压起动控制线路,KM_1常开辅助触点与KM_3常开辅助触点的作用分别是_____。

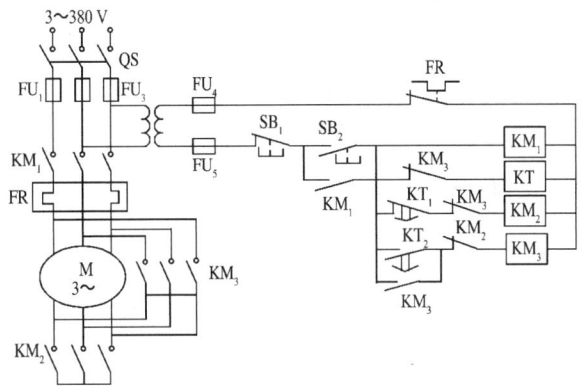

A.自锁、联锁 B.联锁、自锁

C.自锁和联锁和自锁 D.自锁、自锁

49.如图所示的Y-△降压起动控制电路中,起自锁作用的触点是_____,起互锁作用的触点是_____。

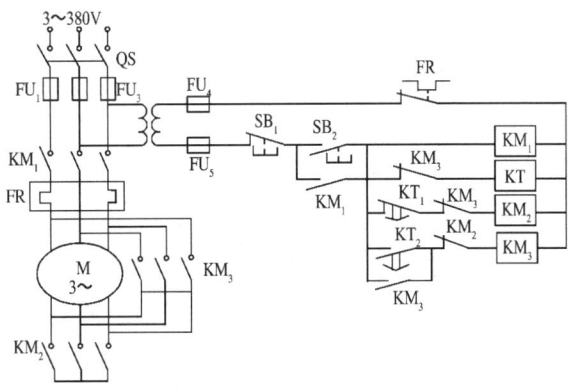

A.KM_1常开,KM_3常开;KM_2常闭,KM_3常闭

B.KM_1常开,KM_3常闭;KM_2常闭,KM_3常开

C.KM_1常开,KM_3常开;KT_1与KT_2常开

D.KM_1常开;KM_3常开,KM_3常闭

50.如图所示,该线路可实现电动机的_____起停控制。

A.自耦变压器降压 B.Y-△降压

C.正、反转 D.多地点

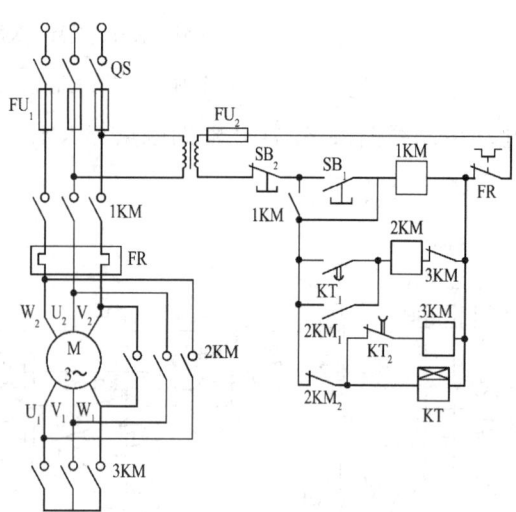

51. 交流电动机的控制线路如图所示，实现的功能_____。

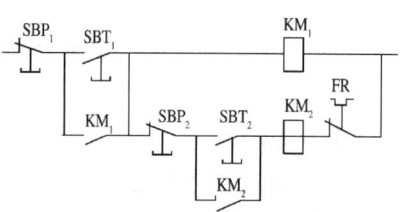

   A.联锁控制
   B.点动控制
   C.互锁控制
   D.多地点控制

52. 如图电机正反转控制电路中，如果正反转的接触器同时闭合动作，那么在主电路中发现引起电源两相短路，因此把正反转接触器常闭触点 KM_F 和 KM_R 串接到对方线圈回路中，这种做法叫_____。

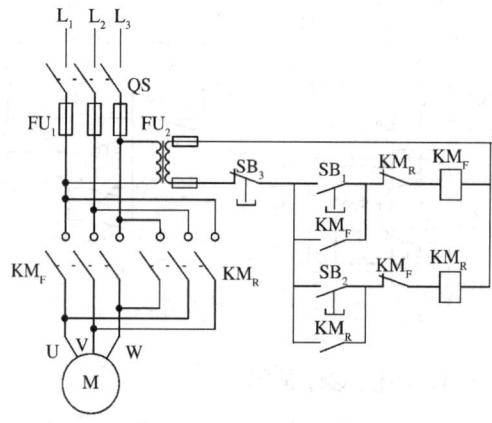

   A.联锁控制　　　　　　　　　　B.自锁控制
   C.互锁控制　　　　　　　　　　D.点动控制

53. 电动机的顺序控制就是让多台电机按照一定顺序起动工作，可以采用_____来实现。

   A.自锁控制　　　　　　　　　　B.互锁控制
   C.联锁控制　　　　　　　　　　D.点动控制

54.行程开关的使用特点是_____。
  A.为了限位控制,一般采用其常闭触点,串接到控制线路中,到达位置时被顶断开
  B.为了限位控制,一般采用其常开触点,串接到控制线路中,到达位置时被顶闭合
  C.为了限位控制,一般采用其常闭触点,并接到控制线路中,到达位置时被顶断开
  D.为了限位控制,一般采用其常开触点,并接到控制线路中,到达位置时被顶闭合

55.一个用单向按钮控制的连续运行的控制电路,如果起动按钮和停止按钮位置接错,那么_____。
  A.一接上电源,电机就立即起动运行
  B.起动按钮和停止按钮的功能也交换了,对电路无影响
  C.按下起动按钮电机能起动,按下停止按钮电机无法停车
  D.电机只能点动运行,不能连续运行

56.一个用单向按钮控制的连续运行控制电路,如果自锁常开触点错误地并接在起动按钮和线圈串联的两侧,那么_____。
  A.接通电源,按下起动按钮,电机就立即起动运行
  B.接通电源,按下起动按钮,电机不转
  C.接通电源,按下起动按钮,控制电路熔断器立即烧毁
  D.接通电源,按下起动按钮,热继电器动作,电机不起动

57.鼠笼式异步电动机采用 Y-△ 降压起动获得的起动转矩_____。
  A.与三角形起动转矩相同   B.是三角形起动转矩的 3 倍
  C.是三角形起动转矩的 1/3   D.是三角形起动转矩的 $\sqrt{3}$ 倍

58.对于额定电压为 380 V 三角形接法的鼠笼式电动机,可以用_____接法进行起动,以减小其起动电流,起动后改为_____接法正常工作。
  A.三角形;星形   B.星形;三角形
  C.星形;星形   D.三角形;三角形

59.三相交流异步电动机 Y-△ 降压起动适用于_____。
  A.重载起动电动机
  B.轻载起动,正常运行时定子绕组为星形连接的电动机
  C.轻载起动,正常运行时定子绕组为三角形连接的电动机
  D.绕线式异步电动机

60.异步电动机当采用 Y-△ 运行时,分别对应使用 380 V 和 220 V 电压,Y 运行的同步转速和 △ 运行的同步转速关系是_____。
  A.Y 运行的同步转速 = △ 运行的同步转速
  B.Y 运行的同步转速 = △ 运行的同步转速 $\times \dfrac{1}{\sqrt{3}}$
  C.Y 运行的同步转速 = △ 运行的同步转速 $\times \sqrt{3}$
  D.Y 运行的同步转速 = △ 运行的同步转速 $\times \dfrac{\sqrt{3}}{2}$

61. 采用 Y-△降压起动方式的交流异步电动机,一般为_____。
   A. 鼠笼式交流异步电动机且正常运行时为△形接法
   B. 绕线式交流异步电动机且正常运行时为 Y 形接法
   C. 鼠笼式交流异步电动机且正常运行时为 Y 形接法
   D. 绕线式交流异步电动机且正常运行时为△形接法

62. 在相同电源下,将三角形接法的三相异步电动机改接为星形接法运行,其结果是最大输出转矩_____,起动电流_____。
   A. 不变;不变   B. 增大;减小
   C. 减小;减小   D. 增大;增大

63. 电机采取 Y-△起动的目的是_____。
   A. 减小起动电流   B. 减小起动转矩
   C. 延长起动时间   D. 提高功率因数

64. _____不是电动机软起动的优点。
   A. 冲击电流小   B. 有较大的起动转矩
   C. 可平滑调节   D. 起动电流可控

65. 关于鼠笼式交流异步电动机软起动,下列叙述正确的是_____。
   A. 斜坡恒流软起动方式是应用最多的软起动方式,适用于风机、泵类负载的起动
   B. 斜坡恒流软起动方式起动转矩小,起动时间长,适用于泵类负载的起动
   C. 斜坡恒流软起动方式起动转矩大,起动时间短,不适用于风机、泵类负载的起动
   D. 斜坡恒流软起动方式产生较大的冲击电流,对电网影响较大,实际应用较少

66. Y 形连接的三相异步电动机不可取的起动方法是_____。
   A. Y-△换接起动   B. 调频起动
   C. 定子串电抗起动   D. 软起动

67. 关于船舶交流异步电动机采用直接起动方式,下列叙述正确的是_____。
   A. 就电动机本身来说,是不允许直接起动的
   B. 直接起动方便控制起动电流
   C. 直接起动的优点是设备简单、操作方便
   D. 直接起动具有功率因数高的优点

68. 电动机直接起动的缺点是_____。
   A. 所需设备复杂   B. 起动时间长
   C. 对电网有一定的冲击   D. 电动机的起动转矩减小

69. 相对直接起动而言,对于大容量电动机的起动,必须设法_____起动电流,还应该尽量_____起动时间。
   A. 限制;缩短   B. 提高;缩短
   C. 限制;延长   D. 提高;延长

70. 软起动是通过控制串接于电源与被控电机之间的_____,使电机的输入电压从零开始以预设函数关系逐渐上升,直至起动结束才给电机加上全电压。
   A. 三相二极管   B. 三相场效应晶体管

C.三相双极性晶体管　　　　　　　　D.三相反并联晶闸管的导通角

71.在电机软起动时,起动开始晶闸管导通角_____,当起动电流大于设定值时导通角变为_____,起动结束时导通角为_____。
　　A.最小;最大;最大　　　　　　　　B.最大;最小;最大
　　C.最大;最小;最小　　　　　　　　D.最小;最小;最大

72.关于船舶设备多地点控制的描述,下列说法不正确的是_____。
　　A.就是在船舶的两个或多个地点设置控制
　　B.多地点控制优势在于在不同地点操作同一台设备,方便操作
　　C.多地点操作可以在不同地点同时操作同一台设备
　　D.多地点控制可以实现"就近控制"和"远距离控制"

73.关于船舶设备多地点控制的描述,多地点的起动常开按钮和停止常闭触点连接正确的是_____。
　　A.多地起动常开按钮"并联",多地停止常闭按钮"串联"
　　B.多地起动常开按钮"串联",多地停止常闭按钮"并联"
　　C.多地起动常开按钮"并联",多地停止常闭按钮"并联"
　　D.多地起动常开按钮"串联",多地停止常闭按钮"串联"

74.改变三相异步电动机电源频率f_1,可以改变旋转磁通势的同步转速n_1,从而达到调速的目的。电机转速与频率的关系为(s为电机转差率)_____。
　　A.$n=\dfrac{60f_1}{p}(1-s)$　　　　　　　　B.$n=\dfrac{60f_1}{p}$
　　C.$n=\dfrac{60f_1}{p}s$　　　　　　　　　　D.$n=\dfrac{60f_1}{ps}$

75.降低电源频率的同时,保持$\dfrac{E_1}{f_1}$常数,则$\varPhi=$常数,是恒磁通控制方式,其主要特点是_____。
　　A.最大转矩为随频率的降低而降低,但是不同频率的各条机械特性是近似平行的
　　B.最大转矩为常数,不同频率的各条机械特性是近似平行的
　　C.最大转矩为随频率的降低而降低,频率越低的机械特性越软
　　D.最大转矩为常数,频率越低的机械特性越软

76.三相异步电动机变频调速以下特点中,不具有_____。
　　A.从基频向下调速,为恒转矩调速方式;从基频向上调速,近似为恒功率调速方式
　　B.调速范围大;频率可以连续调节,变频调速为无级调速
　　C.机械特性较硬,静差率小,相对稳定性好,效率高
　　D.调速准确,电机速度即为同步转速

77.变频调速中基频以下一般采用_____的控制方式。
　　A.恒转矩调速　　　　　　　　　　B.恒功率调速
　　C.变阻调速　　　　　　　　　　　D.调压调速

78. 异步电动机的转速公式为 $n = n_1(1-s) = \dfrac{60f_1}{p}(1-s)$，所以说_____。

   A. 改变 f_1，就可以改变 n_1
   B. 改变 s，就可以改变 n_1
   C. 改变 f_1，就可以改变 p
   D. 改变 p，就可以改变 s

79. 一台空载运行的三相异步电动机，当略微降低电源频率而保持电源电压大小不变时，电动机的励磁电流_____，电动机转速_____。

   A. 不变；降低
   B. 变大；降低
   C. 变小；不变
   D. 不变；不变

80. 交流电动机调压调速的机械特性曲线的特征有_____。

   A. 与固有特性相比，具有相同的同步转速和静态转速降
   B. 与固有特性相比，具有相同的同步转速和临界转矩
   C. 与固有特性相比，具有相同的同步转速和临界转差率
   D. 与固有特性相比，具有相同的输出转矩和临界转差率

81. 交流异步电动机的软起动的作用是_____。

   A. 限制起动电流
   B. 限制起动加速度
   C. 限制起动频率
   D. 限制起动转矩

82. 在采用变极调速的电机带动起升重物负载时，当货物上升过程中突然主令手柄退挡减速时，三相交流电仍然供电，减速时电机处于_____状态。

   A. 回馈制动
   B. 反接制动
   C. 电动
   D. 能耗制动

83. 改变三相异步电动机电源频率 f_1 可以改变异步电机的转速 n，从而达到调速的目的。交流变频调速有三种基本控制方式，其中_____不属于变频调速。

   A. 保持 $\dfrac{E_1}{f_1}$ = 常数（E_1 为定子感应电动势）

   B. 保持 $\dfrac{U_1}{f_1}$ = 常数（U 为定子电压）

   C. 保持 $\dfrac{E_r}{f_1}$ = 常数（E_r 为转子全磁通感应电动势）

   D. 保持 $\dfrac{s}{f_1}$ = 常数（s 为转差率）

84. 交流变频基频以下的变频调速主要有三种基本控制方式，其中采用恒压频比，当频率很低时，转矩太小将限制电机的带载能力。这时需要人为地把电压抬高一些，即采取_____。

   A. 定子压降补偿
   B. 转子压降补偿
   C. 定子功率补偿
   D. 转子功率补偿

85. 交流变频基频以下的变频调速主要有三种基本控制方式，其中，稳态性能最好的是_____。

A.恒压频比的控制方式

B.恒流频比的控制方式

C.恒电动势频率比的控制方式

D.转子全磁通的感应电动势频率比的控制方式

86.现有一铭牌标注为"$P_N = 5.5\ \text{kW}$，$U = 380\ \text{V}$，$n_N = 1\ 440\ \text{r/min}$"的鼠笼式异步电动机正在正常运行,现要对其进行变频调速,使其转速调至额定转速的3/4,为此保持气隙磁通不变,则电压应约为_____。

A.110 V　　　　　　　　　　　B.220 V

C.285 V　　　　　　　　　　　D.380 V

87.通用变频器中参数_____与调速过程无关。

A.加、减速时间和方式的设定　　B.主要电流参数设定

C.过电压或欠电压保护　　　　　D.制动电阻和自动制动电流的设置

88.通用型变频器一般是指_____。

A.PWM 变频器　　　　　　　　B.双 PWM 变频器

C.PWM 控制的电流型逆变器　　　D.正弦波控制的电压型逆变器

89.关于通用变频器外部接口电路及主要参数,下列叙述正确的是_____。

A.起动频率:变频器起动时能够输出满足实际要求的最低频率

B.起动频率:变频器起动时能够输出满足实际要求的最高频率

C.极限频率:变频器允许输出的最高频率,一般最高为电动机的额定频率

D.极限频率:变频器允许输出的最低频率,一般最低为电动机的额定频率

90.下列关于通用变频器的主电路说法中,错误的是_____。

A.主电路主要由整流电路、中间直流环节和逆变器三部分组成

B.一般都是电流源型的

C.大电容作用包括滤波

D.大电容作用包括无功功率交换

91.直流电动机在电力拖动系统中的优点不包括_____。

A.具有良好的起动性能

B.具有良好的制动性能

C.具有良好的调速性能

D.电刷不易磨损,具有较长的维护间隔

92.下列关于双闭环直流调速系统基本构成的说法正确的是_____。

A.含有转速负反馈和电流负反馈环

B.含有转速负反馈,不含有电流负反馈环

C.不含有转速负反馈,含有电流负反馈环

D.不含有转速负反馈和电流负反馈环

93.船舶电力拖动系统中,热继电器的主要作用是_____。

A.短路保护 B.过载保护
C.失压保护 D.缺相保护

94.交流接触器的短路环主要用于_____。

A.消除铁芯振动和噪声 B.增强电磁吸力
C.防止触点熔焊 D.提高灭弧能力

95.舵机控制系统中,自动操舵的核心是_____。

A.比例舵调节 B.微分舵调节
C.比例-微分-积分调节 D.压舵调节

96.甲板机械中,锚机电机的堵转力矩应不低于额定转矩的_____。

A.1倍 B.2倍
C.3倍 D.4倍

97.变频调速系统中,共模电抗器的作用是_____。

A.抑制高频漏电流和共模电压 B.提高功率因数
C.限制短路电流 D.改善输出波形

98.主令控制器的触头闭合状态通常通过_____表示。

A.电阻值 B.电压值
C.触头闭合表或图形符号 D.电流值

99.固态继电器的主要优点是_____。

A.无触点通断控制 B.过载能力强
C.接触电压大 D.漏电流小

100.绕线式异步电机转子串电阻起动的主要目的是_____。

A.增大起动电流 B.减小起动转矩
C.增大起动转矩 D.提高功率因数

101.空压机自动控制中,压力继电器的作用是_____。

A.控制电机起停 B.调节气体流量
C.监测油温 D.控制排气温度

102.船舶电梯的应急照明应在主电网故障时至少工作_____。

A.0.5 h B.1 h
C.2 h D.4 h

103.克令吊的限位开关箱中,滑块移动与什么直接相关_____。

A.吊钩重量 B.吊臂长度
C.钢丝绳卷筒转动 D.电机转速

104.变频调速起重机中,12脉整流的主要目的是_____。

A.提高输出电压 B.降低谐波含量
C.增大输出电流 D.简化电路结构

105.舵机的最大转舵角通常限制为_____。

A.±25° B.±35°
C.±45° D.±60°

106. 自动操舵系统中,微分环节的主要作用是_____。
 A.消除静态误差 B.抑制偏航角速度
 C.提供压舵角 D.提高灵敏度

107. 舵机的双套控制系统应满足_____。
 A.同时故障时仍能工作 B.一套故障时另一套自动投入
 C.只能手动切换 D.共用同一电源

108. 伺服电机的主要应用场景是_____。
 A.恒速驱动 B.位置精确控制
 C.大功率拖动 D.简单起停控制

109. 电磁制动器的间隙测量通常使用_____。
 A.万用表 B.塞尺
 C.示波器 D.兆欧表

110. 若船舶电动机控制箱中的接触器灭弧罩缺失,可能引发_____。
 A.线圈过热 B.触点动作速度变慢
 C.电弧造成主触点熔坏或引起短路 D.辅助触点失效

111. 若将交流接触器误用于同电压等级的直流电路,最可能发生_____现象。
 A.正常吸合并工作 B.无法吸合
 C.线圈烧毁 D.产生持续振动

112. 下列关于交、直流接触器使用区别的描述中,下列各项错误的是_____。
 A.直流接触器不能用于同电压等级的交流电路中
 B.交流接触器用于同电压等级的直流电路中会烧坏
 C.直流接触器吸合后需串接经济电阻
 D.交流接触器吸合后也需串接经济电阻

113. 如图所示为三相异步电动机的自锁控制电路,若将运行指示灯接在接触器线圈两端,如果按下启动按钮后指示灯亮但是电机不转,故障原因可能是_____。

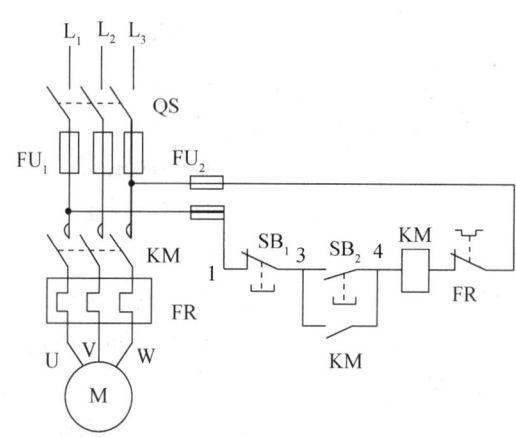

A.接触器主触点熔焊

B.接触器线圈断路

C.运行指示灯并联电阻损坏

D.热继电器触点断开

114. 两地点控制电路的设计中,不必要遵循的原则是_____。

    A.启动按钮并联   B.停止按钮串联

    C.顺序启动联锁   D.自锁触点与启动按钮并联

115. 扩展两地点控制为三地点控制时,新增的第三地按钮应如何接入电路?

    A.启动按钮与原有启动按钮串联,停止按钮与原有停止按钮并联

    B.启动按钮与原有启动按钮并联,停止按钮与原有停止按钮串联

    C.启动按钮与原有启动按钮并联,停止按钮独立接入主电路

    D.启动按钮与原有启动按钮串联,停止按钮独立接入控制回路

116. 如图所示两地点控制电路中,若集控室中启动按钮 1SB 误接为常闭触点,机舱中启动按钮 2SB 正常,可能导致的现象是_____。

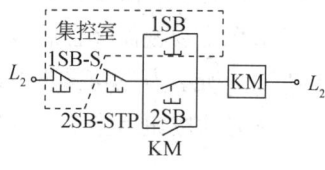

    A.甲地按下启动按钮时电机停止

    B.电机上电后立即自起动

    C.乙地无法起动电机

    D.接触器线圈频繁烧毁

117. 电动机正、反转控制电路中机械互锁的局限性是_____。

    A.无法防止接触器触点粘连导致的短路

    B.不能手动切换运行方向

    C.增加主电路布线复杂度

    D.依赖电网电压稳定性

118. 电动机正、反转控制电路中机械互锁与电气互锁的主要区别是_____。

    A.机械互锁仅依赖按钮结构,电气互锁依赖接触器触点

    B.机械互锁成本更高

C.电气互锁无法防止人为误操作

D.机械互锁需要时间继电器配合

119.如图所示为电动机正、反转控制电路。若互锁失效导致正反转接触器同时吸合,可能引发_____。

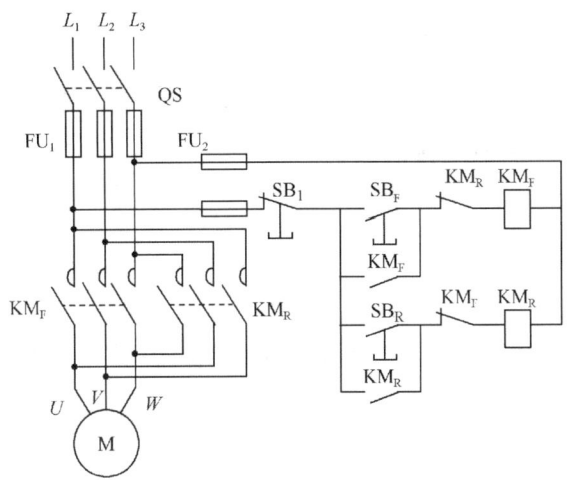

A.电机转速加倍 B.电源短路

C.热继电器过载保护 D.电机自动停止

120.如图所示为电动机正、反转控制电路。若正转复合按钮的机械互锁失效(卡滞未弹回),但电气互锁正常,可能导致_____。

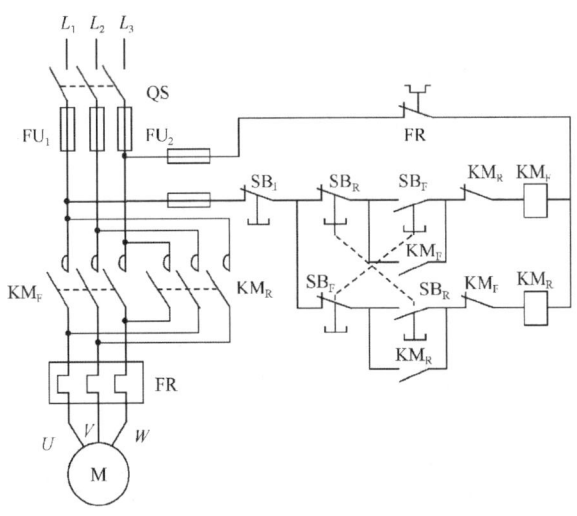

A.正反转接触器同时吸合

B.按下正转按钮后反转回路无法导通

C.电机自动切换方向

D.热继电器持续跳闸

121.如图所示为两台电动机的起停控制线路,若 M_2 电动机过载,最可能导致的结果是_____。

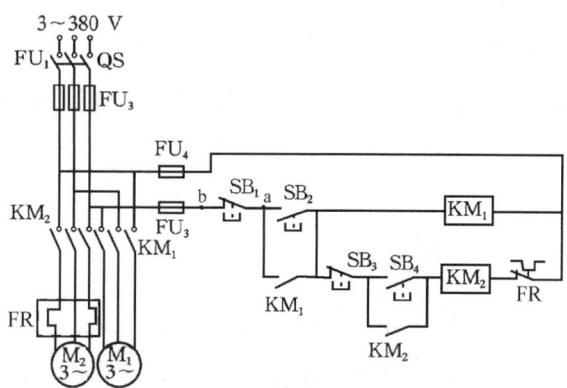

A. M_2 电动机立即停机   B.所有电动机停机

C.联锁失效   D.M_1 电动机停机

122.如图所示为两台电动机的起停控制线路,该电路能实现的功能是_____。

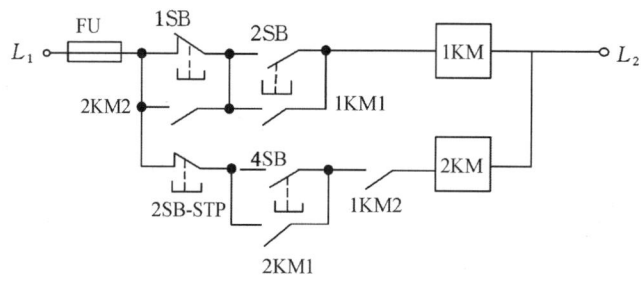

A.仅能实现顺序启动联锁控制

B.仅能实现顺序停车联锁控制

C.既能实现顺序启动联锁控制还能实现顺序停车联锁控制

D.不能实现联锁控制

123.如图所示为星形-三角形降压起动控制电路,三角形接触器(KM_3)和星型接触器(KM_2)的常闭触点为何需要互锁?_____。

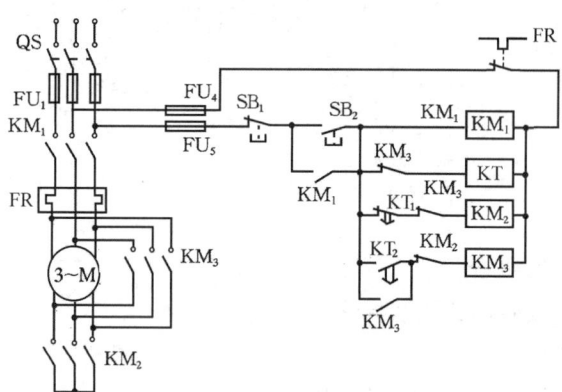

A.防止 KM_3 与 KM_2 同时吸合造成电源短路   B.保证 KM_1 优先动作

142

C.延长接触器寿命　　　　　　　　　　D.简化控制电路设计

124.如图所示为星形-三角形降压起动控制电路,若电机启动后始终保持在星形连接运行,故障原因可能是_____。

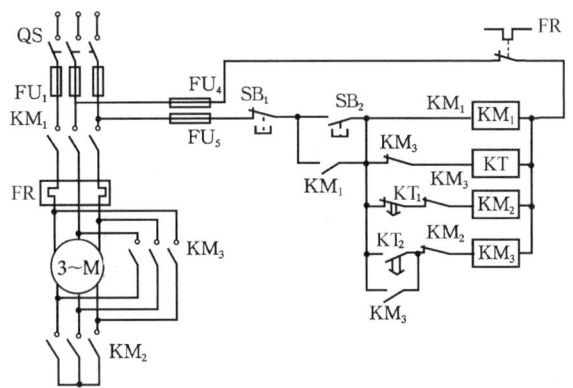

A.KT 线圈断路　　　　　　　　　　　B.KM_2 常闭触点粘连
C.KM_3 自锁触点失效　　　　　　　　D.KM_1 自锁触点失效

125.船舶中为主机服务的燃油泵、滑油泵、冷却水泵等主要电动辅机,为了控制方便和工作可靠均设置两套机组,一套运行,一套备用,并能够实现故障自动切换。当运行机组出现故障时,控制电路会通过_____响应。

A.手动启动备用机组　　　　　　　　　B.自动发出声光报警信号并启动备用机组
C.自动停机但无报警　　　　　　　　　D.继续运行故障机组

126.为了使得转速和电流两种负反馈分别起作用,可在系统中设置两个调节器,用_____调节转速,用_____调节电流,两者之间串级连接。

A.转速调节器;电流调节器　　　　　　B.转速调节器;转速调节器
C.电流调节器;电流调节器　　　　　　D.电流调节器;转速调节器

127.如图所示为三速电动锚机控制线路的一部分,SA 是具有控制手柄的主令控制器,操作时手柄可有明确的空间位置,KM_1 与 KM_2 为控制电动锚机起锚与抛锚的接触器,该局部电路具有_____环节_____保护。

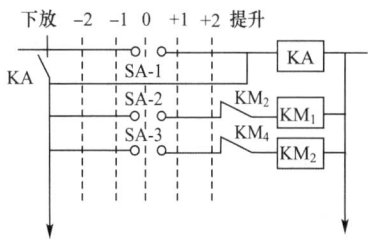

A.自锁;过载　　　　B.互锁;零位
C.互锁;过载　　　　D.联锁;零压

128.如图所示为三速电动锚机控制线路的一部分,SA 是具有控制手柄的主令控制器,操作时手柄可有明确的空间位置,KM_1 与 KM_2 为控制电动锚机起锚与抛锚的接触器,为达到零位保护的目的,SA-1 触点应在哪个位置时闭合?_____。

A.0 位　　　　　　　　　　　　　　　B.提升位

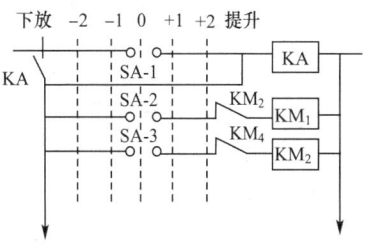

C.下放位 D.正反的低速位

129. 如图所示为淡水柜(压力水柜)自动控制线路,在接线时忘记接入 KM 常开辅助触头,在 SA 合于自动位置时,则会出现_____。

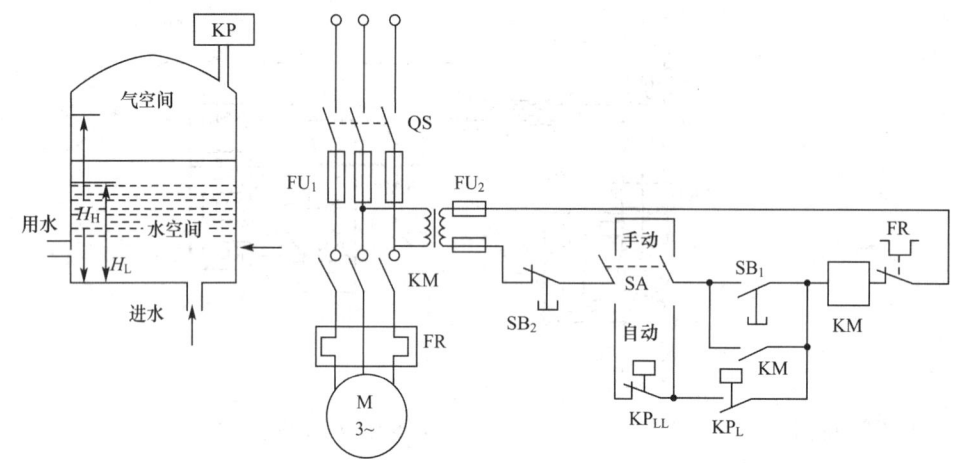

密封式压力水柜示意图   自动控制线路

A.水柜水位维持在低限水位 B.水柜水位维持在高限水位
C.仍能双位正常控制   D.电动机不能起动

130. 如图所示为淡水柜(压力水柜)自动控制线路,柜内气压低时能正常起动,但未到设定高压整定值就出现停机,最有可能的原因是_____。

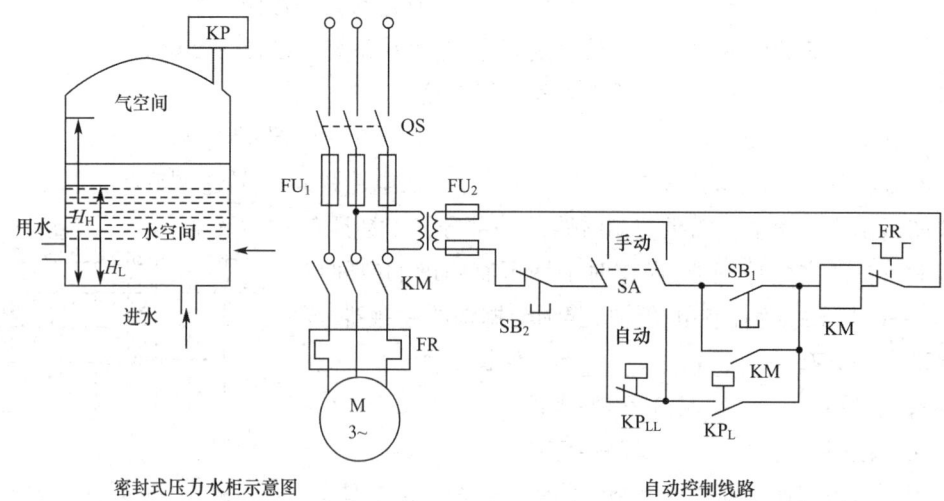

密封式压力水柜示意图   自动控制线路

A.压力继电器低压整定值太高

B.压力继电器高压整定值太低

C.压力继电器高压触头 KP(H)和低压触头 KP(L)位置调换

D.热继电器动作

131. 某起货机控制线路上有直流电磁制动器,关于其原理正确的叙述是当起货机起动时,_____。

A.首先接通电磁制动器励磁线圈供电,弱磁松闸

B.首先接通电磁制动器励磁线圈供电,强磁松闸

C.切断电磁制动器励磁线圈的供电,使其部分松闸

D.切断电磁制动器励磁线圈的供电,使其完全松闸

132. 对频繁调整与短时操作的生产机械拖动设备,特别是需要注意运行安全的设备如船舶舷梯机,应该用_____控制。

A.点动   B.连续
C.行程   D.时间

133. 如图所示,为两台电动机起、停控制线路,若将 KM_2 常开辅助触头改为常闭辅助触头,则_____。

A.顺序起动,M_1 起动后,M_2 才能起动

B.按下 SB_2,M_1 起动后接触器 KM_2 衔铁反复吸合、释放,M_2 不能起动

C.按下 SB_2 后,M_1 与 M_2 同时起动

D.合上 QS 后,KM_1 接触器衔铁反复吸合、释放,M_1、M_2 均不能起动

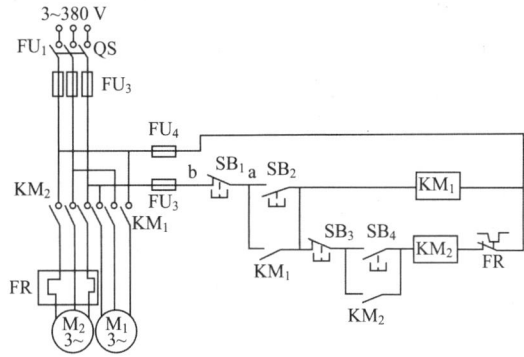

134. 如上题图所示,为两台电动机的起、停控制线路,若将 FR 常闭触点与 KM_1 线圈串联,则_____。

A.电动机 M_1 不能正常起动

B.M_1 能正常起动,若 M_2 过载,会导致两台电动机都停车

C.电动机 M_2 不能正常起动

D.若 M_2 过载会导致 M_2 停车

135. 如上题图所示,为两台电动机起、停控制线路,若 KM_1 接触器的常开辅助触头因故合不上,其他均正常,则按下 SB_2 后_____。

A.M_1 能正常起动,M_2 则不能起动   B.M_2 能正常起动,M_1 则不能起动
C.M_1 不能起动,M_2 则可点动   D.M_1 能点动,M_2 则不能起动

参考答案

1.D	2.D	3.D	4.A	5.D	6.C	7.B	8.B	9.A	10.C
11.B	12.D	13.D	14.A	15.B	16.D	17.D	18.D	19.C	20.B
21.B	22.C	23.C	24.C	25.D	26.B	27.A	28.D	29.D	30.C
31.C	32.A	33.C	34.A	35.B	36.D	37.C	38.C	39.B	40.C
41.C	42.B	43.C	44.D	45.D	46.D	47.B	48.C	49.A	50.B
51.A	52.C	53.C	54.A	55.D	56.C	57.C	58.B	59.C	60.A
61.A	62.C	63.A	64.B	65.A	66.A	67.C	68.C	69.A	70.D
71.B	72.C	73.A	74.A	75.B	76.D	77.A	78.A	79.B	80.C
81.A	82.A	83.D	84.A	85.D	86.C	87.C	88.A	89.A	90.B
91.D	92.A	93.B	94.A	95.C	96.B	97.A	98.C	99.A	100.C
101.A	102.B	103.C	104.B	105.B	106.B	107.B	108.B	109.B	110.C
111.C	112.D	113.B	114.C	115.B	116.B	117.A	118.A	119.B	120.B
121.A	122.C	123.A	124.A	125.B	126.A	127.B	128.A	129.A	130.B
131.B	132.A	133.B	134.B	135.D					

第五章 发电机和配电系统的操作

第一节 发电机的并联、负荷分配及切换

1. 船舶准同步并车条件为_____。
   A.电压相等,相序一致,频率相等,电流相同　　B.电压相等,功率相等,频率相等,相位相同
   C.电压相等,相序一致,频率相等,相位相同　　D.电压相等,相序一致,功率相等,相位相同

2. 同步发电机并车条件不满足时合闸,则会产生的不利现象主要是_____。
   A.冲击电流大　　　　　　　　　　　　　　　B.功率波动大
   C.频率波动大　　　　　　　　　　　　　　　D.电压波动大

3. 当用同步表检验待并机与电网的频差时,若同步表指针 4 s 转一周,则可知频差为_____。
   A.1 Hz　　　　　　　　　　　　　　　　　　B.0.5 Hz
   C.0.4 Hz　　　　　　　　　　　　　　　　　D.0.25 Hz

4. 在同步发电机并车时,若其余条件均满足,仅相位条件不同,则当相位差为_____时,合闸冲击电流最小。
   A.0°　　　　　　　　　　　　　　　　　　　B.45°
   C.90°　　　　　　　　　　　　　　　　　　 D.180°

5. 当用同步表检测待并机和电网频率差时,若同步表指针转动一周 4 s,则可以知道频率差为_____。
   A.1 Hz　　　　　　　　　　　　　　　　　　B.0.5 Hz
   C.0.4 Hz　　　　　　　　　　　　　　　　　D.0.25 Hz

6. 手动准同步并车方法有_____。
   A.同步表法、利用电抗器法、灯光明暗法　　　B.利用电抗器法、灯光旋转法、灯光明暗法
   C.同步表法、灯光旋转法、利用电抗器法　　　D.同步表法、灯光旋转法、灯光明暗法

7. 若整步表指针逆时针旋转,则表明待并机组的频率_____运行机组的频率。
   A.低于　　　　　　　　　　　　　　　　　　B.高于
   C.等于　　　　　　　　　　　　　　　　　　D.无法判断

8. 若待并机组与运行机组电压、频率已相等,按如图所示整步表指针的位置并车,造成冲击电流最小的图是_____。

   A.1   B.2
   C.3   D.4

9. 采用灯光明暗法并车,只能判断出频差的大小,但无法判断出_____。
   A.频差的方向   B.频差的快慢
   C.相位差的大小   D.相位差的程度

10. 采用灯光旋转法并车,既能判断出_____,也能判断出频差的方向。
    A.电压差的大小   B.电压差的方向
    C.电流差的大小   D.频差的大小

11. 发电机经大修后,第一次进行并车时,按灯光明暗法连接的三个灯出现了灯光旋转的现象,这表明_____。
    A.待并机转速太高   B.待并机转速太低
    C.有一相绕组未接牢   D.待并机与电网相序不一致

12. 在发电机并车过程中,如果用"灯光明暗法"而出现了灯光旋转现象,用"灯光旋转法"而出现了灯光明暗现象,这可能是_____。
    A.待并机与电网的电压差太大   B.待并机的频率高出电网太多
    C.待并机与电网的相序连接错误   D.待并机与电网的相位差太大

13. 为保证电网频率、电压基本不变,两台相同容量的同步发电机解列操作的正确方法是_____。
    A.先增加继续运行机油门,再减小解列机油门
    B.先减小解列机油门,再增加继续运行机油门
    C.同时减小两机油门
    D.减小解列机组油门,增加继续运行机组油门,要同时调节

14. 电磁式同步表为短时工作制表,它只允许通电使用_____min,所以并车完毕应立即切除以防烧坏。
    A.10   B.15
    C.5   D.30

15. 发电机并车时,若电压相等、频率相等、相序一致,但相差为_____时冲击电流最大。
    A.$\pi/4$ B.$\pi/2$
    C.π D.$2\pi/3$

16. 在发电机并车操作时,要求待并机稍快于电网机,并且要求合闸时刻也要提前一个角度,这样

做的主要目的是_____。
  A.减小冲击电流
  B.减小冲击转矩
  C.待并机并车成功时立即向电网提供无功功率
  D.避免待并机出现逆功而造成并车失败

17.一直处于正常运行的发电机出现并车失败原因不可能是_____。
  A.操作不当,没有在满足并车条件下操作
  B.并车合闸成功后,转移负载不及时
  C.在自动模式下,全自动电站电网上原有发电机所带负载没有达到额定功率的80%
  D.待并机电压稍高于电网几伏

18.船舶同步发电机自励恒压装置的作用是_____。
  A.建立空载电压,进行有功功率分配,进行无功功率分配
  B.建立空载电压,保持电压稳定,进行有功功率分配
  C.进行有功功率分配,保持电压稳定,进行无功功率分配
  D.建立空载电压,保持电压稳定,进行无功功率分配

19.船舶对调压装置的基本要求是_____。
  A.静态电压调整率,动态电压调整率,无功分配,强行励磁
  B.静态电压调整率,有功分配,无功分配,强行励磁
  C.静态电压调整率,动态电压调整率,无功分配,有功分配
  D.有功分配,无功分配,动态电压调整率,强行励磁

20.以下不属于调压装置的作用是_____。
  A.自励起压   B.强行励磁
  C.有功分配   D.无功分配

21.船舶自动调压(励磁)器的主要功能不包括_____。
  A.保持发电机端电压不变
  B.分配船舶并联发电机之间的有功功率
  C.船舶电力系统发生短路故障时,进行实时的强行励磁
  D.合理分配并联发电机之间的无功功率

22.维持同步发电机_____和_____的恒定是保证电力系统供电品质的两个重要指标。
  A.电压;频率   B.电压;有功功率
  C.频率;有功功率   D.电压;无功功率

23.船舶发电机自动调压器调节的是发电机的_____,调节的作用主要是_____。
  A.转速;工作电流   B.电压;工作电流
  C.励磁电流;稳定电压   D.励磁电流;稳定电流

24.船舶自动调压器按照励磁调节器的作用原理分类,不包括_____。
  A.按频率控制的励磁调节器   B.按扰动调节的励磁调节器
  C.按复合控制的励磁调节器   D.按偏差控制的励磁调节器

25.船舶自动调压器按控制方式可分为三大类,即_____。
  A.开环、闭环和复合控制调压系统
  B.电压、电流和功率因数调压系统
  C.电压、频率和初相位调压系统
  D.有功功率、无功功率和复合控制调压系统

26.关于调节励磁电流对同步发电机的影响,以下结论正确的是_____。
  A.对于单机运行,调节励磁电流相当于调节发电机输出电压和无功功率
  B.对于单机运行,调节励磁电流相当于调节发电机无功功率
  C.对于同容量同步发电机并联运行工况,调节励磁电流只改变发电机的输出电压
  D.对于同容量同步发电机并联运行工况,调节励磁电流则改变发电机间的无功功率和电压

27.如图所示的不可控相复励调压装置属于_____。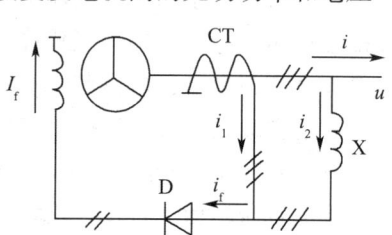
  A.按电磁叠加的相复励
  B.按电势叠加的相复励
  C.按电流叠加的相复励
  D.按电压偏差进行调节

28.如图所示为电流叠加相复励自励调压装置的单线原理图。若发电机带载后,为维持发电机端电压稳定,当保持功率因数不变,发电机输出电流降低时,则_____。

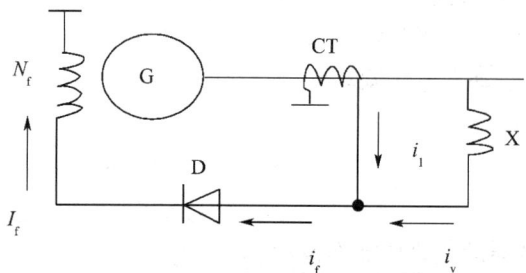

  A.I_f 不变
  B.I_f 增大
  C.I_f 减小
  D.I_f 增大或减小

29.如图所示的电流叠加相复励自励调压装置的单线原理图。若空载分量 i_v 适度,但复励分量 i_i 太弱,则_____。

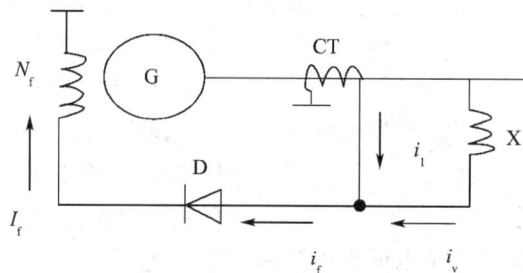

  A.空载电压偏高
  B.发电机外特性上翘
  C.发电机外特性下斜
  D.空载电压偏低

30. 如图所示为电流叠加相复励自励调压装置的单线原理图。若空载分量 i_v 适度,但复励分量 i_i 过强,则_____。

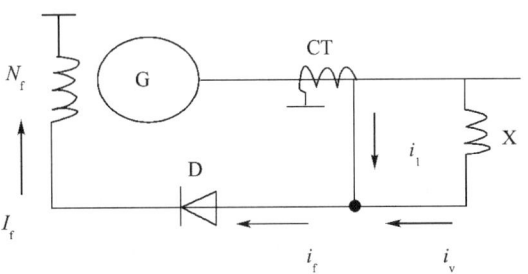

   A.空载电压偏高 B.发电机外特性上翘
   C.发电机外特性严重下斜 D.空载电压偏低

31. 如图所示为_____原理接线图。

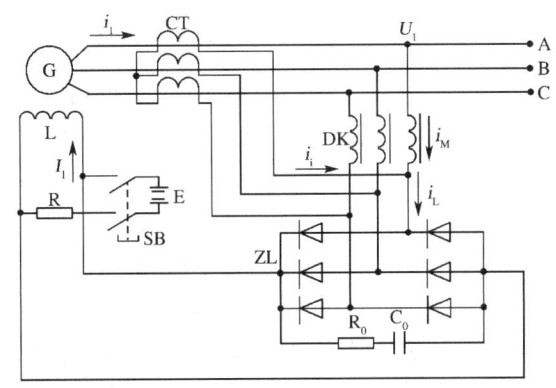

   A.电流叠加不可控相复励调压器
   B.电磁迭加谐振式相复励调压器
   C.带电压曲折绕组的电磁迭加谐振式相复励调压器
   D.三次谐波相复励调压器

32. 可控硅自励恒压系统是按照_____进行调节的。
   A.电压偏差 B.负载扰动
   C.电流波动 D.相位变化

33. 可控相复励自励恒压装置的相复励环节一般运行在过励状态,如果电压校正器不投入工作,则发电机的电压将会_____。
   A.低于额定值 B.维持额定值
   C.超过额定值 D.保持额定值不变

34. 船舶发电机可控相复励调压装置中,在电压调节控制部分未安装,仅相复励部分起作用时,发电机工作在_____状态。
   A.欠励 B.随机
   C.过励 D.平励

35. 可控相复励自励调压装置比不可控相复励自励调压装置多了自动电压校正器,具有调压精度高、无功功率分配均匀、起励可靠、强励倍数高、动态性能好等优点,以下所示的单线图的调压形式是_____。

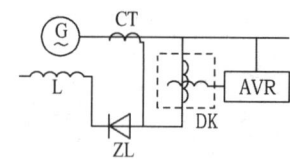

A.可控电流互感器形式　　　　　　　B.可控饱和电抗器分流形式
C.可控移相电抗器分流形式　　　　　D.可控硅分流形式

36.可控相复励自励调压装置比不可控相复励自励调压装置多了自动电压校正器,具有调压精度高、无功功率分配均匀、起励可靠等优点,以下所示的单线图的调压形式是_____。

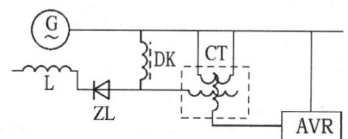

A.可控电流互感器形式　　　　　　　B.可控饱和电抗器分流形式
C.可控移相电抗器分流形式　　　　　D.可控硅分流形式

37.采用不可控相复励恒压装置的同容量同步发电机并联运行时,无功功率自动分配,通常采用_____。
A.无功补偿装置　　　　　　　　　　B.交流均压线
C.直流均压线　　　　　　　　　　　D.调差装置

38.船舶不可控相复励恒压装置采用直流均压线,交流均压线进行无功自动分配,分别用于_____。
A.同容量交流发电机和同容量交流发电机
B.不同容量交流发电机和不同容量交流发电机
C.同容量交流发电机和不同容量交流发电机
D.不同容量交流发电机和同容量交流发电机

39.两台同步发电机处于并联运行时_____等参数必定相同。
A.有功功率、无功功率　　　　　　　B.电流、频率、电压
C.电压、频率　　　　　　　　　　　D.电流、频率

40.1号机组和2号机组并联运行时,1号机组承担的无功功率比2号机组多,若要使电网的电压和频率不变,又使机组之间承担的无功功率均衡,正确的操作方法是_____。
A.适当增加2号机组油门的同时减小1号机组的油门
B.适当增加1号机组油门的同时减小2号机组的油门
C.适当增加2号机组励磁的同时减小1号机组的励磁电流
D.适当增加1号机组励磁的同时减小2号机组的励磁电流

41.两台发电机并联运行,若发电机屏上的功率表(kW表)指示相等,则表示_____。
A.两台发电机的有功功率相等　　　　B.两台发电机的无功功率相等
C.两台发电机的视在功率相等　　　　D.两台发电机的功率因数相等

42. 均压线对于同步发电机并联运行的作用是_____。
   A. 实现频率的自动调整　　　　　　　　B. 实现有功功率的自动调整
   C. 实现无功功率的自动调整　　　　　　D. 起压

43. 当船舶电力系统发出的总的无功功率_____总的无功负荷时，船舶电力系统的电压恒定。
   A. 大于　　　　　　　　　　　　　　　B. 等于
   C. 小于　　　　　　　　　　　　　　　D. 不等于

44. 两台发动机并联运行且均功，从配电板仪表读数看，当_____相同的情况下无功功率相等。
   A. 电流表读数　　　　　　　　　　　　B. 电压表读数
   C. 频率表读数　　　　　　　　　　　　D. 功率表读数

45. 在采用可控硅整流的调压装置中，为了解决起压问题常常采取_____。
   A. 接入起压电容器
   B. 接入起压电阻
   C. 利用蓄电池给晶闸管提供触发电压
   D. 直接利用蓄电池给发电机励磁绕组通电励磁

46. 在不可控电流叠加相复励系统中，移相电抗器是_____，如果发电机空载电压建立不正常，可以调节移相电抗器的_____。
   A. 三相空心线圈；匝数　　　　　　　　B. 三相空心线圈；气隙
   C. 三相铁芯线圈；气隙和匝数　　　　　D. 三相铁芯线圈；只能调节其气隙

47. 在不可控电流叠加相复励系统中，如果空载电压偏高，原因是_____，可以_____。
   A. 电流的电压分量偏大；增加电抗器的匝数或减小气隙
   B. 电流的电压分量偏小；减少电抗器的匝数或减小气隙
   C. 电流的电压分量偏大；减少电抗器的匝数或增加气隙
   D. 电流的电压分量偏小；增加电抗器的匝数或减小气隙

48. 船舶发电机起动后空载电压只有 100 V 左右，经检查，其励磁采用可控相复励，其故障原因可能是_____。
   A. 可控相复励整流桥故障　　　　　　　B. AVR 故障不能控制晶闸管导通
   C. 发电机没有剩磁　　　　　　　　　　D. 相复励电流互感器副边开路

49. 一台待并机并车成功后分担无功功率少，为了让此机组均衡分担网上的无功负荷，并且保证电网电压和频率不变，则正确的操作为_____。
   A. 适当增加待并机励磁电流，同时减小电网机励磁电流
   B. 适当增加电网机励磁电流，同时减小待并机励磁电流
   C. 适当增加待并机励磁电流，同时减小电网机油门
   D. 适当增加电网机励磁电流，同时减小待并机油门

50. 如果两台原动机调速特性完全一致的同步发电机并联均载运行，由于网上有功负载的发生变动，一段时间运行后，则_____。
   A. 导致一台机组发电机逆功跳闸　　　　B. 两机组有功负载分配不再均匀
   C. 机组间发生功率振荡　　　　　　　　D. 有功负载仍保持均匀分配

51. 交流电站中,若电网负载无变化,电网频率不稳多由_____引起。
    A.励磁   B.调速器
    C.调压器   D.均压线

52. 若两台同步发电机的原动机调速特性分别为有差和无差特性,则该两机并联运行后,_____。
    A.不能进行有功负载转移
    B.若网上有功负载变动,则变化量将全部由无差特性的发电机承担
    C.若网上有功负载变动,则变化量将全部由有差特性的发电机承担
    D.若网上有功负载变动,将导致频率的变动

53. 在讨论并联运行同步发电机调速器的调速特性时,说法正确的是_____。
    A.若调速特性均为有差特性且大体一致,当电网负荷变化时,能自动地、稳定地分配有功功率,两机组能稳定并联运行
    B.若调速特性均为无差特性的同步发电机能并联运行,并可保证两机组有功功率分配始终均匀
    C.若一台具有有差特性发电机与另一台具有无差特性发电机并联运行,当负荷变化时,由于系统的频率不变,可以保证负荷的均匀分配
    D.为了使负荷变化时,并联运行发电机稳定运行,两组机组调速特性的斜率相差大些为好

54. 自动调频调载就是能_____;接受解列指令时能自动控制负荷转移。
    A.自动维持电网频率恒定;保证无功功率按比例分配
    B.自动维持电网频率恒定;保证有功功率按比例分配
    C.自动维持电网电压恒定;保证有功功率按比例分配
    D.自动维持电网电压恒定;保证无功功率按比例分配

55. 自动调频调载装置是在发电机并联运行时协助原动机调速器对电网_____和_____进行调整的装置。
    A.电压的大小;频率   B.电压的大小;有功功率的分配
    C.电压的频率;有功功率的分配   D.电压;无功功率的分配

56. 自动调频调载装置,一般说来不能完成_____。
    A.维持调速特性不一致的两机组有功功率分配均匀
    B.保持电网电压的频率恒定
    C.接到解列指令,自动进行负荷转移
    D.根据目前网上负荷大小自动调整发电机台数

57. 如图所示发电机机组的调速特性,原系统运行在 A 点时,遇到负载增加,下列说法正确的是_____。 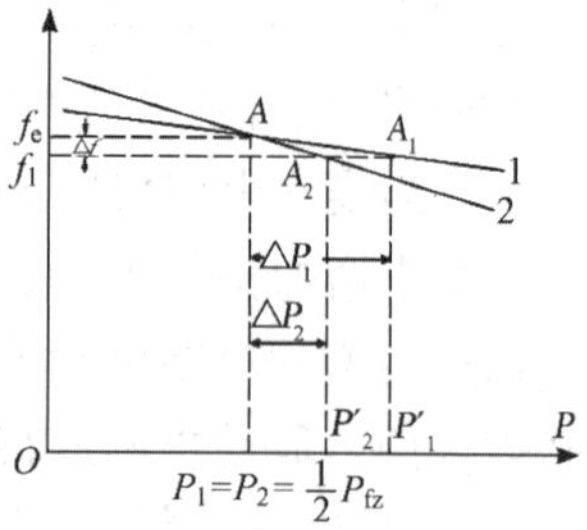
    A.1 号机和 2 号机承担的负载还是一样多
    B.1 号机和 2 号机承担的负载电流还是一样多
    C.1 号机比 2 号机输出的有功功率大
    D.1 号机和 2 号机的功率因数还是一样多

58. 自动调频调载装置一般由频率变换器、有功功率变换器、有功功率分配器和调整器四部分组

成，其中调整器接收_____的综合信号来控制发电机组。

A．频率和功率 B．频差和功差
C．电压和电流 D．电压差和电流差

59．图所示为构成某船舶电站的两台同容量同步发电机调速器的特性曲线。现已经在 O 点处运行并均匀出力。若在没有自动调载装置情况下现投入大功率电动机（如起货机）运行，则_____。

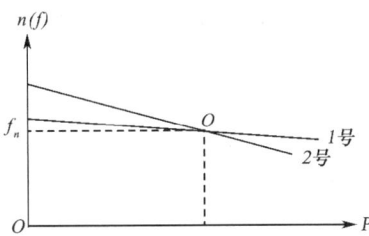

A．1号机的有功增加，2号机的有功减少
B．1号机、2号机的有功均增加且有功变化量相同
C．1号机、2号机的有功均增加且1号机增得多一些
D．1号机、2号机的有功均增加且2号机增得多一些

60．自动调频调载装置的作用不可能是_____。

A．保持电网电压的频率恒定
B．按并联运行机组的容量比例进行负荷分配
C．当接到解列指令，可自动转移负荷
D．主发电机出现过载时自动分级将次要负载从电网切除

61．发电机组自动并车过程中，待并发电机组的加速与减速是由_____来控制的。

A．频差电压的幅值 B．频差电压的周期
C．频差方向 D．电压差的大小

62．两台同步发电机并联运行均功后，发现电网频率略高于额定频率，欲手动调节到额定频率，则应_____调整。

A．操作两机的调速器伺服电机的手柄，使之同时向"慢"的方向
B．操作两机的调速器伺服电机的手柄，使之同时向"快"的方向
C．同时操作两机的磁场变阻器，使电阻增大
D．操作两机调速器的伺服电机手柄，同时向相反方向

63．两台并联运行的同步发电机，电网频率为额定值，但1号机功率表的读数比2号机功率表的读数大得多，欲使它们均功，应_____。

A．操作2号机调速手柄向"快"方向调节，1号机不用操作
B．操作2号机调速手柄向"慢"方向调节，1号机不用操作
C．操作2号机调速手柄向"快"方向调节，同时反方向调节1号机
D．操作2号机调速手柄向"慢"方向调节，同时反方向调节1号机

64．当转移和分配两台并联发电机间的有功负荷时，应_____调节两台并联发电机油门的大小便可。

A.同时向相反方向 B.同时向相同方向
C.分别向相反方向 D.分别向相同方向

65.当待并机并车成功后,转移负载成功,保证功率均分,电流相等,但发现频率表读数相同,都小于额定频率,那么正确的操作是_____。
A.待并机加油门,电网机减油门 B.待并机减油门,电网机加油门
C.同时加油门,并且保证功率分配正常 D.同时减油门,并且保证功率分配正常

66.电网上只有两台发电机并联运行,如果仅将一台机组加油门,另一台机组没有做调节,则会导致_____。
A.负荷发生转移,并且电网频率上升 B.负荷发生转移,并且电网频率下降
C.负荷不发生转移,并且电网频率上升 D.负荷不发生转移,并且电网频率下降

67.对电力系统继电保护装置的要求是快速性、_____、_____和可靠性。
A.保护性;灵敏性 B.选择性;保护性
C.保护性;稳定性 D.选择性;灵敏性

68.对船舶电力系统的继电保护选择性的理解,下列说法错误的是_____。
A.应在尽可能小的范围内将故障元件从供电系统中切除
B.应对系统中重点保护的对象加以保护
C.应最大限度保证系统中非故障部分的继续运行
D.应尽量缩小停电范围

69.船舶电网继电保护的基本要求是互相联系又互相制约的,对于过载保护,主要考虑_____;对于短路保护,主要考虑_____。
A.可靠性;速动性 B.速动性;可靠性
C.可靠性;可靠性 D.速动性;速动性

70.为了保证船舶电网最大范围地连续供电,电网各级短路保护电器的动作值整定原则是:朝发电机方向逐级加大,即所谓的"_____"原则。
A.自动分级卸载装置 B.反时限
C.选择性 D.灵敏性

71.为了保证船舶最大范围连续供电,电网从发电机到负载的电流整定、时间整定的原则是_____,这样体现继电保护的"_____"原则。
A.电流整定值逐级增大,时间逐渐增大;选择性
B.电流整定值逐级减小,时间逐渐减小;选择性
C.电流整定值逐级减小,时间逐渐减小;可靠性
D.电流整定值逐级减小,时间逐渐增大;速动性

72.船舶电网需要的保护有_____。
A.短路、缺相、过载、欠压保护 B.短路、过载、欠压、逆功率保护
C.短路、欠压、单相接地、接岸电断相保护 D.短路、过载、单相接地、接岸电断相保护

73.船舶电站的保护一般不包括_____。
A.船舶发电机保护 B.甲板机械保护
C.船舶变压器保护 D.船舶电动机保护

74. 同步发电机的欠压保护主要是实现对_____的保护。
    A. 发电机主开关   B. 主配电板
    C. 发电机和运行的电动机   D. 所有负载

75. 船舶发电机应设的保护主要是_____保护。
    A. 过载、欠压、逆功率、外部短路   B. 过载、超速、逆功率、短路
    C. 过载、欠压、逆功率、欠频   D. 滑油压力低、欠压、逆功率、短路

76. 船舶发电机逆功率状态运行是指这台_____。
    A. 发电机向负载供电   B. 发电机向电网提供无功功率
    C. 发电机向电网提供有功功率   D. 发电机从电网吸收有功功率

77. 根据我国《钢质海船入级规范》规定,船舶柴油发电机逆功率保护整定值为_____。
    A. $(5\%\sim8\%)P_N$ B. $(5\%\sim10\%)P_N$
    C. $(8\%\sim15\%)P_N$ D. $(15\%\sim20\%)P_N$

78. 并联运行的船舶同步发电机不需设置的保护是_____保护。
    A. 短路   B. 过载
    C. 逆功   D. 逆序

79. 应急发电机不需设置的保护是_____保护。
    A. 过载   B. 短路
    C. 逆功率   D. 欠压

80. 自动分级卸载的根本目的是_____。
    A. 避免发电机烧毁   B. 保证主要负载连续供电
    C. 保证次要附属设备安全   D. 减少运行机组台数

81. 对于逆功率保护,下列说法错误的是_____。
    A. 同步发电机不需要并联运行时,不必设置逆功率保护
    B. 逆功率保护是对并联运行的发电机组,避免出现电动机运行状态
    C. 船舶发电机的逆功率保护通常是有延时的,且逆功率越大延时越短
    D. 为了防止并联运行发电机变为电动机运行,加重正常运行发电机组的负担,逆功率保护应瞬时动作

82. 单台同步发电机运行时跳闸原因不可能是_____动作。
    A. 短路保护   B. 失压保护
    C. 过载保护   D. 逆功保护

83. 关于船舶同步发电机的保护内容及要求,叙述正确的是_____。
    A. 自动分级卸载是属发电机逆功保护的一种形式
    B. 自动分级卸载是属发电机短路保护的一种形式
    C. 实船上一般特大短路瞬时保护的起动电流整定为2~2.5倍的发电机额定电流
    D. 实船上一般特大短路瞬时保护的起动电流整定为5~10倍的发电机额定电流

84. 下列主发电柴油机组的操作方式中,优先等级最高的是_____。
    A. "机旁"   B. "遥控"
    C. "遥控-手动"   D. "遥控-自动"

85. 在船舶自动化电站中,若纳入重载询问功能控制的电动机的功率用 P_m,各运行发电机的功率余量(剩余功率)总和用 P_s 表示,则_____。
   A.允许起动电动机前,当 $P_s \geq P_m$ 时应发"增机"指令,起动备用机组
   B.电动机停止后,当 $P_s \geq P_m$ 时应发"停机"指令
   C.允许起动电动机前,当 $P_s < P_m$ 时应发"增机"指令
   D.起动电动机前,当 $P_s < P_m$ 时应发"停机"指令

86. 船舶自动电站备用机组在备机状态下,_____应处于自动工作状态。
   A.滑油预润滑   B.电瓶预充电
   C.调压器预调节   D.调速器预调整

87. 自动电站中备用机组进入"备好"状态的条件不包括_____。
   A.预热   B.预润滑
   C.预点火   D.无阻塞

88. 当两台及以上发电机组并联运行,_____时,船舶自动电站系统不会发出解列信号。
   A.电网负荷降到很低   B.运行机组之一冷却水出口温度高
   C.运行机组之一滑油压力低   D.备用发电机组手动起动

89. 船舶自动电站系统在发出解列信号后,控制_____。
   A.自动调频调载装置将待停发电机组的负载转移给其他运行发电机组后,再将该机 ACB 分闸
   B.自动电压调节装置将待停发电机组的电流转移给其他运行发电机组后,再将该机 ACB 分闸
   C.待停发电机组的电子调速器减小油门直至负载为 0,再将该机 ACB 分闸
   D.待停发电机组的电子调压器减小电流直至为 0,再将该机 ACB 分闸

90. 船舶自动电站在解列指令发出后,通过_____将待停发电机组的负载转移给其他运行发电机组后,再将该机 ACB 分闸。
   A.自动调频调载装置   B.调速器
   C.调压器   D.调速器和调压器

91. 有重载询问的船舶自动电站系统中,在大功率负荷起动箱上,按下起动按钮后,_____。
   A.可以先起动,然后根据负载大小起动备用发电机组
   B.不可以起动,必须先起动备用发电机组后再起动
   C.视当前发电机组的功率余量,如果足够,则可立即起动
   D.视当前发电机组的功率余量,如果不够,则采取软起动方式起动

92. 船舶自动电站的重载起动询问信号的处理中,不包括_____。
   A.模拟运算实际负载与发电机功率余量   B.起动负载限定
   C.发电机过载保护设定   D.起动询问的功率值计算

93. 在电站中有三台机组的情况下,需要增机情况大约有以下几种,但下面_____不是需要增机的理由。
   A.单机正常运行,负荷 50%以上
   B.单机运行不正常

C. 单机运行有重载请求

D. 单机运行,突然跳闸,电网失电,起动下一台

94. 自动电站中对于备用机组的起动必须安排一个顺序,_____。

   A. 三台发电机组的自动电站按 1-2-3-1 的次序

   B. 自动电站按运行时间自行设定

   C. 默认固定顺序或手动设定顺序

   D. 按发电机历史故障次数设定

95. 船舶使用轴带发电机,主要原因是_____。

   A. 节能   B. 船舶电站稳定性

   C. 控制系统简单可靠   D. 初投资费用少

96. 关于轴带发电机系统中的同步补偿机(调相机)作用,说法错误的是_____。

   A. 提供负载所需的无功功率   B. 正常运行时相当于感性负载

   C. 改善电网功率因数   D. 维持系统电压稳定

97. 轴带发电机系统中同步补偿机正常运行时向电网输送_____。

   A. 有功功率和无功功率   B. 有功功率

   C. 无功功率   D. 处于浮联,零功率状态

98. 对于船舶轴带发电机,说法错误的是_____。

   A. 充分利用主机的功率储备裕量,实现节能

   B. 轴带发电机可降低发电成本

   C. 轴带发电机系统控制环节多,管理技术复杂

   D. 轴带发电机系统可以不设副机柴油发电机,减少了机舱的噪声和热源

99. 某船舶处于轴带发电机单独向全船供电状态,现要进港靠码头,主机需要进行减速及倒车操纵;应_____。

   A. 先切除轴带发电机,再起动柴油发电机组

   B. 直接切除轴带发电机即可

   C. 继续由轴带发电机供电

   D. 先起动柴油发电机组,并车、转移负荷后切除轴带发电机

100. 对于电力推动船舶,当电源管理系统 PMS 中的某台发电机组出现严重故障,造成功率供给不足时,系统应_____。

   A. 立即停机

   B. 快速减载至安全负载

   C. 先停止推进装置,待备用机组起动运行后再恢复推进负荷

   D. 自动脱开所有与推进无关的负载,先保证推进负荷

101. 在综合电力推进船舶中,PMS 最重要的功能是在任何时候都能提供足够的电能。所以在电力推进高转速大功率输出动作前,PMS 系统应_____,否则应先限制电力推进的功率输出。

   A. 起动所有备用发电机组以满足负载的需要

B.合理分配运行机组的有功功率

C.根据负载需要起动合理数量的备用发电机组以满足负载的需要

D.分级卸载不重要的负载以满足电力推进的需要

102.为确保系统供电连续性及能量的稳定平衡,船舶功率管理系统(PMS)有效地将电站综合保护、_____等进行综合考虑。

A.配电系统自动化、电网可用功率输出

B.重载起动询问、电网可用功率输出

C.重载起动询问、电网可用功率输入

D.配电系统自动化、电网可用功率输入

103.关于电力推进船舶的控制功能模块,说法错误的是_____。

A.包括电源管理、船舶管理

B.包括推进和动态定位、辅助控制

C.每个控制模块可分为上层操纵控制和下层接口设备两个层面

D.每个模块内部包含许多个彼此独立的自动控制系统

104.PMS 监控管理的主要用电设备不包括_____。

A.推进装置   B.侧推装置

C.日用变压器   D. VDR 电源装置

105.PPU 单元是现代船舶电站中常用的模块化发电机并车及保护装置,其输入的模拟量信号中不包括的是_____。

A.船舶电网电压

B.被控发电机的电压

C.被控发电机的电流(经电流互感器)

D.与被控发电机的功率成正比的直流电压量

106.发电机并联运行控制器及保护单元 GPC/PPU(DEIF)具有检测发电机及电网电压、电流信号的功能,检测到的电压、电流信号_____。

A.仅用于显示功能   B.仅用于保护功能

C.用于显示、保护等功能 D.用于显示、打印功能

107.发电机并联运行控制器及保护单元 GPC/PPU(DEIF)具有检测发电机及电网_____。

A.电压、电流信号的功能 B.压力、电流信号的功能

C.温度、电流信号的功能 D.温度、压力信号的功能

108.如图所示发电机的并车与保护单元 PPU 外部有关接线,其中 38 号是公共端子,而 37、39 号端子的作用是_____。

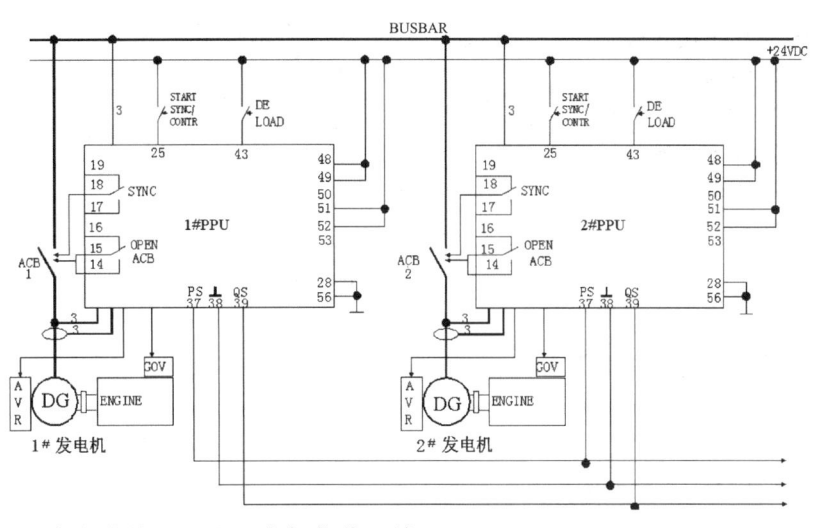

A. 37 是有功功率负荷线, 39 是无功负荷分配线

B. 37 是无功功率负荷线, 39 是有功负荷分配线

C. 37 和 39 构成一对通信线

D. 37 和 39 是均压线

109. 如图为 PPU 测量发电机的各种参数的外部接线图, 其中接线端子 14~18 所接的信号是_____。

A. 发电机三相电流经过三个电流互感器转换的电流信号

B. 发电机三相电压信号

C. 电网三相电压信号

D. 控制主开关分闸、合闸动作的控制信号

110. 如图所示 PPU 接线图中, 电压检测及核心控制板相连的接线端子 73~89, 为了检测电压, 端子 85、87、89 _____。

A. 通过熔断器连接到汇流排

B. 连接到电流互感器的二次侧

C. 连接到电压互感器的二次侧

D. 允许的电压在 100 V 以内

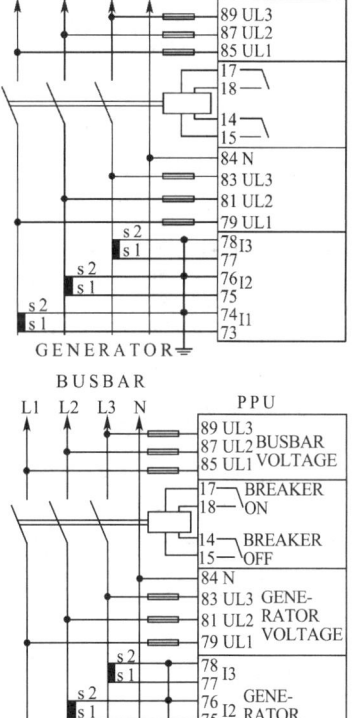

111. PPU 单元是现代船舶电站中常用的模块化发电机并车及保护装置, 其功能中一般不包括的是_____。

A. 发电机的自动并车及解列控制

B. 并联运行发电机的自动有功功率分配及频率调整

C. 发电机的逆功率保护

D. 船舶电网的绝缘监测和报警

112. 理想准同步并车的条件不包括_____。

A. 电压相等 B. 频率相等

C. 相序一致 D. 功率因数相同

113. 同步表的作用是检测_____。

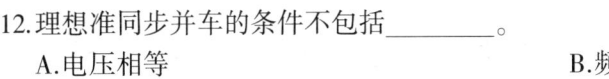

A.电压差与频率差　　　　　　　　B.电流差与相位差

C.频率差与相位差　　　　　　　　D.功率因数与频率

114.并联运行时,有功功率分配不均的原因可能是_____。

A.调速器特性不一致　　　　　　　B.调压器故障

C.电缆阻抗差异　　　　　　　　　D.负载类型不同

115.频差允许范围通常为额定频率的_____。

A.±1%　　　　　　　　　　　　　B.±5%

C.±10%　　　　　　　　　　　　D.±15%

116.逆功率保护的延时时间通常为_____。

A.0.1~0.5 s　　　　　　　　　　　B.1~3 s

C.3~10 s　　　　　　　　　　　　D.10~20 s

117.负载转移操作时,需调整的参数是_____。

A.励磁电流　　　　　　　　　　　B.油门开度

C.电压幅值　　　　　　　　　　　D.相序

118.自动调频调载装置的作用是_____。

A.仅调节频率　　　　　　　　　　B.仅分配有功功率

C.调节频率和有功功率分配　　　　D.调节无功功率

119.轴带发电机与柴油发电机并联时,通常采用_____。

A.主调发电机法　　　　　　　　　B.虚有差调节法

C.恒流调节法　　　　　　　　　　D.手动调节法

120.在进行船舶灯光明暗法并车操作时,若观察到并联灯泡亮度逐渐变暗,这可能意味着_____。

A.待并发电机的频率正在逐渐降低　B.电网的频率正在逐渐升高

C.两台发电机的相位差正在减小　　D.并联电路中的电阻逐渐增大

121.灯光明暗法并车时,三个同步指示灯的连接方式为_____。

A.三相均接同相电压　　　　　　　B.两相接交叉线电压,一相接同相电压

C.三相均接交叉线电压　　　　　　D.仅单相接入电网

122.利用灯光旋转法并车操作中,调整待并发电机频率的最佳参考依据是_____。

A.电压表读数　　　　　　　　　　B.同步指示灯的旋转速度

C.电流表波动　　　　　　　　　　D.功率因数表数值

123.利用灯光旋转法并车操作中,同步合闸的正确操作时机是_____。

A.灯光旋转至任意位置时

B.上面灯泡熄灭、下面两个灯泡同等亮度,且灯泡旋转一周的周期为3~5 s

C.上面灯泡灯光最亮时

D.三个灯泡灯光完全熄灭时

124.同步表法并车操作中,若合闸后主开关又立即跳闸,首先应排查_____。

A.发电机励磁电流　　　　　　　　B.相位差是否在允许范围内

C.电缆截面积　　　　　　　　　　D.负载功率因数

第五章 发电机和配电系统的操作

125.同步表法并车操作,合闸成功后,同步表应处于_____状态。
　　A.指针快速旋转　　　　　　　　　　B.指针静止在12点钟方向
　　C.指针周期性摆动　　　　　　　　　D.指针指向6点钟方向

126.在船舶同步表法并车操作中,如果同步表指针逆时针方向旋转,以下哪项操作是正确的？_____。
　　A.增大待并发电机的频率　　　　　　B.减小待并发电机的频率
　　C.调整待并发电机的电压　　　　　　D.无须调整,直接进行并车操作

127.船舶上,当一台发电机承担全部负载并计划进行维护时,功率转移的正确步骤是_____。
　　A.起动备用发电机 → 并车操作 → 转移负载 → 解列待维护发电机
　　B.解列待维护发电机 → 起动备用发电机 → 并车操作 → 转移负载
　　C.起动备用发电机 → 转移负载 → 并车操作 → 解列待维护发电机
　　D.直接断开待维护发电机,将所有负载转移至备用发电机

128.功率转移过程中,若某台发电机出现"逆功率"现象,应立即_____。
　　A.增大该机组的励磁电流　　　　　　B.增大该机组的原动机油门
　　C.提高电网电压设定值　　　　　　　D.切断所有负载

129.将一台发电机退出并联运行的正确操作顺序是_____。
　　A.直接分闸,无须调整负载
　　B.转移负载至其他机组→卸载至额定功率的5%～10%→分闸
　　C.先断开励磁再分闸
　　D.仅需关闭原动机燃油阀

120.PPU单元是可实现发电机的逆功率保护以取代传统的逆功率继电器,其作用原理是_____。
　　A.根据外接的发电机功率变送器输入的模拟量信号
　　B.根据外接的逆功率继电器输入的开关量信号
　　C.根据输入的发电机电流及电压信号,经PPU测量计算获得功率值并与逆功保护值进行比较
　　D.根据主配电板发电机功率表的指针带动触点动作

131.PPU控制器作为船舶电站的核心控制单元,可以实现_____。
　　A.船舶同步电动机自动并车操作及船舶电站的自动化管理
　　B.船舶同步电动机自动并车操作及船舶机舱的自动化管理
　　C.船舶同步发电机自动并车操作及船舶电站的自动化管理
　　D.船舶同步发电机自动并车操作及船舶机舱的自动化管理

132.发电机并联运行控制及保护单元本身可以监视_____;常与PLC结合在一起使用,实现故障工况下的非重要负荷分级卸载或发电机主开关延时跳闸。
　　A.短路故障、过电流、缺相、逆相序　　B.短路故障、过电流、过载、逆功率
　　C.过电流、过载、缺相、逆功率　　　　D.过载、逆功率、缺相、逆相序

133.PPU控制器主要的控制功能有_____。
　　①自动同步并车;②功率和频率控制;③发电机起动;④保护及显示;⑤手动准同步并车

A.①③⑤ B.①③④
C.①②④ D.②③⑤

134.对于具有自动电力管理系统的船舶电站,在电网运行机组的台数是按_____进行管理的。
A.预先设定程序 B.自动控制系统随机
C.电网负荷大小 D.运行机组功率因数

135.船舶自动电站在运行时备用机组起动后,发出合闸信号后,主开关不能合闸,其原因可能是_____。
A.发电机电压偏低,欠压保护起作用
B.发电机频率偏高,过载保护起作用
C.主开关的失压线圈回路断线失压
D.主开关过流保护起作用

136.船舶电力自动管理系统故障处理模式中,如果发生危害机组的严重故障(如滑油压力低)时,系统应该_____。
A.让主开关跳闸,然后立即停机
B.先报警,延时后退出故障机组
C.仅仅报警,然后分级卸去负载
D.先起动备用机组投入运行,然后退出故障机组

137.PPU 不具有_____功能。
A.发电机的自动并车与解列控制
B.并联运行发电机的有功功率的分配及频率调整
C.发电机的逆功率的保护
D.船舶电网的绝缘监测和报警

138.发电机并车时,按灯光明暗法连接的三个灯不同时明暗,原因是_____。
A.待并机转速太高 B.待并机转速太低
C.发电机转速相等 D.待并机与电网相序不一致

139.关于准同步法发电机并车操作,错误的叙述是_____。
A.为满足频差条件,并车时频差越小越好
B.并车时为避免待并机逆功率,要求同步表指针沿"快"的方向旋转
C.按下合闸按钮时应有适当的提前角
D.并车时等频差周期不得过大或过小

第二节　配电板操作

1._____不属于主配电板的组成部分。
A.主发电机的控制屏 B.应急发电机的控制屏
C.并车屏 D.主发电机的负载屏

2.发电机控制屏上不装_____。
A.频率表 B.电压互感器

C.绝缘指示灯 D.电压调节装置
3.船舶配电板发电机屏上的电流表是测量_____。
   A.发电机的有功电流 B.发电机的无功电流
   C.发电机的线电流 D.发电机的冲击电流
4.应急发电机配电板不安装_____。
   A.电流表及转换开关 B.电压表及转换开关
   C.同步表 D.频率表
5.船舶配电装置的功能包括_____。
①接收和分配电能;②对电源、电网进行保护、监视、测量和控制;③对负载进行保护、监视、测量和控制
   A.① B.②
   C.③ D.①②③
6.船舶配电装置中发电机控制屏的作用是_____。
   A.发电机组的调节、控制、检测和保护 B.主开关的控制和保护
   C.发电机的控制和保护 D.发电机与电网并网运行的控制与保护
7.船舶配电装置的功能是_____。
   A.集中、分配和控制电压 B.集中、分配和控制频率
   C.集中、分配和控制电能 D.集中、分配但无法控制电能
8.对于船舶电站中配电装置,下列说法错误的是_____。
   A.是接收和分配电能的装置
   B.是电源和负载之间导线连接的简单控制
   C.是对电源、电力网、负载进行保护的装置
   D.是对电源、电力网、负载进行测量、监视和控制的装置
9.船舶配电装置是用来接收和分配船舶电能,主要由_____组成。
   A.发电机控制屏、并车屏、负载屏等 B.动力分配电盘、照明分配电盘等
   C.主配电盘、应急配电盘、分配电盘等 D.调节装置、控制装置、检测装置和保护装置
10.用万用表测量交流电压,显示的数值是 254 V,说明_____。
   A.交流电压的最大值是 380 V B.交流电压的平均值为 254 V
   C.交流电压的有效值为 254 V D.交流电压的最大有效值是 360 V
11.主配电盘操作前需确认的条件不包括_____。
   A.发电机电压正常 B.负载已全部断开
   C.同步表指示正常 D.绝缘电阻合格
12.应急配电盘试验时,正确的步骤应是_____。
   A.直接起动应急发电机 B.先断开主电网供电,再起动应急发电机
   C.无须断开主电网 D.仅测试绝缘电阻
13.岸电开关与发电机主开关的联锁目的是_____。

A.防止同时供电 B.优先岸电供电

C.自动切换 D.无特殊要求

14.并车操作中,同步表指针旋转过快表示_____。

A.频差过大 B.相位差过大

C.电压差过大 D.功率因数过低

15.负载屏开关跳闸后,正确的处理步骤是_____。

A.立即合闸 B.检查负载故障,排除后合闸

C.更换熔断器 D.调整整定值

16.主配电盘汇流排短路后的处理顺序是_____。

A.直接检修汇流排 B.断开所有负载,再检修

C.先断开主开关,再排查故障 D.无须停电检修

17.应急发电机手动试验时,工作方式开关应置于_____。

A.自动位 B.试验位

C.手动位 D.断开位

18.船舶主配电板与应急配电板之间的供电关系是_____。

A.两者可以并联供电

B.应急配电板可以向主配电板反供电

C.正常情况下,应急配电板由主配电板供电;主配电板失电时,应急配电板由应急发电机启动供电

D.应急配电板始终由应急发电机供电

19.在接岸电时,如果船舶电站配电屏上的岸电开关准备送电,以下_____步骤比较恰当。

A.直接合上岸电开关一致 B.确认船电的供电相序和岸电的供电相序

C.先启动船上发电机组 D.将所有通信设备断电

20.仪表准确度等级为5.0,对应的基本误差为±_____。

A.1% B.2%

C.4% D.5%

21.船舶常用的电工仪表。根据仪表的工作原理可分为磁电系、电磁系、电动系、感应系、整流系、静电系、热电系及电子系等。而模拟式万用表表头通常采用高灵敏度_____的仪表。

A.磁电系 B.电动系

C.电磁系 D.感应系

22.下列关于主配电板的说法错误的是_____。

A.主配电板一般安装在机舱平台上的控制室内

B.每一屏的盘面上均装有各种必备的开关、控制电器和测量电表

C.可以多台发电机公用一个控制屏

D.发电机控制屏是用来控制、调节、监视和保护发电机组的

23.关于船舶应急电源基本要求,叙述正确的是_____。

A.一旦主电源恢复供电,应急发电机组便自动脱离电网

B.一旦主电源恢复供电,应急发电机组必须人工控制脱离电网

C.应急电网平时不供电,只有在主发电机发生故障时才由应急发电机组供电

D.当主电网失电后,应急发电机应能在60 s内完成自动起动,应急发电机开关自动合闸向全船应急电网供电

24.对于设立大应急、小应急电源的船舶,大应急采用_____实现,小应急采用_____实现。

　A.发电机组;发电机组　　　　　　　B.蓄电池组;蓄电池组

　C.发电机组;蓄电池组　　　　　　　D.蓄电池组;发电机组

25.航行灯的供电要求规定每个航行灯都_____供电。

　A.统一由一路　　　　　　　　　　　B.由主配电板和应急配电板两路

　C.由主配电板和临时应急配电板两路　D.由应急配电板和临时应急配电板两路

26.船舶所接岸电为三相四线制通常要考虑_____。

　A.额定功率大小　　　　　　　　　　B.岸电中性线接船体

　C.额定电流大小　　　　　　　　　　D.功率因数大小

27.用作岸电开关的自动空气断路器不能完成的保护是_____保护。

　A.逆功率　　　　　　　　　　　　　B.短路

　C.过载　　　　　　　　　　　　　　D.失压

28.为把从岸上或其他外来的电源接入船内,船上均装有_____,能方便地与外来电源的电缆连接。

　A.磁力起动器箱　　　　　　　　　　B.岸电箱

　C.蓄电池箱　　　　　　　　　　　　D.电容器箱

29.检查岸电相序与船上电网相序是否一致,一般采用船上的岸电箱内均有的_____,当显示相序正确时才能接岸电。

　A.绝缘指示灯或电压继电器　　　　　B.相序指示灯或逆序继电器

　C.绝缘指示灯或正序继电器　　　　　D.照明指示灯或绝缘表

第一节　发电机的并联、负荷分配及切换

1.C	2.A	3.D	4.A	5.D	6.D	7.A	8.A	9.A	10.D
11.D	12.C	13.D	14.B	15.C	16.D	17.D	18.D	19.A	20.C
21.B	22.A	23.C	24.A	25.A	26.D	27.C	28.C	29.C	30.B
31.A	32.A	33.C	34.C	35.C	36.A	37.C	38.C	39.A	40.C
41.A	42.C	43.B	44.A	45.C	46.C	47.A	48.A	49.A	50.D

51.B	52.B	53.A	54.B	55.C	56.D	57.C	58.B	59.C	60.D
61.C	62.A	63.C	64.A	65.C	66.A	67.D	68.B	69.A	70.C
71.B	72.D	73.B	74.C	75.A	76.D	77.C	78.D	79.C	80.B
81.D	82.D	83.D	84.A	85.C	86.A	87.C	88.D	89.A	90.A
91.C	92.C	93.A	94.C	95.A	96.B	97.C	98.D	99.D	100.B
101.C	102.B	103.C	104.D	105.D	106.C	107.A	108.A	109.D	110.A
111.D	112.D	113.C	114.A	115.A	116.C	117.B	118.C	119.A	120.C
121.A	122.B	123.B	124.B	125.B	126.A	127.A	128.B	129.B	130.C
131.C	132.B	133.C	134.C	135.C	136.A	137.D	138.D	139.A	

第二节 配电板操作

1.B	2.C	3.C	4.C	5.D	6.A	7.C	8.B	9.C	10.C
11.B	12.B	13.A	14.A	15.B	16.C	17.B	18.C	19.B	20.D
21.A	22.C	23.A	24.C	25.B	26.B	27.A	28.B	29.B	

第六章 船舶高压系统的管理

第一节 高压技术

1. 关于船舶高压电力系统的隔离开关,错误的叙述是_____。
   A.由底座及导电部分、灭弧室及绝缘子、电动和手动操作机构等部分组成
   B.具有可见断开点,即使断路器误合闸也可确保高压电不会被引入维修线路,保证操作人员安全
   C.安装于高压开关柜内,通过其隔离作用确保高压电气设备维护修理操作人员的安全
   D.可将维修线路与汇流排上的高压电完全隔离,确保人员与带高压电部分有足够安全距离,避免电弧触电

2. 高压隔离开关的主要组成部分是_____。
   A.触头、导电部分、灭弧室、操动机构等
   B.底座及导电部分、绝缘子、操动机构、短接铜棒和接地线等
   C.操动机构、真空灭弧室和支撑用的绝缘子等
   D.底座及导电部分、绝缘子、操动机构、六个进出接线端子等

3. 船舶高压电力系统中隔离开关的作用是_____。
   A.在高压电气设备检修中隔离高压,确保操作人员的安全
   B.为了维修操作人员的安全,确保他们接触的线路无残余电荷存在
   C.通过隔离开关,将电力系统中部分设备或线路投入或退出运行
   D.在线路或设备发生故障时快速切除故障部分,保证电网中无故障部分正常运行

4. 关于船舶高压电力系统中的重要设备高压断路器,错误的叙述是_____。
   A.操作电源需要外接,考虑到电网失电时的操作要求,一般系统中配有不间断电源 UPS
   B.为便于断路器检修,多采用非固定式连接并配有移动断路器用的手车
   C.目前使用较多的类型是可靠性高、维护保养相对简便的真空断路器和油断路器
   D.断路器的操作机构需同时具备电动和手动两种操作功能

5. 关于在船舶高压电力系统中应用最广泛的真空断路器,错误的叙述是_____。
   A.利用真空作为触头间的绝缘与灭弧介质
   B.机械和电气寿命都很高,且允许开合额定短路开断电流的次数也多

C. 真空灭弧室内部的触头开距大,绝缘性能好

D. 断路器的操作机构需同时具备电动和手动两种操作功能

6. 船舶电力系统要求高压断路器可靠性高、维护保养简便,常采用的形式是_____。

A. 真空断路器和SF_6断路器

B. 油断路器和压缩空气断路器

C. 油断路器和真空断路器

D. 磁吹断路器和(固体)产气断路器

7. 关于电介质的绝缘老化,错误的叙述是_____。

A. 电介质在长期运行中会发生一些物理和化学变化,进而导致其机械和电气性能发生不可逆劣化的现象

B. 电介质由于绝缘老化,以致最终出现击穿造成绝缘永久失效

C. 固体电介质老化的主要形式是电老化和热老化

D. 固体、液体和气体电介质均存在绝缘老化现象

8. 固体电介质发生的击穿取决于各种外界因素,包括_____。

①电压作用时间;②电场均匀程度;③介质厚度;④电压的种类;⑤电压作用的累积效应;⑥受潮

A. ①②③④   B. ②③⑤⑥

C. ①②③④⑤⑥   D. ②④⑥

9. 在固体电介质击穿的各种形式中,电压作用时间最长的是_____击穿。

A. 电   B. 热

C. 电化学   D. 无法确定

10. 有关船舶中为什么要使用高压电力系统的叙述,下列叙述不正确的是_____。

A. 低压电气设备的造价低,防止人身触电的安全性比高压电力系统高得多

B. 在低压系统中,如果电动机的功率很大,则电流值会很大,绕组的截面积也会很大,但是从工艺角度无法制作,而采用高压系统则可以大大减小绕组的截面积

C. 在低压系统中,极大的线路传输电流会使线路的功率损耗很大,而采用高压系统则可以大大降低线路电流

D. 在低压系统中,发生短路时产生巨大的短路电流,使与之相配的导线和断路器等设备的设计制作变得难以实现

11. 船舶高压电力系统电压等级在_____kV。

A. 1~15   B. 30~66

C. 66~110   D. 0.3~0.6

12. 船舶高压电力系统,属于保护设备的是_____。

A. 发电机   B. 变压器

C. 断路器   D. 电抗器

13. 关于船舶高压电力系统的叙述不正确的是_____。

A. 随着船舶电气设备自动化程度的不断提高,船舶电气负荷急速增加

B. 随着船舶往大型化发展,船舶发电机的功率也随之大幅度增加

C.目前大型船舶电力系统容量设计值已高达 15~20 MVA

D.船舶高压电力系统增加的趋势尚不明显

14.促使船舶采用高压电力系统的主要原因不包括_____。

A.随着船舶电站容量的增大,当船舶电力系统发生短路故障时,短路电流也大幅度增加

B.如果采用低电压等级的电力系统,大幅度增加的短路电流已使目前所能生产出的开关电器与保护装置的断流容量无法满足要求

C.如果输送大功率电能仍采用低电压等级,船舶电缆的截面会很粗,造成电缆的发热量增大、线路传输损耗严重

D.在船舶电缆的选择上,采用低电压等级的优越性最为显著

15.关于船舶高压电力系统的叙述不正确的是_____。

A.保护装置、接地与低压船舶电力系统有很大差别

B.高压变压器、变配电方式与低压船舶电力系统有很大差别

C.主开关型式与低压船舶电力系统无明显差别

D.电缆端头的构造与低压船舶电力系统有很大差别

16.船舶高压断路器的操作机构_____。

A.只具备电动操作功能   B.只具备手动操作功能

C.必须同时具备电动和手动操作功能   D.可以只具备电动或手动操作功能

17.船舶高压配电盘中采用六氟化硫断路器或真空断路器,其最主要的原因是_____。

A.提高隔断的绝缘强度   B.增加分断后的耐压

C.提高接通时的电流   D.减小接通时的接触电阻

18.船舶高压电力系统的真空断路器中的真空是指_____。

A.真空断路器的主要结构都在真空室内

B.真空断路器的主回路的触点系统在真空室内

C.除操作机构以外的器件都在真空室内

D.真空断路器动作时真空室抽真空,正常运行时不用抽真空

19.高压断路器工作时应该能够承受高于额定电压的各种过电压作用,标志这方面性能的参数有_____。

A.激光冲击耐受电压   B.过电流冲击耐受电压

C.分级卸载冲击耐受电压   D.操作冲击耐受电压

20.高压断路器工作时,标志其开断短路故障能力的参数是_____。

A.额定短路开断电压   B.额定开路开断电压

C.额定短路开断电流   D.额定开路开断电流

21.按高压断路器灭弧原理来划分,有油断路器、压缩空气断路器、真空断路器、六氟化硫断路器、磁吹断路器等,常见的船舶高压断路器是_____。

A.油断路器   B.压缩空气断路器

C.真空断路器   D.磁吹断路器

22.在船舶电力系统中,需要进行预充磁的变压器是_____。

A.船舶高压电力系统中连接高压和低压电网的主变压器

B.船舶电力系统中连接低压动力电网和照明电网的照明变压器
C.船舶电力系统中连接低压应急动力电网和应急照明电网的应急照明变压器
D.拖动控制线路中的电机起动变压器

23.为了_____,船舶高压电力系统主变压器往往采用预充磁方式合闸。
　　A.减少冲击电流　　　　　　　　B.加大冲击电流
　　C.增加功率　　　　　　　　　　D.降低电压

24._____属于船舶高压电力系统中主变压器需要预充磁的原因。
　　A.抑制变压器空载合闸时的励磁电压　　B.抑制变压器空载合闸时的励磁涌流
　　C.给变压器建立励磁电压　　　　　　　D.给变压器建立励磁电流

25.船舶高压变压器预充磁通常有两种方式:方式一是高压侧_____充磁;方式二是低压侧_____充磁。
　　A.降压;全压　　　　　　　　　　B.全压;全压
　　C.降压;降压　　　　　　　　　　D.全压;降压

26.为了防止船舶高压电力系统的主变压器合闸时产生的冲击电流影响高压电力系统的稳定性,船舶高压系统采用从低压电网接通一台小型变压器与高压变压器的次级绕组相联的方式,其要求是_____。
　　A.高压汇流排有电,低压汇流排有无电均可　　B.高压汇流排有无电均可,低压汇流排有电
　　C.高压汇流排无电,低压汇流排有无电均可　　D.高压汇流排有电,低压汇流排有电

27.图示为高压变压器预充磁电路,其中变压器T2是_____。

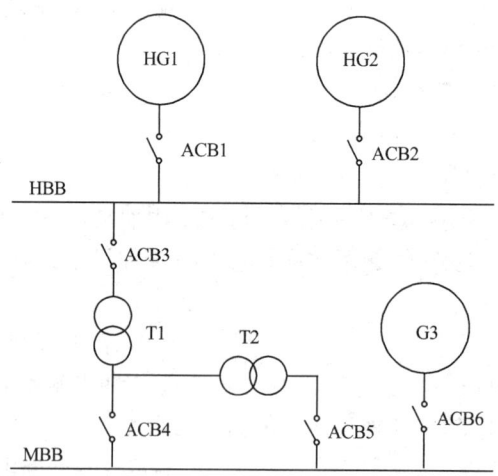

　　A.1∶1的变比　　　　　　　　　　B.变比是高压∶低压
　　C.△/Y接法　　　　　　　　　　　D.Y/△接法

28.下列负载中不可能采用高压供电的是_____。
　　A.吊舱式电力推进器　　　　　　　B.侧推器
　　C.舵机　　　　　　　　　　　　　D.压载泵

29.船舶高压配电盘每屏顶部的泄放通道存在的目的是_____。
　　A.泄放故障电流

B.降低短路电流带来的温升
C.泄放掉故障电弧产生的有害气体和金属离子
D.排水

30.船舶高压电力系统的绝缘材料中,一般_____电介质用得较少。
A.固体　　　　　　　　　　　　B.液体
C.气体　　　　　　　　　　　　D.多层复合

31.船舶高压电力系统常用在绝缘介质中,临界电场强度 E_0 最高的是_____。
A.空气　　　　　　　　　　　　B.四氯化碳
C.六氟化硫　　　　　　　　　　D.环氧树脂浇注品

32.在以下气体放电形式中,_____放电电流密度最大、过程最剧烈且具有短路性质。
A.电晕　　　　　　　　　　　　B.辉光
C.火花　　　　　　　　　　　　D.电弧

33.影响气体放电的主要因素有_____。
①气体种类;②气体压力;③气隙极间距离;④电场分布均匀程度
A.①②③④　　　　　　　　　　B.①②④
C.②③④　　　　　　　　　　　D.①③

34.气体间隙中的电场极不均匀,当放电由非自持转入自持时,在曲率半径较小的电极表面出现蓝紫色发光层,并伴有"嗞嗞"放电声和臭氧味道,该现象是_____放电。
A.辉光　　　　　　　　　　　　B.电晕
C.火花　　　　　　　　　　　　D.电弧

35.关于提高气体间隙击穿电压的措施,错误的叙述是_____。
A.改善电极形状及消除边缘毛刺,以优化电场分布
B.缩小电极的曲率半径,以降低局部电场强度
C.采用高真空
D.采用高电气强度的气体

36.在外电场作用下,固体电介质表面出现既不能离开电介质到其他带电体,也不能在电介质内部自由移动的束缚电荷,该现象称为_____。
A.电离　　　　　　　　　　　　B.击穿
C.极化　　　　　　　　　　　　D.游离

37.电介质吸收水分后,由于水分能_____夹层式极化作用,使其相对介电常数 ε_r _____,因此通过测量材料的 ε_r,就能判断电介质的受潮程度。
A.增强;增大　　　　　　　　　B.减弱;减小
C.增强;减小　　　　　　　　　D.减弱;增大

38.固体电介质击穿的形式中,不包括_____击穿。
A.电　　　　　　　　　　　　　B.热
C.电化学　　　　　　　　　　　D.老化

第二节　船舶高压系统的相关要求

1. 不允许用湿手接触电气设备,主要原因是防止_____。
   A.造成电气设备的锈蚀　　　　　　　B.损坏电气设备的绝缘
   C.触电事故　　　　　　　　　　　　D.损坏电气设备的防护层
2. 按照我国对安全电压的分类,在潮湿、有腐蚀性蒸气或游离物等的场合,安全电压为_____。
   A.65 V　　　　　　　　　　　　　　B.12 V
   C.24 V　　　　　　　　　　　　　　D.36 V
3. 按照我国对安全电压的分类,露天铁甲板环境,安全电压为_____。
   A.65 V　　　　　　　　　　　　　　B.12 V
   C.24 V　　　　　　　　　　　　　　D.36 V
4. 国际上通用的可允许接触的安全电压分为三种情况,其中人体显著淋湿或经常接触电气设备的金属壳体时的安全电压为_____V。
   A.小于 65　　　　　　　　　　　　　B.小于 50
   C.小于 25　　　　　　　　　　　　　D.小于 2.5
5. 当发现有人触电而不能自行摆脱时,不可采用的急救措施是_____。
   A.就近拉断触电的电源开关
   B.用手或身体其他部位直接救助触电者
   C.用绝缘的物品与触电者隔离进行救助
   D.拿掉熔断器切断触电电源
6. 在进行电气设备安装或维修操作时,为了防止触电事故的发生,叙述错误的是_____。
   A.进行电气设备的安装或维修操作时,要严格遵守停电操作的规定
   B.必须在安装或维修设备的供电开关上悬挂"正在检修,禁止合闸!"的警告牌
   C.在带电部位邻近处进行安装或维修设备时,必须保证有可靠的安全距离
   D.预先与值班人员约定被安装或维修电气设备的送电时间
7. 一般 3.3 kV 属于_____。
   A.船舶低压电力系统电压等级范围内的电压值
   B.船舶安全用电范围内的电压值
   C.船舶生活用电电压值
   D.船舶高压电力系统电压等级范围内的电压值
8. 中国船级社规定船舶高压电力系统最高额定电压应不超过_____。
   A.6.6 kV　　　　　　　　　　　　　B.15 kV
   C.110 kV　　　　　　　　　　　　　D.500 V
9. 触电是指_____对人体产生的生理和病理的伤害。
   A.电流　　　　　　　　　　　　　　B.电压

C.电流和电压 D.电荷

10.人身触电致命电流的大小是_____。
   A.1 mA B.10 mA
   C.20 mA D.50 mA

11.高压触电对人体的伤害非常严重,高压触电分为高压电弧和_____触电,因此为了安全,不要_____高压带电体。
   A.跨步电压;触碰 B.静电;触碰
   C.跨步电压;接近 D.静电;接近

12.人体发生跨步电压触电时,作用于人体的电压是_____。
   A.线电压 B.相电压
   C.接触电压 D.两脚之间的电位差

13.跨步电压触电属于_____。
   A.单相触电 B.直接接触触电
   C.两相触电 D.间接接触触电

14.发生跨步电压触电的原因为_____。
   A.当人体两脚跨入触地点附近时,在前后两脚之间便存在电位差,此即跨步电压,由此而造成触电
   B.人体同时触及任意两相带电体的触电方式
   C.人体站在地面或其他接地体上的触电方式
   D.人体的某一部位触及电气装置的任一相所引起的触电

15.关于触电电流对人体的危害的说法中不正确的是_____。
   A.电流越大,伤害也越大
   B.时间越短,危害越大
   C.工频电流对人体的伤害程度最为严重
   D.直流电一般引起电伤,而交流电则电击、电伤两者都产生

16.在停电检修时,应该在隔离开关道闸处悬挂_____标示牌。

A.

B.

C.

D.

17. 在工作地点或检修的配电设备上悬挂_____标示牌。

A.

B.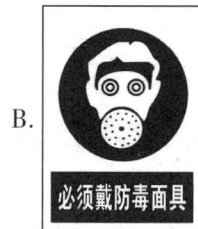

C.

D.

18. 触电急救应分秒必争,一经明确心跳、呼吸停止的,立即就地迅速用_____进行抢救,并坚持不断地进行,同时及早与医疗急救中心(医疗部门)联系,争取医务人员接替救治。

A. 心脏按压法　　　　　　　　B. 口对口呼吸法

C. 口对鼻呼吸法　　　　　　　D. 心肺复苏法

19. 紧急救护时,发现伤员意识不清,瞳孔扩大无反应,呼吸、心跳停止时,应立即在现场就地抢救,用_____支持呼吸和循环,对脑、心重要脏器供氧。

A. 心脏按压法　　　　　　　　B. 口对口呼吸法

C. 口对鼻呼吸法　　　　　　　D. 心肺复苏法

20. 由于手持式电工工具在使用时是移动的,其电源线易受到拖拉、磨损而碰壳或脱落导致设备金属外壳带电,导致_____。

①断电事故;②触电事故;③短路事故

A. ①　　　　　　　　　　　　B. ②

C. ③　　　　　　　　　　　　D. ①②③

21. 在生产和生活中,静电经常出现,其中,最大的危害是引发爆炸或_____。

A. 使人触电死亡　　　　　　　B. 使电气设备失控

C. 引发火灾　　　　　　　　　D. 给电气设备充电

22. 关于高压电压互感器,错误的叙述是_____。

A. 把高电压变成标准的 100 V 电压

B. 使用中要确保二次侧不能短路

C. 多采用三相三线制连接,或两个单相的 V 型连接

D. 放置在高压开关柜的测量仪表隔室中

23. 关于高压电流互感器,错误的叙述是_____。

A. 把大电流变成标准的 5 A 或 1 A 电流

B.使用中要确保二次侧不能开路

C.其外壳需要可靠地接地

D.放置在高压开关柜的测量仪表隔室中

24.只有接地开关闭合后,才能打开某发电机控制屏高压隔室的门,而闭合接地开关的条件中不包括_____。

A.高压发电机已经灭磁 B.真空断路器已经分闸

C.断路器本体已拉出,与主母排脱开 D.隔离开关已经断开

25.船舶高压电力系统中一般不需要单独设置隔离开关,其原因是_____。

A.船舶高压断路器多采用抽屉式,分闸后可将开关本体沿导轨拉出

B.船舶高压电力系统电压一般低于15 kV,值较低不需设置

C.船舶高压开关柜有完善的五防措施,可确保高压隔室开启时均无高电压

D.系统中已经设置了接地开关,起到了安全保护作用

26.永磁操作机构是高压断路器的一种新型操作机构,它一般是由_____驱动,_____锁扣并由_____储能。

A.永久磁体;永久磁体;弹簧 B.电磁铁;永久磁体;弹簧

C.电磁铁;电磁铁;电容 D.电磁铁;永久磁体;电容

27.高压断路器的操作机构用于断路器的合、分闸和储能操作,按照其驱动能源可分为_____机构。

A.手动、弹簧、电磁、电动液压和永磁操作 B.合闸、维持和跳闸机构

C.手动、电磁铁和电动机操作 D.杠杆、摇柄和摇臂

28.船舶高压电力系统主开关柜中的母线(汇流排)应_____。

A.至少分成两个独立的分段,之间设有断路器或其他隔离设备

B.采用单主配电板系统时,可只设一段母线

C.如设两个主配电板且两者的母线由电缆连接,应在该电缆的一端设断路器

D.多母线系统的每段母线上均连接负载,可不连接发电机

29.船舶高压主配电屏应至少分为2个独立的分段,如采用2个独立的配电屏并由电缆进行连接时,则该连接电缆_____。

A.两端均设置断路器 B.某一端设置断路器

C.直接连接两配电屏 D.某一端设置隔离开关

30.船舶高压电力系统采用2个独立的主配电屏并由电缆进行连接时,则应在两边均设置_____。

A.母联开关屏 B.并车屏

C.高压负载屏 D.高压变压器屏

31.当主配电板内两段母线(汇流排)之间的连接断路器分闸且两侧都有电流时,应该_____进行连接。

A.通过两段母线的准同步并车 B.先切断一段母线的电源

C.无法 D.通过限流电抗器

32. 船舶高压电力系统对主配电板母线分段的要求是_____。
    A.单配电板系统的母线可以不分段,即采用单汇流排的形式
    B.互为备用的双套设备供电可以连接在同一分段上
    C.双主配电板且两者母线由电缆连接时,应同时在该电缆的两端设断路器
    D.分段连接断路器可以采用无灭弧能力的高压隔离开关形式

33. 船舶高压开关柜的组成中不包括_____。
    A.母线分段屏   B.侧推器馈电屏
    C.岸电接收屏   D.照明负载馈电屏

34. 在船舶主配电板中,岸电接收屏的功能是_____。
    A.高压岸电的转换、监测、报警和保护
    B.低压岸电的转换、监测、报警和保护
    C.高压岸电的相序判别、转换、监测和报警
    D.低压岸电的相序判别、转换、监测和报警

35. 关于高压电力系统馈电线,错误的叙述是_____。
    A.重要负载馈电线可采用环形连接,提高供电可靠性
    B.主配电板馈电线至少分为两段,之间设隔离开关,该开关不允许在带电状态下合分闸
    C.中性点接地系统的接地故障电流应不大于该段馈电线上最大发电机的满载电流
    D.中性点接地系统中,主配电板中的每一段馈电线都应将中性点与船体相连

36. 船舶高压电力系统电压等级高,对可靠性和安全性的要求也高,其不同于低压系统的保护形式有_____。
    A.纵联差动保护、定子绕组零序电压保护、转子接地保护
    B.过载保护、外部短路保护、失欠压保护、逆功率保护
    C.超频保护、欠频保护
    D.超压保护、欠压保护

37. 船舶高压发电机的短路保护需正确区分发电机内、外故障,对内部短路故障采取的保护动作是_____。
    A.发电机主开关跳闸   B.分级卸载
    C.发电机灭磁   D.仅发出故障报警

38. 现代化的船舶高压开关柜常采用模块化的保护继电器进行电弧光故障保护,关于该电弧光保护装置,错误的叙述是_____。
    A.对弧光故障要提供一个非常快速的断路器跳闸保护,一般会在7 ms之内发出跳闸命令
    B.该保护继电器需要配备弧光传感器,通过该传感器进行电弧光故障检测
    C.该保护继电器还具有短路、接地故障、过负荷、电压过高/过低等保护功能
    D.作为一种高压电力系统的综合保护装置,其电路采用继电-接触器的形式

39. 电力系统中出现危及绝缘的电压异常升高称为过电压,船舶高压电力系统需要防护的过电压形式一般不包括_____过电压。
    A.工频   B.谐振

C.雷击　　　　　　　　　　　　　D.操作

40.船舶高压电力系统过电压防护的重点是_____过电压。
A.工频　　　　　　　　　　　　　B.谐振
C.雷击　　　　　　　　　　　　　D.操作

41.船舶高压电力系统产生操作过电压的主要原因是_____。
A.中性点不接地系统发生单相接地,全相的对地电压升高至$\sqrt{3}$倍
B.高压电力系统元件的线性谐振、铁磁谐振或参数谐振等
C.电路中电容、电感等储能元件由于工作状态发生突变,而产生暂态过电压
D.高压电力系统外部的雷电被引入而引起

42.关于船舶高压电力系统操作过电压的保护措施,错误的叙述是_____。
A.采用氧化锌避雷器作为操作过电压保护装置
B.采用阻容吸收装置
C.综合分析绝缘系统配合,合理确定输电线路和电气设备的绝缘水平
D.电力系统采用中性点接地,降低单相接地故障时另两相的对地电压

43.船用低压发电机的单机容量一般不超过_____MW,若超出应选用高压发电机。
A.1.5　　　　　　　　　　　　　B.0.8
C.3　　　　　　　　　　　　　　D.0.4

44.选择船用电动机是否采用高压电力标准的传统功率值分界点是_____kW,现代大型集装箱船侧推器电动机功率远超此值,故均采用高压电动机。
A.450　　　　　　　　　　　　　B.800
C.1 500　　　　　　　　　　　　D.3 000

45.在船舶高压配电系统中,主配电盘至少应分成一个独立的分段,且这些分段之间应通过_____设备分隔开。
A.一个熔断器　　　　　　　　　　B.两个断路器或其他合适的隔离设备
C.任意数量隔离开关　　　　　　　D.两个电阻器

46.在高压中性点接地的系统中,主配电盘每个独立分段的中性点应_____。
A.所有分段共用一条中性线与船体连接　　B.每个分段的中性点单独与船体连接
C.仅其中一个分段的中性点接地　　　　　D.通过变压器隔离中性点

47.促进船舶采用高压电力系统的主要原因,错误的叙述是_____。
A.船舶低压工频发电机的设计容量已达上限
B.船舶发电机开关电器与保护装置的断流容量已无法满足要求
C.输送低电压等级的大功率电能所需船舶电缆截面过大
D.高压电气设备技术先进,维护保养工作较少

48.在船舶高压开关柜中,高压断路器和接触器的控制电源一般采用_____供电。
A.高压直接　　　　　　　　　　　B.高压经降压变压器
C.不间断电源 UPS　　　　　　　　D.船舶应急配电板

49. 进行高压发电机的同步并车操作,最佳的方式是_____操作。
   A.高压同步屏手动　　　　　　　　　B.高压同步屏自动
   C.高压发电机侧机旁　　　　　　　　D.集控台 PMS 远程自控

50. AMP 等高压岸电系统在现代大型集装箱船上应用越来越广泛,其主要目的是_____。
   A.船舶坞修　　　　　　　　　　　　B.节能环保
   C.提高负荷　　　　　　　　　　　　D.供电安全可靠

51. 在下图中:

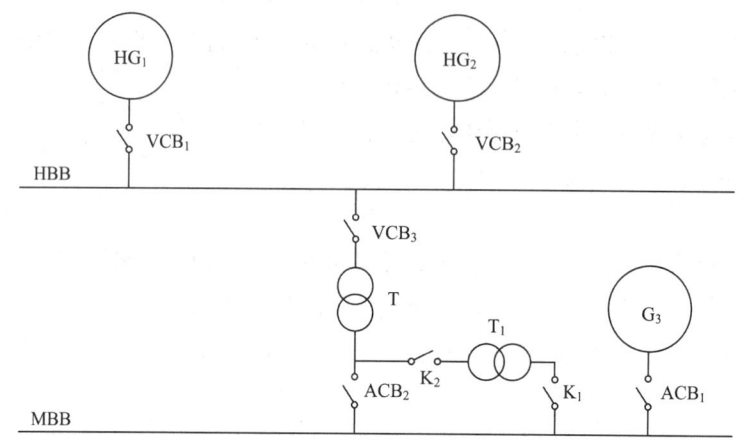

HG_1、HG_2,船舶高压发电机;G_3,船舶低压发电机;T,船舶高压日用变压器;T_1,预充磁用低压侧小型变压器;HBB,船舶高压汇流排;MBB,船舶低压汇流排;VCB_1、VCB_2、VCB_3,高压真空断路器;ACB_1、ACB_2,低压空气断路器;K_1、K_2,预充磁变压器开关。

船舶高压日用变压器 T 投入运行前,HBB 船舶高压汇流排和 MBB 船舶低压汇流排均有电(分别由船舶高压发电机和低压发电机供电)。为进行船舶高压日用变压器 T 的预充磁,应首先合闸_____,使 T 的_____绕组得电。

   A.K_1、K_2;次级　　　　　　　　B.ACB_2;次级
   C.VCB_3;初级　　　　　　　　　　D.ACB_2;初级

52. 在上题图中,船舶高压日用变压器 T 采用低压侧小型变压器 T_1 进行预充磁,则充磁变压器 T_1 的变比_____。
   A.是等比 1:1　　　　　　　　　　　B.与船舶高压日用变压器 T 相同
   C.是船舶高压日用变压器 T 变比的倒数　　D.无法确定

53. 在下图中:

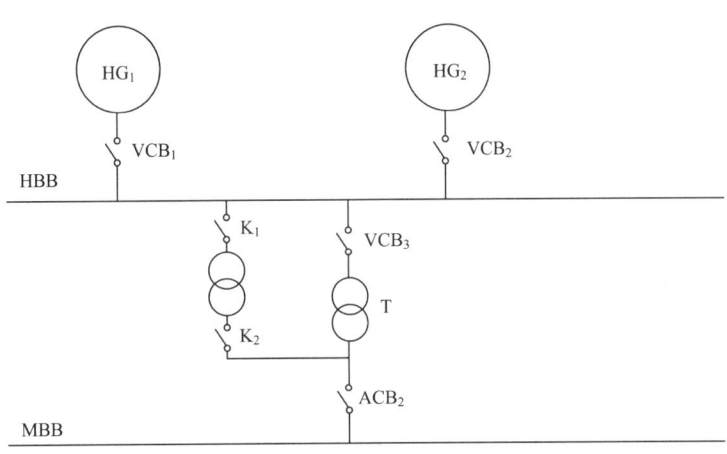

HG_1、HG_2,船舶高压发电机;G_3,船舶低压发电机;T,船舶高压日用变压器;T_2,预充磁用高压侧小型变压器;HBB,船舶高压汇流排;MBB,船舶低压汇流排;VCB_1、VCB_2、VCB_3,高压真空断路器;ACB_1,低压空气断路器;K_1、K_2,预充磁变压器开关。

船舶高压日用变压器 T 投入运行前,HBB 船舶高压汇流排和 MBB 船舶低压汇流排均有电(分别由船舶高压发电机和低压发电机供电)。为进行船舶高压日用变压器 T 的预充磁,应首先合闸_____,使 T 的_____绕组得电。

A.K_1、K_2;次级 B.ACB_1;次级
C.VCB_3;初级 D.K_1、K_2;初级

54.在上题图中,船舶高压日用变压器 T 采用高压侧小型变压器 T_1 进行预充磁,则预充磁小型变压器 T_1 的变比_____。

A.是等比 1:1 B.与船舶高压日用变压器 T 相同
C.是船舶高压日用变压器 T 变比的倒数 D.无法确定

55.关于船用真空断路器,错误的叙述是_____。

A. 特别适用于要求开合操作频繁的场合
B.绝缘性能好,触头开距大,电弧能量小且对触头表面的烧蚀较弱
C. 使用寿命期间维护保养工作量小
D.真空灭弧室的密封问题是断路器使用中必须关注的核心

56.关于船用六氟化硫(SF_6)断路器,错误的叙述是_____。

A.利用六氟化硫(SF_6)气体作为触头间的绝缘与灭弧介质
B.由于六氟化硫(SF_6)气体优异的电气性能,其绝缘性能和灭弧能力极好
C.该断路器一般采用绝缘支柱式结构
D.在开断短路电流时电弧的高温会使六氟化硫(SF_6)气体分解产生有毒物质

第三节 安全预防措施

1. 为保证高压电力设备维修的安全,系统中设置了隔离开关。在下列各处中不需要设置的位置是_____。
   A.高压发电机断路器与高压汇流排之间
   B.高压汇流排与高压负载断路器之间
   C.高压汇流排与变流机组高压侧断路器之间
   D.变流机组低压侧断路器与低压汇流排之间

2. 下列对高压电力系统中隔离开关的描述中,不正确的是_____。
   A.设有灭弧装置,故可以作为电力系统的备用电源开关
   B.隔离开关一般都具有可见断开点的触点
   C.有时隔离开关与断路器有机械或者电气的联锁保护
   D.断开电路操作中必须先切断断路器,再分断隔离开关;接通电路时则应先合上隔离开关,再合断路器

3. 在高压电力系统中对某段电路进行维修时,其高压断路器、隔离开关和接地开关的状态中正确的是_____。
   A.高压断路器分、隔离开关分、接地开关合
   B.高压断路器分、隔离和接地开关合
   C.高压断路器合、隔离和接地开关分
   D.高压断路器合、隔离开关分、接地开关合

4. 船舶高压隔离开关_____分、合闸。
   A.能带负荷
   B.能带大电流
   C.不能带电压
   D.不能带负荷

5. 船舶高压开关柜的"五防"措施中有两项与接地开关有关,假如出现带接地线(接地开关)时要合断路器,则_____。
   A.断路器被联锁,不能合闸
   B.断路器一合闸即跳闸
   C.断路器一合闸,接地开关即断开
   D.断路器一合闸即烧毁

6. 船舶高压电力系统的接地开关是要将三相交流电的_____可靠接地。
   A.三相
   B.三相中的任两相
   C.三相中的任一相
   D.包括零线的三相四线

7. 在船舶高压电力系统中,为了保证在维修时操作人员的人身安全,在许多地方都设置了隔离开关,下列各处中设置不正确的是_____。
   A.高压主发电机与高压发电机断路器之间
   B.高压主发电机断路器与高压汇流排连接点之间
   C.在高压汇流排连接断路器的两端
   D.在旋转变流机组的断路器与高压汇流排连接点之间

8. 为了操作人员的安全,船舶高压系统安装了高压隔离开关,隔离开关与主变压器之间必须设置联锁装置,其要求是_____。
   A.只有当断路器断开后,才能进行断开船舶高压隔离开关的操作

B.只有当船舶高压隔离开关断开后,才能进行断路器的操作

C.断路器在分闸位置时,无法分断船舶高压隔离开关

D.先合上船舶高压断路器,才允许合上高压隔离开关

9.为了操作人员的安全,船舶高压系统安装了高压隔离开关,隔离开关与主变压器之间必须设置联锁装置,其要求是_____。

A.只有当断路器合闸后,才能进行断开船舶高压隔离开关的操作

B.只有当船舶高压隔离开关断开后,才能进行断路器的操作

C.断路器在合闸位置时,无法分断船舶高压隔离开关

D.先合上船舶高压断路器,才允许合上高压隔离开关

10.封闭式高压配电设备_____应装设带电显示装置。

A.进线电源侧　　　　　　　　　　B.出线线路侧

C.进线电源侧和出线线路侧　　　　D.进线侧

11.以下试验项目属于破坏性试验的是_____。

A.耐压试验　　　　　　　　　　　B.绝缘电阻测量

C.介质损耗测量　　　　　　　　　D.泄漏测量

12.绝缘电阻的测量可以发现绝缘_____。

A.介质内含气泡　　　　　　　　　B.介质已经受潮

C.介质分布不均匀　　　　　　　　D.介质局部磨损

13.测量绝缘电阻不能有效发现的缺陷是_____。

A.绝缘整体受潮　　　　　　　　　B.存在贯穿性的导电通道

C.绝缘局部严重受潮　　　　　　　D.绝缘中的局部缺陷

14.高压验电器应进行国家规定的型式试验、出厂试验和使用中的_____。

A.周期性试验　　　　　　　　　　B.电气试验

C.机械试验　　　　　　　　　　　D.外观检查

15.高压验电前,验电器应先在有电设备上试验,确证验电器良好;无法在有电设备上试验时,可用_____高压发生器等确证验电器良好。

A.工频　　　　　　　　　　　　　B.高频

C.中频　　　　　　　　　　　　　D.低频

16.船舶高压供配电线路上安装了多处接地开关,关于接地线,下列说法正确的是_____。

A.由于全船为钢结构,各处接到本地的船壳即可

B.各处接地线除接到钢结构上外,还需要通过导线连在一起

C.全船接地线用要求的导线连接在一起,在一个可靠接地点接地

D.全船的接地线与本地的零线接在一起,由各处共同的零线再接在一起

17.船舶高压的电力系统中的三相接地开关_____接地指示信号,与主开关_____。

A.配有;互锁　　　　　　　　　　B.不需要;互锁

C.配有;无关　　　　　　　　　　D.不需要;无关

18.消弧线圈接地方式是利用电抗器的感性电流_____,可使接地电流大为减少。

A.补偿电网的无功功率　　　　　　B.补偿电网的容性电流

C.提高发电机的功率因数　　　　　　　　D.提高主开关保护动作的灵敏性

19.以下操作不正确的是_____。
　A.防止带负荷分、合隔离开关　　　　　B.防止误入带电间隔
　C.防止误分、合高压断路器　　　　　　D.可以带电挂(合)接地线(接地开关)

20.高压熔断器的组成不包括_____。
　A.金属熔体　　　　　　　　　　　　　B.触点
　C.非绝缘底座　　　　　　　　　　　　D.灭弧装置

21.下列不属于船舶高压断路器的是_____。
　A.真空断路器　　　　　　　　　　　　B.油断路器
　C.六氟化硫断路器　　　　　　　　　　D.空气断路器

22.下列高压电力设备管理和维护中,不正确的叙述是_____。
　A.维修时必须先分断高压断路器并挂检修警示牌
　B.将线路中的接地开关合上之后,才能进行线路维修
　C.使用接地开关来泄放线路中的残余电荷
　D.接地开关用于高压电气设备通电时的保护接地

23.下列对高压电力系统中接地开关的描述中,正确的是_____。
　A.设有灭弧装置,故可以在通电状态下进行合分闸操作
　B.用于高压电气设备的保护接地
　C.一般与高压断路器设有互锁保护,防止同时闭合造成事故
　D.操作中必须先闭合接地开关,再断开高压断路器

24.下列对高压电力系统电气安全操作的描述中,不正确的是_____。
　A.高压配电板均采用具有一定强度的防爆结构
　B.需要打开高压配电板进行维修时,除操作人员外,还必须有有资格的监督员在场
　C.设有防止电路电荷积累的接地开关
　D.由于设有高压断路器,维修中只要将其断开即断电,故无须另设隔离开关

25.与船舶低压电力系统不同,船舶高压电力系统供配电线路上还安装了多处_____开关,以确保维修操作人员的人身安全。
　A.接地　　　　　　　　　　　　　　　B.自动
　C.手动　　　　　　　　　　　　　　　D.空气

26.高压设备停电检修后,要重新送电工作,首先要做的是_____。
　A.检查设备绝缘　　　　　　　　　　　B.接通隔离开关
　C.断开接地开关　　　　　　　　　　　D.检查保护电器

27.由于高压接地开关的一端直接可靠接地,所以接地开关的主触点为_____。
　A.一对　　　　　　　　　　　　　　　B.两对
　C.三对　　　　　　　　　　　　　　　D.四对

28.高压配电屏中高压接地开关的配置是_____。
　A.母线上配置一个接地开关　　　　　　B.每个高压动力设备侧都配有接地开关
　C.三个配电屏合用一个接地开关　　　　D.有隔离开关的地方就需要接地开关

29. 船舶高压电力系统电气"五防"功能中不正确的说法是_____。
   A.防止误分、合断路器
   B.防止带负荷分、合隔离开关
   C.防止无电合接地开关
   D.防止误入带电间隔

30. 电气"五防"功能的实现成了电力安全生产的重要措施之一,其中_____不是电气"五防"措施。
   A.防止误分、合断路器
   B.防止空载分、合隔离开关
   C.防止带电挂(合)接地线(接地开关)
   D.防止带接地线(接地开关)合断路器(隔离开关)

31. 电气"五防"功能的实现成了电力安全生产的重要措施之一,其中_____不是电气"五防"措施。
   A.防止带负载分、合隔离开关
   B.防止误入带电间隔
   C.防止带电挂(合)接地线(接地开关)
   D.防止一直接地线(接地开关一直接地)

32. 船舶高压电力系统在检修艉侧推时,配电屏上的_____要断开,艉侧推控制屏上的_____要合上。
   A.隔离开关;真空断路器
   B.真空断路器;隔离开关
   C.真空断路器;接地开关
   D.真空断路器;真空断路器

33. 有关高压隔离开关的描述中,下列说法错误的是_____。
   A.设有灭弧罩,所以可以带负荷分合闸
   B.具有可见断开点,分合状态清晰可见
   C.隔离开关和主开关的操作有机械或电气的联锁控制
   D.装设隔离开关就是为了检修电路或设备安全的需要

34. 有关高压接地开关的描述中,下列说法错误的是_____。
   A.高压接地开关不需要灭弧罩,它正常工作时是无电状态
   B.高压接地开关只有在高压检修时才会合闸,为了消除残剩电荷和防止误送电
   C.只有在高压断路器处于试验位或者检修电路或设备时才能合闸
   D.高压接地开关和高压断路器之间没有联锁控制,所以操作灵活

35. 隔离开关与高压断路器的联锁逻辑要求是_____。
   A.隔离开关分闸后,断路器才能合闸
   B.断路器分闸后,隔离开关方可分闸
   C.允许带负荷操作隔离开关以提高效率
   D.隔离开关自带灭弧装置,无须联锁

36. 关于"防止误分、合高压断路器"的联锁设计,以下描述正确的是_____。
   A.断路器工作位置时,允许拔出二次插头进行调试
   B.断路器分闸按钮需通过密码验证才能操作
   C.断路器处于工作位置时,二次插头被机械锁定无法拔出
   D.仅通过软件程序限制误操作

37. 与船舶高压电力系统安全操作相关的个人防护设备(PPE)是_____。
   A.绝缘手套、绝缘靴、绝缘棒、接地电缆、手提式绝缘表
   B.安全帽、安全带、安全眼镜/护目镜、电弧防护服
   C.绝缘夹钳、绝缘绳、呼吸防护设备、干粉灭火器
   D.绝缘垫、绝缘罩、应急蓄电池、高压验电器

38. 绝缘安全用具用于防止人员直接触电,其中的辅助绝缘安全用具包括_____。
   A.绝缘手套、绝缘靴　　　　　　　B.绝缘夹钳、高压绝缘杆
   C.高压验电器、临时接地线　　　　D.安全帽、安全带

39. 绝缘手套是电气工作中常用的PPE,可使人的两手与带电体绝缘,下列叙述中错误的是_____。
   A.在低压电力系统中,可临时用医疗手套或化工手套替代
   B.在高压电气操作中,绝缘手套只能作为辅助安全用具使用
   C.在1 kV以下的电气设备上使用时,可以作为基本安全用具
   D.使用前应检查外观,并做充气试验以确认其无泄漏现象

40. 绝缘安全用具是指用来防止人员直接触电的用具,分为基本绝缘安全用具和辅助绝缘安全用具两类,其区别是_____。
   A.前者本身的绝缘足以抵御工作电压(即可以接触带电体)
   B.前者本身的绝缘不足以抵御工作电压(即不可以接触带电体)
   C.前者主要包括绝缘手套、绝缘靴鞋、绝缘垫、绝缘台等
   D.前者适用于1 kV以上的高压电,后者适用于1 kV以下的低压电

41. 船舶避雷系统中的接闪器专门用来接收直接雷击(雷闪),对其要求中正确的是_____。
   A.在每一非金属桅杆上应安装接闪器
   B.接闪器应以铜或铜合金导电杆组成,且不得由钢桅替代
   C.液货船可燃气体通风口处的接闪器应至少高于通风口300 mm
   D.接闪器与接地端子间的电阻不应超过2 Ω

42. 高压验电器是保护高压电气工作人员安全的重要安全用具,其正确的使用方法是_____。
   A.不要用验电器直接触及设备的带电部分,应逐渐靠近带电体,至灯亮、风轮转动或语音提示时为止
   B.在进行高压三相电路的验电时,由于三相电压对称,可以只对其中一相进行验电
   C.对联络用的断路器或隔离开关线路进行验电时,可以根据线路连接情况确定在其单侧或两侧进行验电
   D.由于采用非接触式测试,验电器无电压等级区别,只要设备完好无破损均可使用

43. 使用高压验电器前应进行设备检查,下列错误的叙述是_____。
   A.验电器电压等级合适,且经试验合格(试验期限有效,试验周期六个月)
   B.验电器外观完好,无灰尘、油污、裂纹、断裂等现象
   C.检查并确认绝缘部分完好后,验电器使用中可不佩戴绝缘手套
   D.先检查验电器外观无损坏,再在带电设备上进行试验,以确认验电器完好

44.关于船舶高压电力系统中验电器的使用,错误的叙述是_____。
    A.验电过程中,要注意带电体与剩余电荷的区分
    B.验电时,必须三相逐一验电,不可图省事
    C.联络用的断路器或隔离开关检修时,应在其两侧验电
    D.根据设备上的电源指示,对无电的设备可以免除验电器的验电

45.在船舶高压电力系统安全操作个人防护设备(PPE)的采购、验收中,查验PPE有无相关_____是非常重要的。
    A.产品合格证   B.使用说明书
    C.认证标志   D.安全工作规程

46.按照欧盟法规,第Ⅱ和第Ⅲ类PPE产品需要由指定机构进行检验,经认证获得_____标志,才能在欧盟国家销售。
    A.CE   B.UL
    C.JIS   D.CCC

第四节　高压系统的安全操作和维护

1.高压电气设备管护工作中,需要特别注意防护的两种触电形式是_____。
    A.电弧触电、跨步触电   B.单相触电、双相触电
    C.接触触电、间接触点   D.电源触电、静电触电

2.船舶高压电力系统的防触电措施中,不包括_____。
    A.在进行电气设备维修之前需要先断开隔离开关、合上接地开关
    B.维修设备前断路器分闸,且摇出至断开位
    C.与带高压电部分保持安全距离
    D.在进行高压发电机的绝缘测量前,将其中性点的接地电阻断开

3.在绝缘材料受摩擦且湿度低的场合工作,有可能受到静电电击,关于这种电击的错误叙述是_____。
    A.电击电流不持续通过人体,而是由静电放电造成的瞬间冲击性电击
    B.会引起工作人员精神紧张,甚至误操作、高空坠落或触碰机械等二次灾害
    C.电击的放电是脉冲瞬时现象,所以一般不以电流衡量,而以带电电位衡量
    D.静电电击的放电电压一般为几十到上百伏

4.根据绝缘材料加上高电压后绝缘性能变化的特点,高压电气设备的绝缘测试项目应包括_____。
    A.冷态绝缘、热态绝缘   B.绝缘电阻、吸收比及极化指数
    C.直流绝缘、交流绝缘   D.动态绝缘、静态绝缘

5.关于高压电力系统中的临时接地线,错误的叙述是_____。
    A.接地线必须使用专用的线夹固定在导体上,严禁用缠绕的方法进行接地或短路
    B.由短路各相和接地用的多股软铜线、将多股软铜裸线固定在各相导电部分和接地极上的专

用线夹组成

C.对可能送电至停电设备的各方面或停电设备可能产生感应电压的都要装设接地线

D.装设接地线可单人操作,先接接地端,后接导体端,且必须接触良好

6.为防止船舶高压电力系统单相接地时另两相对地电压升高损坏绝缘,同时避免过大的单相接地短路电流,船舶高压电力系统宜采用中性点_____供电系统。

A.不接地的绝缘 B.直接接地

C.高阻接地 D.消弧线圈

7.关于船舶高压电力系统的高电阻接地,错误的叙述是_____。

A.一般从发电机接线箱引出中性点,另设接地电阻箱,箱内设隔离开关和零序电流互感器

B.当电力系统发生单相接地故障时,可以持续带故障长期运行

C.可有效防止间歇性弧光接地过电压和谐振过电压

D.由于接地电阻值很大,供电系统仍可看作是中性点对地绝缘的 IT 系统

8.关于高压电力系统电压的消弧线圈接地,错误的叙述是_____。

A.消弧线圈是装设于系统中性点的一个具有铁芯的可调电感线圈

B.一般采用欠补偿运行,即其感性电流小于电网的容性电流

C.系统运行较复杂,设备初始投资也较大

D.完全补偿运行方式可能形成串联谐振,产生谐振过电压,危及系统绝缘

9.高压设备维护时应至少由_____人组成,其中必须包含的角色是_____。

A.一人;无须特定角色

B.两人;包括具体操作人员和安全员

C.三人;包括主工程师、具体操作人员和安全监督员

D.四人;包括轮机长、主工程师、具体操作人员和安全员

10.高压设备检修时,必须悬挂的警示标牌类型是_____。

A.准许类(如"已接地") B.禁止类(如"禁止合闸")

C.提醒类(如"注意高温") D.警告类(如"高压危险")

参考答案

第一节　高压技术

1.A	2.D	3.A	4.C	5.C	6.A	7.D	8.C	9.C	10.A
11.A	12.C	13.D	14.D	15.C	16.C	17.A	18.B	19.D	20.C
21.C	22.A	23.A	24.B	25.A	26.D	27.C	28.C	29.C	30.B
31.D	32.D	33.A	34.B	35.B	36.C	37.A	38.D		

第二节 船舶高压系统的相关要求

1.C	2.B	3.D	4.C	5.B	6.D	7.D	8.B	9.A	10.D
11.C	12.D	13.D	14.A	15.B	16.D	17.D	18.D	19.D	20.B
21.C	22.D	23.D	24.D	25.A	26.D	27.A	28.A	29.A	30.A
31.A	32.C	33.D	34.A	35.B	36.A	37.C	38.D	39.C	40.D
41.C	42.D	43.A	44.A	45.B	46.B	47.D	48.C	49.D	50.B
51.A	52.A	53.A	54.B	55.B	56.C				

第三节 安全预防措施

1.D	2.A	3.A	4.D	5.A	6.A	7.A	8.A	9.C	10.C
11.A	12.B	13.D	14.A	15.A	16.C	17.A	18.B	19.D	20.C
21.D	22.D	23.C	24.D	25.A	26.C	27.C	28.B	29.C	30.B
31.D	32.C	33.A	34.D	35.B	36.C	37.B	38.A	39.A	40.A
41.A	42.A	43.C	44.D	45.C	46.A				

第四节 高压系统的安全操作和维护

| 1.A | 2.D | 3.D | 4.B | 5.D | 6.C | 7.B | 8.B | 9.B | 10.B |

第七章 船舶电力推进系统

第一节 船舶电力推进系统概述

1. 与传统的船舶推进系统相比,关于吊舱式推进器,说法错误的是_____。
   A. 推进效率高
   B. 节省舱容,简化安装
   C. 模块化设计,安装、拆卸不便
   D. 操纵性和机动性增强

2. 大功率吊舱装置中的变速电动机安装在_____,其传送效率比传统推进器(或螺旋桨)要_____。
   A. 一个封闭的吊舱装置中;低
   B. 一个封闭的吊舱装置中;高
   C. 船体内;低
   D. 船体内;高

3. 关于电力推进的船舶,电力推进系统与传统的柴油机直接传动推进系统相比,不具有_____优点。
   A. 船舶机舱占用空间小,可以增大船舶有效载货容积,提高运营效益
   B. 电动机由电网供电,增加了系统的可靠性,提高了生命力,特别是当采用高电压船舶电站供电时,可以减小电气设备体积
   C. 减少了轮机维护的工作量
   D. 采用电力推进系统可以大幅度降低船舶初始建造成本

4. 关于船舶电力推进系统的特点,下列叙述不正确的是_____。
   A. 可以采用低速可逆转原动机,以减少发电设备的体积和重量
   B. 可以采用低速电动机直接与推进轴连接,省去机械的减速齿轮
   C. 操纵灵活,机动性能好,易于获得理想的船舶回转特性和保航能力,而且能量效率高
   D. 减小螺旋桨等机械振动和噪声,环境更加舒适,船舶航行也更加隐蔽

5. 下列关于船舶电力推进系统的说法正确的是_____。
   A. 电力推进船舶与柴油机直接传动推进船舶相比,由于工作的发电机的台数增加,其噪声和机械振动并无明显改善
   B. 电力推进船舶不应采用低速电动机直接与推进轴连接,避免负载的频繁波动对推进电机造

成损害

C.电力推进船舶可采用高电压船舶电站供电,因此对相应的管理人员的资质有更加严格的要求

D.电力推进技术尚不成熟,暂时无法应用于军事、海洋工程领域

6.下列关于船舶电力推进系统优点的说法不正确的是_____。
 A.机动性能好　　　　　　　　　　　　B.机舱小、布置灵活
 C.推进效率低　　　　　　　　　　　　D.节能和有利于环保

7.船舶电力推进系统的装置除了变压器和变频器以外,还应包括冷却装置,其作用是_____。
 A.冷却推进电机　　　　　　　　　　　B.冷却驱动器
 C.冷却变频器　　　　　　　　　　　　D.冷却变压器

8.关于船舶电力推进系统的子系统,下列说法不正确的是_____。
 A.船舶电力推进系统必须具有电站、推进系统、船舶舵机等子系统
 B.船舶电力推进系统包括船舶电站、推进系统、变流系统、控制系统等子系统
 C.作为船舶电力推进系统的重要组成部分船舶电站,其装机容量一般从几兆瓦到几十兆瓦
 D.船舶电力推进系统的控制子系统功能一般为根据船舶航行需求,按照推进器的负载特性,控制推进电机的起动、调速和吊舱装置的旋转

9.关于电力推进船舶的推进装置的说法错误的是_____。
 A.推进装置包括推进电机和推进器
 B.推进器绝大多数采用吊舱式推进器,吊舱式推进器是将推进电机装入一个流线型壳体内,螺旋桨置于壳体前端,操作十分方便
 C.推进电机可采用直流电机或交流电机,而交流电机又可使用交流异步电动机或交流同步电动机,目前较多使用的是永磁式交流同步电动机
 D.推进器目前绝大多数采用轴系推进器,如果采用低速电机,可省去齿轮变速箱,减小机舱设备的体积

10.电力推进船舶的推进系统中,变频器连接于_____之间。
 A.发电机组与配电盘　　　　　　　　　B.变压器与推进电机
 C.配电盘与推进电机　　　　　　　　　D.配电盘与变压器

11.船舶电力推进系统的类型不包括_____。
 A.直流电机推进　　　　　　　　　　　B.船舶低速柴油机推进
 C.交流电机推进　　　　　　　　　　　D.永磁电机推进

12.交流电机推进的类型中不包括_____。
 A.电流型变频器+交流异步电动机　　　B.电流型变频器+交流同步电动机
 C.电压型变频器+交流异步电动机　　　D.电压型变频器+交流同步电动机

13.下列关于电力推进系统的叙述错误的是_____。
 A.机械原动机可以是柴油机、燃气轮机
 B.机械原动机用以驱动交流发电机

C.发电机再为推进电动机提供动力

D.直接由柴油机作为主推进动力装置

14.下列_____电机一般不属于船舶电力推进电机类型。

　　A.永磁推进　　　　　　　　　　B.直线推进

　　C.超导推进　　　　　　　　　　D.直流推进

15.永磁同步电动机一般用于若干MW的_____。优点是_____,效率高。

　　A.直流电力推进;体积小　　　　B.吊舱推进;电流小

　　C.吊舱推进;体积小　　　　　　D.直流电力推进;电流小

16.按照_____的不同,船舶电力推进系统可分为_____等几大类。

　　A.推进方式;永磁电动机电力推进、交流推进

　　B.推进方式;直流推进、交流推进

　　C.推进电动机;传统电力推进、吊舱式电力推进

　　D.推进电动机;直流推进、交流推进

17.按照推进器形式,船舶电力推进系统可分为_____等几大类。

　　A.传统电力推进、吊舱式电力推进、混合式电力推进

　　B.永磁电动机电力推进、传统电力推进、吊舱式电力推进

　　C.永磁电动机电力推进、交流推进、直流推进

　　D.传统电力推进、交流推进、直流推进

18.下列船舶推进电机中,既可作为恒速电机直接连在电网上,又可作为静止变频器供电的调速电机使用的是_____。

　　A.直流电动机　　　　　　　　　B.异步电动机

　　C.同步电动机　　　　　　　　　D.超导电动机

19.船舶电力推进系统不管使用何种电动机,_____不是推进电机的工作特点。

　　A.电动机控制相对方便,具有较小的过载能力即可

　　B.具有短时堵转能力,以适应强水流和冰区海域的航行

　　C.转动惯量小,提高电机动态相应速度和降低电机动态能量损耗

　　D.低速性能好,具有低速大转矩输出能力

20.下列关于船舶电力推进永磁电机的说法错误的是_____。

　　A.目前在船舶电力推进系统中已有多种不同结构的永磁同步电机得到应用,其功率范围从几百瓦到应用于船舶推进的几兆瓦

　　B.现代永磁电机采用稀土材料励磁,不仅使电机尺寸减小、重量减轻,而且维护方便、运行可靠

　　C.永磁电机起动比其他交流电机复杂,需要预先知晓磁极的位置才能正确可靠的起动,因此永磁电机不适合应用于船舶电力推进电机

　　D.永磁同步电动机转子磁场由一个或多个永磁体组成

21.下列关于船舶电力推进永磁电机的说法错误的是_____。

A.温升低,转子绕组中不存在电阻损耗,定子绕组中几乎不存在无功电流,有效降低电机温升

B.永磁同步电动机通常都采用变频调速

C.永磁交流同步电动机正常工作时转子与定子磁场同步,转子绕组无感应电流,不存在转子电阻和磁滞损耗

D.功率因数高,无感应电流励磁,定子绕组呈现阻性负载,电机的功率因数近于1

22.下列关于船舶电力推进系统的叙述,错误的是_____。

A.变压器一般采用水冷却方式,其环境温度、绝缘等级、温升、防护等级等指标要符合《钢质海船入级规范》要求

B.变流装置一般采用多电平逆变器,以降低电网中的谐波畸变率

C.采用PWM技术的交-直-交变频器和基于直流母线技术和PWM技术的直-交变频器在电力推进船舶的供电设备中得到广泛使用

D.滑环主要的功能是为变压器的输出提供相序转换的功能

23.下列关于船舶电力推进系统供电设备保护功能的叙述,错误的是_____。

A.变压器系统中要求配备测温传感器、防冷凝加热器、水泄漏检测器等附属设备

B.变流器中的冷却水温度检测和控制系统与变频器的控制环节具有联锁控制功能

C.只要船舶电力推进系统供电设备保护功能起作用,船舶将会立即停车以保护相关设备

D.一旦变流器中的冷却水温超过允许值,变频器将会自动减少输出电流,降低设备容量运行

24.电力推进装置中,变压器常用的冷却方式一般不包括_____。

A.油浸自冷式 B.油浸风冷式

C.强迫油循环 D.强迫水循环

25.下列关于电压型变频器说法错误的是_____。

A.属于交-直-交变频器

B.由整流器、滤波器、逆变器三部分组成

C.其中间环节采用大功率二极管,对电动机来讲,基本上是个电压源

D.主要使用脉宽调制型(PWM)

26._____不是船舶电力推进控制系统常用的变频装置类型。

A.电压源型变频器 B.电流源型变频器

C.交-交变频器 D.直流调压器

27.电力推进系统中交流电动机的控制主要采用变频控制,在采用AC-DC-AC变频控制的装置中,整流装置常采用_____,逆变装置常采用_____。

A.电力二极管;IGBT B.晶闸管;IGBT

C.晶闸管;晶闸管 D.IGBT;IGBT

28.VSI型(电压源)变频器是电力推进系统中应用较多的变频器,如图所示,其逆变控制IGBT采用PWM控制,PWM控制的结果是电动机的_____和_____可以同时得到合理的控制。

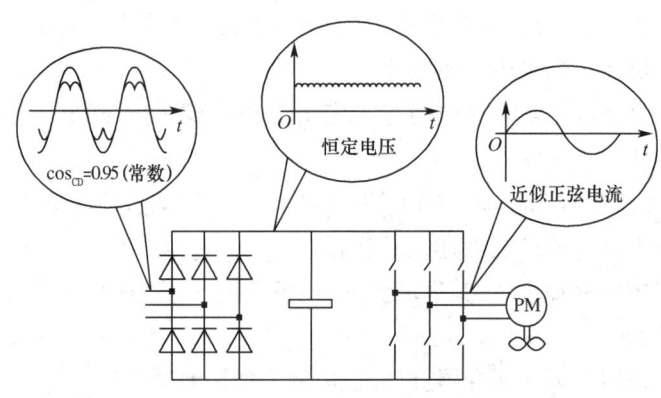

A.频率;电流 B.频率;电压

C.功率;转速 D.功率;电流

29.图示变频装置为_____。

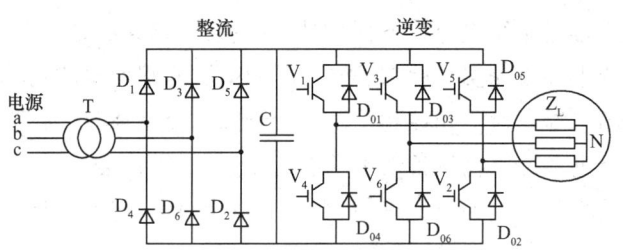

A.6脉波交-交变频器 B.6脉波LCI变频器

C.6脉波VSI变频器 D.12脉波LCI变频器

30.电流源型变频器的直流环节采用_____,以平抑_____。

A.大电感;电流脉动 B.大电感;电压波动

C.大电容;电流脉动 D.大电容;电压波动

31.电压源型变频器的直流环节采用_____,以平抑_____。

A.大电感;电流脉动 B.大电感;电压波动

C.大电容;电流脉动 D.大电容;电压波动

32.新型的电力推进系统型式通常不再选择_____。

A.直流电力推进

B.采用PWM技术的交流电力推进

C.采用矢量控制的交流电力推进

D.采用直接转矩控制的交流电力推进

33.目前,船舶采用的各种型式的电力推进系统,采用PWM变频控制技术的是_____。

A.可控硅整流器和直流电动机 B.变距桨和交流异步电动机

C.电流型变频器和交流异步电动机 D.电压型变频器和交流异步电动机

34.下图是_____变流器的原理图。

第七章 船舶电力推进系统

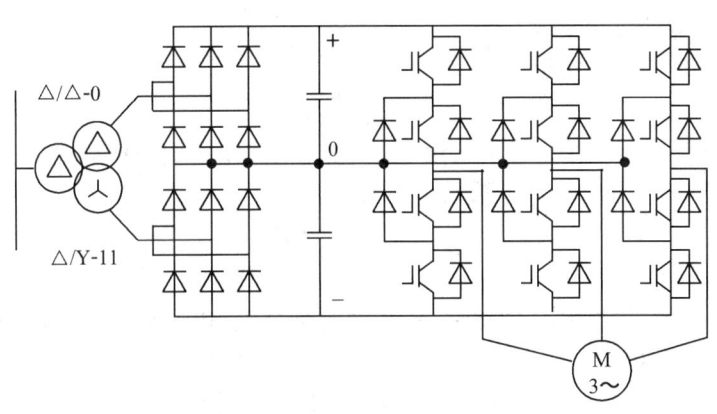

A. 36 脉波整流五电平电压源型交-直-交逆变器

B. 中性点箝位式三电平电压源型交-直-交逆变器

C. 中性点箝位式三电平电流源型交-直-交逆变器

D. 36 脉波整流五电平电流源型交-直-交逆变器

35. 与传统柴油机单机推进相比,船舶电力推进系统在瘫船风险方面的核心优势是_____。

　　A. 采用单台大功率原动机降低故障率

　　B. 多台原动机互为备用,单机组故障不影响全局

　　C. 完全取消传动轴系,避免机械故障

　　D. 依赖自动化系统减少人为操作失误

36. 船舶电力推进系统相比传统推进方式,其主要优势不包括_____。

　　A. 体积重量小,布置灵活　　　　　　　B. 燃油消耗和维护费用显著降低

　　C. 自动化程度高,环保效果好　　　　　D. 依赖单一原动机,故障率低

37. 大型电力推进船舶的推进变压器常采用的冷却方式是_____。

　　A. 自然风冷　　　　　　　　　　　　　B. 强制风冷

　　C. 直接水冷　　　　　　　　　　　　　D. 间接空气-水冷

38. 大型电力推进船舶的高压推进变压器,错误的叙述是_____。

　　A. 用于升压和调相,为变频装置提供 6、12 或 24 脉波的交流电源

　　B. 用于将高压电源降压,供电给船舶低压的动力和照明负载

　　C. 容量很大,甚至接近或超过船舶单台高压发电机的容量

　　D. 接通电源时会有极大的冲击电流影响电力系统正常工作,故需要进行预充磁

39. 现代化的船舶综合全电力推进系统的组成包括_____。

　　①主发电机组;②配电板;③推进变压器;④变频装置及谐波抑制器;⑤船舶电力管理系统;⑥推进电机及推进器

　　A.①②③④⑤⑥　　　　　　　　　　　B.①②③⑥

　　C.①②③④⑥　　　　　　　　　　　　D.①②⑤

40. 大型船舶的电力推进系统变频器前端配有整流变压器,若采用 24 脉波整流变压器,是 1 台变压器有_____向串联或并联的二极管整流电路供电。

　　A.4 个相位差 15°的二次绕组

B.3 个相位差 20°的二次绕组

C.2 个相位差 30°的二次绕组

D.1 个二次绕组

41. ACS 6000 变频调速装置采用模块化设计,交直交主回路为实现拖动电机的四象限运行,其整流(交流-直流)应采用_____模块的形式。

 A.ARU   B.LSU

 C.INU   D.COU

42. 对于大型钻井平台的动力定位 DP 系统,为获得高精度、快速响应的转矩和速度控制,其电推系统的控制模式采用_____控制。

 A.VVVF   B.直接转矩

 C.标准 PWM   D.磁通矢量 PWM

43. 在 ACS 6000 变频调速装置中,有源整流模块 ARU 采用_____的电路形式。

 A.三电平逆变   B.12 脉波二极管整流

 C.电压源型逆变   D.电压流源型逆变

45. 在下图所示的 ACS 6000 多传动变频调速装置中,有两个源整流模块并联给中间直流母线供电,同时也可作为各逆变模块再生制动的通道,该整流模块应采用_____的形式。

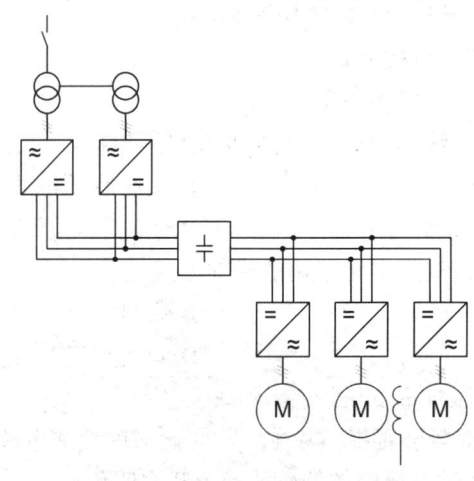

 A.ARU   B.LSU

 C.WCU   D.CBU

45. 根据下图所示的 ACS 6000 多传动变频调速装置系统图,可知其属于_____变频的形式。

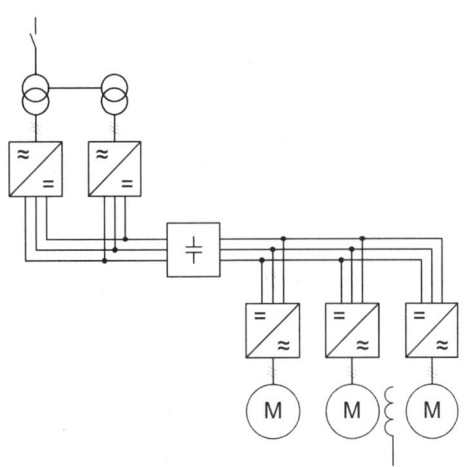

A.电压源型 B.电流源型
C.交交 D.三电平

46.在 ABB 公司的 ACS 6000 变频调速装置中,若拖动电机为同步电动机,为了方便调整功率因数,可配置_____模块。

A.EXU B.LSU
C.WCU D.INU

第二节　推进电动机的控制

1.交流推进电机应用于船舶推进,其关键是要解决交流电机的调速控制问题,常用的交流电机调速方式有几种,船舶推进选用的调速方法是_____。

A.定子降压调速 B.绕线式电机转子串电阻调速
C.变极调速 D.变频调速

2.船舶推进电机中异步电机的控制策略和技术采用的是_____。

A.变频调速和 PWM 技术 B.变频调速和 SCR 技术
C.变极调速和 PWM 技术 D.变极调速和 SCR 技术

3.交流推进电机的控制或调速依赖变频技术,常用的同步变频、循环变频和脉宽调制变频中,功率最大的是_____,功率最小的是_____。

A.同步变频器;脉宽调制变频器 B.循环变频器;脉宽调制变频器
C.同步变频器;循环变频器 D.脉宽调制变频器;同步变频器

4.与矢量控制相比,直接转矩控制_____。

A.调速范围宽 B.控制性能受转子参数影响大
C.计算复杂 D.控制结构简单

5.关于电力推进间接矢量控制系统的叙述中错误的是_____。

A.结构简单、容易实现
B.目前得到了普遍应用
C.对转子磁链的控制实际上是开环的

D.在动态中不存在偏差
6.关于电力推进直接转矩控制系统的叙述中错误的是_____。
A.利用转矩反馈直接控制电机的电磁转矩
B.直接采用空间电压矢量,在定子坐标系下计算并控制电机的转矩
C.是一种高动态性能的交流电动机变压变频调速系统
D.其原理与间接矢量控制系统相同
7.关于电力推进直接转矩控制系统特点的叙述中错误的是_____。
A.适合于模拟控制,用运算放大器和乘法器就可以实现
B.控制思想简单
C.控制系统简洁明了
D.动、静态性能优良
8.目前交-直-交变频器在船舶电力推进系统中使用较多的原因有_____。
①结构简单;②频率调节范围宽;③功率因数高;④电机匹配无特殊要求
A.①③④   B.②④
C.①②③   D.①②③④

第三节 吊舱推进器和电侧推的工作原理

1.吊舱式电力推进装置的结构是将电机放在一个吊舱内,定距螺旋桨直接连接在电机轴上,吊舱可以_____旋转,可以在任意方向上产生推力,不需要_____。
A.360°;舵叶   B.360°;转向机构
C.180°;舵叶   D.180°;转向机构
2.吊舱式推进器相比传统推进系统在设计和操作上的显著优势不包括_____。
A.推进效率高,有助于提升船舶性能
B.保留了艉轴和舵机系统,确保操作的稳定性
C.空间配置灵活,为船体设计提供更多可能性
D.模块化设计简化了安装和拆卸过程
3.下列电力推进船舶对吊舱推进器的方位角及其控制的叙述错误的是_____。
A.吊舱方位角小角度调整时,若船舶速度比较快,船舶同样可以得到比较快的回转速度
B.吊舱方位角大角度调整时,若船舶速度比较快,船舶回转速度也较慢
C.吊舱方位角小角度调整时,若船舶速度比较慢,船舶回转速度也较慢
D.船舶前进的惯性以及回转式吊舱能够产生的转船力矩共同决定了船舶回转速度
4.吊舱推进船舶全回转吊舱推进器运行在长航模式下,在船舶的所有航速范围内,推进器的回转范围与常规舵相同,方向角范围为_____。
A.±10°   B.±35°
C.±180°   D.±360°
5.对于双吊舱推进船舶,为了减少相邻运行的推进器的尾流之间的相互反作用,在尾流相互影响的区域,螺旋桨的控制系统将对_____进行限制。

A.转速　　　　　　　　　　　　B.螺距
C.方向角　　　　　　　　　　　D.螺距和转速

6.吊舱推进船舶全回转吊舱推进系统重要指示器的主要类型不包括_____。
   A.推进器方向指示器　　　　　B.转速指示器
   C.螺距指示器　　　　　　　　D.冷却温度指示器

7.船舶电力推进系统中,_____推进器应用最为广泛。
   A.轴桨式　　　　　　　　　　B.管道式
   C.方位角式　　　　　　　　　D.吊舱式

8.吊舱式电力推进装置的推进电机可选用_____。
   A.直流伺服电动机　　　　　　B.交流永磁同步电动机
   C.交流步进电动机　　　　　　D.直流同步电动机

9.Dolphin推进器的核心是_____。
   A.同步电机　　　　　　　　　B.异步电机
   C.液压马达　　　　　　　　　D.伺服电机

10.具有电侧推功能的船舶,侧推器电机的起动必须满足以下条件,除了_____。
   A.电源能量管理系统(PMS)重载询问允许电机起动
   B.电机无温度过高、过载现象
   C.变压器温升未超过设定值
   D.盘车机脱开

11.关于船舶电侧推的描述,下列_____部分不属于电侧推系统。
   A.船舶舵机舵角反馈装置　　　B.电侧推遥控单元
   C.电侧推电力驱动单元　　　　D.电侧推液压伺服单元

12.下列关于船舶电侧推的描述,错误的是_____。
   A.借助于侧推装置能够明显地改善船舶定速航行时的操纵性和机动性,可以大大提高船舶航行的安全性
   B.侧推器的类型很多,按布置位置不同分为艏侧推、艉推和舷内式、舷外式等
   C.侧推器按产生推力的方法不同分为螺旋桨式和喷水式;按原动机不同分为电动式、电液式和柴油机驱动式等
   D.可以在航速很低或为零的情况下在较大范围内操纵船舶,能明显提高船舶的操纵性能,而且侧推器和舵共同作用时还可以增加舵效

参考答案

第一节　船舶电力推进系统概述

| 1.C | 2.B | 3.D | 4.A | 5.C | 6.C | 7.A | 8.A | 9.D | 10.B |
| 11.B | 12.D | 13.D | 14.B | 15.C | 16.D | 17.A | 18.B | 19.A | 20.C |

21. B	22. D	23. C	24. D	25. C	26. D	27. A	28. B	29. C	30. A
31. D	32. A	33. D	34. B	35. B	36. D	37. D	38. B	39. A	40. A
41. A	42. B	43. A	44. A	45. A	46. A				

第二节 推进电动机的控制

1. D	2. A	3. A	4. D	5. D	6. D	7. A	8. D

第三节 吊舱推进器和电侧推的工作原理

1. A	2. B	3. B	4. B	5. D	6. D	7. D	8. B	9. A	10. D
11. A	12. A								

第八章 电气维护与修理的基础知识

第一节 电气电子设备维护和修理

1. 船舶无刷同步发电机的主发电机与励磁机通常采用_____。
   A.旋转电枢式、旋转电枢式　　　　B.旋转磁极式、旋转磁极式
   C.旋转电枢式、旋转磁极式　　　　D.旋转磁极式、旋转电枢式
2. 船舶无刷发电机与传统船舶发电机的主要区别是_____。
   A.取消了炭刷和滑环　　　　　　　B.调压器简单
   C.功率小,节能　　　　　　　　　D.提高了调压精度
3. 船舶无刷发电机由主发电机、励磁机等组成,其中励磁机是_____。
   A.直流发电机　　　　　　　　　　B.直流电动机
   C.交流同步三相发电机　　　　　　D.交流同步单相发电机
4. 船舶无刷发电机由主发电机、励磁机等组成,其中主发电机是_____。
   A.交流三相同步发电机　　　　　　B.交流单相同步发电机
   C.直流发电机　　　　　　　　　　D.直流电动机
5. 船舶无刷发电机由主发电机、励磁机等组成,其中主发电机是_____。
   A.转磁式(旋转磁极式)的
   B.可以是转枢式(旋转电枢式)的,也可以是转磁式的
   C.没有要求
   D.转枢式的
6. 关于船舶无刷同步发电机及其励磁系统基本原理,叙述正确的是_____。
   A.无刷励磁发电机实际上就是一个带交流励磁机的同步发电机
   B.无刷励磁发电机实际上就是一个带直流励磁机的同步发电机
   C.船舶无刷同步发电机系统的特点是无炭刷,但是需要滑环
   D.船舶无刷同步发电机励磁电流,需通过炭刷和滑环引入发电机励磁绕组
7. 关于为确保自励同步发电机正常自励起压而采取的措施,叙述正确的是_____。
   A.当发电机失磁或剩磁不足而导致建压失败时,可通过充磁来实现起压

B.在励磁系统中接入谐振电阻

C.当发电机失磁或剩磁不足而导致建压失败时,可通过增大励磁回路电阻实现起压

D.在励磁系统中接入谐振电感

8.若并联运行的发电机中某柴油机燃油供油系统故障停止供油,可能引起该机_____保护。

  A.超速   B.过载

  C.短路   D.逆功率

9.应急发电机不太可能发生的故障是_____。

  A.外部短路   B.过载

  C.失(欠)压   D.逆功率

10.发电机过载致主开关跳闸,一般是发生在_____。

  A.发电机逆功率保护   B.发电机单机运行在较大负荷下

  C.发动机滑油压力过低保护断油时   D.外部出现短路故障时

11.发电机单机运行正常,并联后两台发电机组功率表读数相等且稳定,但两机组的电流表读数波动大,电网电压也有波动。其原因可能是_____。

  A.有一台机组的原动机调速器异常造成的

  B.由于有功电流分配不均造成的

  C.发电机励磁系统调压器发生故障造成的

  D.电流表转换开关异常造成的

12.发电机单机运行正常,并联后,两台发电机的功率表读数相等且稳定,但两台发电机的电流表波动较大,电网电压也有波动,最终引起某台发电机主开关跳闸的原因是_____。

  A.调速器内部伺服马达驱动的正方形轴老化磨损

  B.调速器继电器故障

  C.无功功率分配不均

  D.功率表或电流表故障

13.某发电机单机运行还能正常带负载运行,但柴油机调速相对其他机组迟钝,并联后,电网电压稳定,但两台发电机的功率表、电流表读数波动均较大,最终引起发电机主开关跳闸,其原因可能是_____。

  A.发电机集电环锈蚀   B.调速器内部伺服马达驱动力减小

  C.谐振电容器断线   D.线性电抗器气隙太小

14.如果功率表指示值保持不变,当一台发电机的功率因数从0.5增加到1时,为维持发电机的端电压不变,励磁电流应_____。

  A.不变   B.增加

  C.减小   D.保持稳定

15.电磁迭加谐振式相复励调压器原理如图,空载调试时,发现发电机的电压低于正常空载电压,调整的方法是_____。

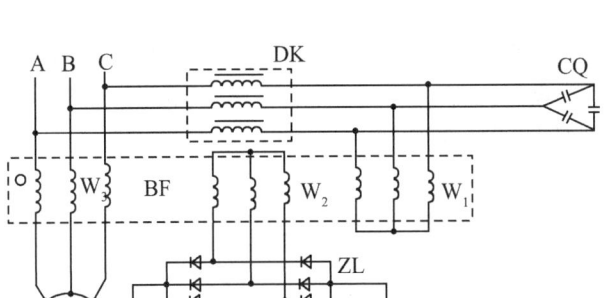

A. 增加 W_2 绕组匝数　　　　　　　　　B. 减小 W_1 绕组匝数

C. 减小移相电抗器的气隙　　　　　　　D. 增加移相电抗器的气隙

16. 如图所示的电流叠加相复励自励调压装置的单线原理图。若发电机空载电压偏低,原因是_____。

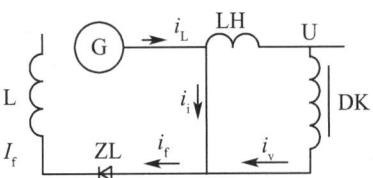

A. 分量 i_v 偏大　　　　　　　　　　　B. 分量 i_v 偏小

C. 分量 i_i 偏大　　　　　　　　　　　D. 分量 i_i 偏小

17. 船用同步发电机并车失败,可能的原因是_____。

A. 待并机与电网的电压幅值偏差在±10%以内

B. 电网上运行的发电机带50%以上的额定负载

C. 待并机与电网的相位差在±15°电角度以内

D. 并车后未能及时转移负载

18. 某发电机转速达到额定值后,不能建立电压,但按下充磁按钮,能起压到额定值的原因是_____。

A. 调速器故障　　　　　　　　　　　　B. 励磁绕组短路

C. 发电机主开关的主触点烧熔　　　　　D. 无剩磁或剩磁不够

19. 在_____时,需要对电动机进行解体与装配。

A. 清理风机的风叶等电机外部　　　　　B. 更换接线盒

C. 更换润滑油、拆换轴承　　　　　　　D. 改变 Y-△ 接法

20. 解体电机在抽出转子前,_____。

A. 在转子下面气隙和绕组端部垫上厚纸板,以免抽出转子时碰伤铁芯和绕组

B. 在转子轴上的一端或两端加套钢管接长

C. 可以直接用手抽出

D. 必须用起重设备吊住转子

21. 交流电动机解体维修的原因有_____。

A.电动机运行的电流比平时大　　　　　　B.电动机起动次数过多

C.电动机绝缘降低严重　　　　　　　　　D.电动机轴承需要加油

22.交流电动机解体步骤中,不一定要_____。

A.标出联轴器或皮带轮在轴上的位置

B.标出电源线在接线盒中的相序

C.拆卸轴承

D.测定并记录绕组对地绝缘电阻

23.交流电动机解体步骤中,最后的步骤是_____。

A.抽出转子　　　　　　　　　　　　　　B.拆卸联轴器

C.拆卸风罩及风扇　　　　　　　　　　　D.拆卸轴承

24.交流电动机的解体维修中,不需要有_____。

A.端盖的拆装　　　　　　　　　　　　　B.轴承的拆装

C.定子铁芯拆装　　　　　　　　　　　　D.定子进烘箱加热以提高绝缘

25._____是拆装后的电动机在投入使用前需要检查的项目之一。

A.测量绕组绝缘电阻　　　　　　　　　　B.起动电动机与电源容量的配合

C.测量空载电流　　　　　　　　　　　　D.负载试验与温升的测定

26.电动机装配过程错误的说法是_____。

A.使用装配工具,用力不可太猛,以防扭断螺钉或端盖耳攀

B.旋紧轴承盖与端盖螺钉时必须对称上紧,分几次到位,不要损伤止口

C.螺帽下的弹簧垫不得舍弃,以防松动

D.使用铁锤等硬金属敲打轴承、端盖等物,确保紧固

27.交流电动机在装配时特别需要注意_____。

A.不要将异物或小零件遗忘在电动机内部

B.轴承在风扇后装

C.螺帽下的弹簧垫必须都是带锁紧的

D.端盖安装时需用铁锤等工具

28.交流电动机的安装中,不需要有_____。

A.端盖的装配　　　　　　　　　　　　　B.轴承的装配

C.风叶的装配　　　　　　　　　　　　　D.整个电机进烘箱加热以提高绝缘

29.当绝缘电阻低于 0.5 MΩ 时,必须进行烘干处理,提高电机的绝缘。烘干的方法很多,但_____不是常用的方法。

A.红外线灯泡或白炽灯烘干法　　　　　　B.电磁烘干法

C.主机或锅炉废热风烘干法　　　　　　　D.烘箱烘干法

30.电动机绕组因绝缘破坏的接地测试方法很多,但除直接观察外,还应配以合适的仪器,如_____等。

A.万用表　　　　　　　　　　　　　　　B.电流表

C.漏电毫安表　　　　　　　　　　　　　D.绝缘兆欧表、电机故障检测仪

31.电气设备极容易出现绝缘降低情况,尤其是_____。

A.甲板设备中的电动机　　　　　　B.机舱压缩机电动机
C.集控室配电屏　　　　　　　　　D.驾驶操控台

32.通电后电动机不转且有嗡嗡声的原因有_____。
A.轴承缺油
B.定子绕组中一相接地
C.定、转子绕组有断路(一相断线)或电源一相失电
D.电源电压过高

33.电动机运行时轴承过热的主要原因是_____。
A.电动机与负载间联轴器未校正,或皮带过紧
B.电动机过载或频繁起动
C.电动机风扇故障,通风不良
D.电源电压过高或不平衡

34.电动机运行时振动较大,不可能的原因是_____。
A.转子不平衡　　　　　　　　　B.电源电压过低
C.铁芯松动　　　　　　　　　　D.电动机地脚螺丝松动

35.电动机空载电流不平衡,三相相差大,原因有_____。
①重绕时,定子三相绕组匝数不相等;②绕组首尾端接错;③电源电压不平衡;④绕组存在匝间短路、线圈反接等故障;⑤电源电压过低
A.①②③④　　　　　　　　　　B.①②⑤
C.①②④⑤　　　　　　　　　　D.②④⑤

36.电源开关的安装应该_____。
A.水平安装　　　　　　　　　　B.垂直安装
C.倒立安装　　　　　　　　　　D.任意安装

37.船舶电力拖动系统中,容量较大的电动机不能同时起动的原因是_____。
A.同时起动会使电动机过载
B.同时起动将会使船舶电网电压瞬时下降过大
C.同时起动将会造成船舶电网局部短路
D.同时起动将会使发电机过载

38.通电后电动机不转且有嗡嗡声,原因有_____。
①熔丝规格过小;②定、转子绕组有断路;③绕组引出线始末端接错;④电源回路接点松动;⑤电源电压过高
A.①②③　　　　　　　　　　　B.①②④
C.②③④　　　　　　　　　　　D.②④⑤

39.电动机额定负载时,电动机转速低于额定转速较多,原因有_____。
①电机重绕时增加匝数过少;②电机轻载;③△接法电机误接为Y;④鼠笼式转子开焊或断裂;⑤定转子局部线圈错接、接反
A.①②③　　　　　　　　　　　B.①②⑤
C.②③④　　　　　　　　　　　D.④⑤

40.关于铅蓄电池进行过充电,下列说法错误的是_____。
   A.蓄电池一周没有使用,必须进行过充电
   B.蓄电池已放电至极限电压以下,必须进行过充电
   C.以最大电流放电超过 10 h,必须进行过充电
   D.如果蓄电池板抽出检查,清除其附着的沉淀物后,必须进行过充电

41.铅蓄电池出现极板硫化,要进行过充电;过充电是指_____。
   A.充电初期,采用 2 倍的标准放电制电流进行充电
   B.充电初期,采用 1.5 倍的标准放电制电流进行充电
   C.正常充电结束后,再用 0.5(或 0.75)倍的标准放电制电流进行充电;充、停间歇进行
   D.正常充电结束后,再用 1.5(或 1.75)倍的标准放电制电流进行充电;充、停间歇进行

42.关于铅蓄电池进行过充电的说法,错误的是_____。
   A.蓄电池放电至极限电压后,2 天没有及时充电,必须进行过充电
   B.蓄电池已放电至极限电压以下,必须进行过充电
   C.以最大电流放电超过 10 h,必须进行过充电
   D.蓄电池电解液加水后,必须进行过充电

43.将充电装置与蓄电池并联,让其经常处于充电工作状态,这种充电方法通常称为_____。
   A.充放电制   B.恒压充电法
   C.浮充电制   D.恒流充电法

44.铅蓄电池在充电过程中,发现有个别极板硫化,电解液的比重不易变化,此时应_____。
   A.更换极板   B.进行过充电
   C.进行浮充电   D.更新电解液

45.船舶电子电气员应切记禁止在方波输出 UPS 输出端口接_____负载。
   A.感性   B.容性
   C.阻性   D.其他

46.UPS 电源后备电池接入 UPS 的_____。
   A.逆变器输出端   B.整流器输入端
   C.逆变器输入端   D.静态开关输入端

47.关于电气设备接地的说法中错误的是_____。
   A.专用接地接线柱的导电能力,至少应相当于专用接地导体的导电能力
   B.专用接地接线柱应有足够的机械强度
   C.所有的接地接触面均应刮去油漆及锈斑而露出金属光泽
   D.接在接地接线柱上的专用接地导体铜接头的两侧,应使用绝缘垫圈

48.三相不可控整流器中的一只整流二极管断线,则通电后_____。
   A.输出电压降低,且波动变大   B.输出电压不变
   C.短路,断路器跳闸或熔断器烧断   D.输出电压降为 0

49.三相不可控整流器中的一只整流二极管接反,则通电后_____。
   A.输出电压降低   B.输出电压不变
   C.发生短路,断路器跳闸或熔断器烧断   D.输出电压升高

50. 关于电阻器的标示法,错误的叙述是_____。
    A. 直标法用阿拉伯数字和单位符号在电阻器表面直接标示出标称电阻值和允许偏差
    B. 文字符号法是用阿拉伯数字和字母符号按一定规律的组合来表示标称电阻值和允许偏差
    C. 色标法用色环在电阻器表面标出电阻值和容许误差
    D. 色标法又分四色环和五色环两种,普通电阻一般采用五色环法来标注

51. 某贴片电阻用三位数码273标示其电阻值,则其电阻值为_____。
    A. 273 Ω   B. 27 000 Ω
    C. 27 Ω   D. 273 kΩ

52. 精密的金属膜电阻大多采用五色环色标法来标注,其各条色环的含义是_____。
    A. 前三环表示电阻值有效数字,第四环表示电阻值倍率,第五环表示允许误差范围
    B. 前四环表示电阻值有效数字,第五环表示电阻值倍率
    C. 前两环表示电阻值有效数字,第三、四环表示电阻值倍率,第五环表示允许误差范围
    D. 前四环表示电阻值有效数字,第五环表示允许误差范围

第二节　电气设备故障诊断

1. 如图所示为船用电气控制箱的工作原理图,值班人员欲手动操作起动按钮使其起动运行时发现,系统无任何反应,但电源指示灯RL是亮的,可能的故障原因是_____。
①电动机已出现过过载故障,而热继电器未复位;②接触器的KM_1常开触点故障卡死,脱不开;③并联在按钮SBT两端的自锁触点KM_1的接线脱落;④接触器KM线圈故障已烧毁

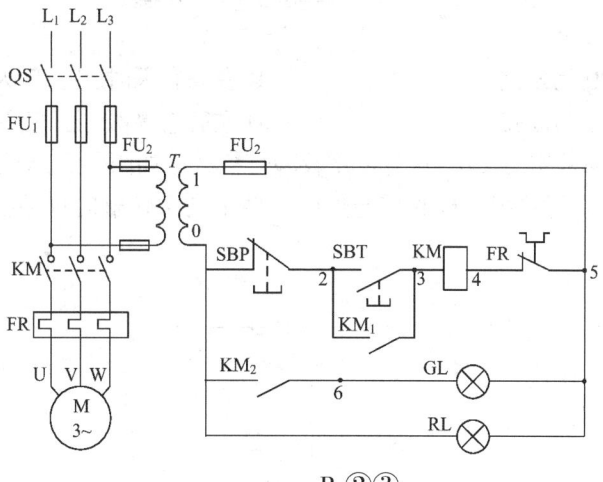

    A. ①②   B. ②③
    C. ②④   D. ①④

2. 如图所示为船用电气控制箱的工作原理图,值班人员欲手动操作起动按钮使其起动运行时发现,系统无任何反应,同时电源指示灯RL也不亮,可能的故障原因是_____。
①电动机已出现过过载故障,而热继电器未复位;②系统电源开关未合闸;③控制电路熔断器烧毁;④并联在按钮SBT两端的自锁触点KM_1的接线脱落

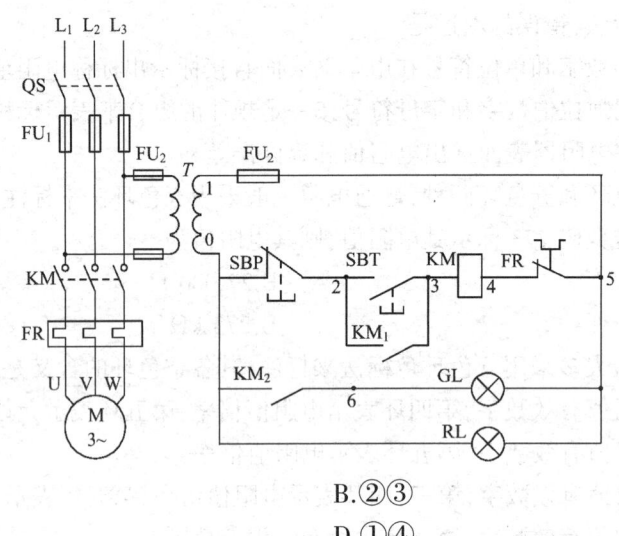

A. ①②
B. ②③
C. ②④
D. ①④

3. 船上检查熔断器断路常用交叉法,这时可用校验灯检查。如图所示,当校验灯与电源构成闭合回路时,校验灯亮。这样可根据校验灯与熔断器两端交叉接触时灯的亮灭,找出断点;两灯左右交叉接触,若_____。

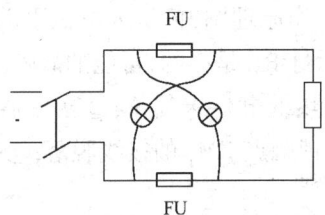

A. 左亮右灭时,下 FU 为断路
B. 左亮右灭时,上 FU 为断路
C. 左亮右亮时,下 FU 为断路
D. 左亮右亮时,上 FU 为断路

4. 船上检查熔断器断路常用交叉法,这时可用校验灯检查。如图所示,当校验灯与电源构成闭合回路时,校验灯亮。这样可根据校验灯与熔断器两端交叉接触时灯的亮灭,找出断点;两灯左右交叉接触,若_____。

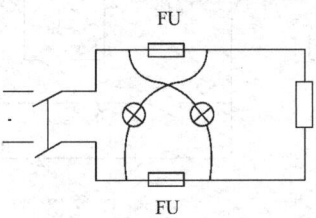

A. 左亮右亮时,下 FU 为断路
B. 左灭右亮时,下 FU 为断路
C. 左亮右亮时,上 FU 为断路
D. 左灭右亮时,上 FU 为断路

5. 如图所示,电动机无法起动,采用通电检查法进行故障检查时,按住 SBT$_1$ 后用万用表电压挡试笔依次接触各元件端钮,若跨接到 KM 线圈两端时,万用表电压指示值为电源电压值,则说明_____。

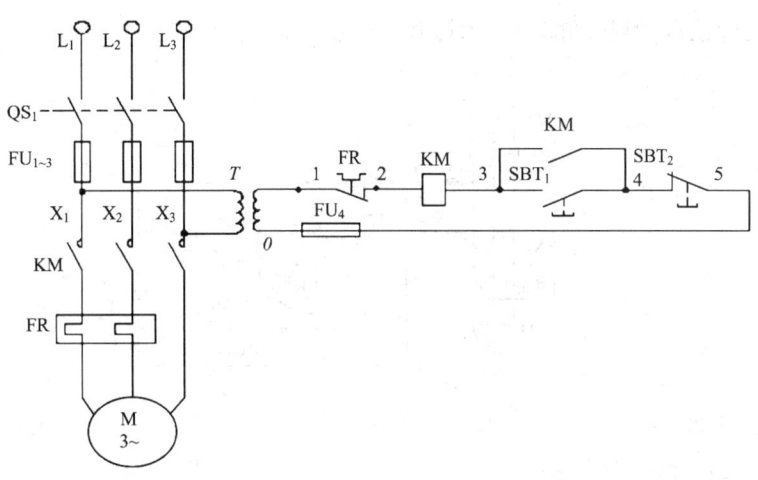

A. FR 内部导线断路

B. FU_4 内部导线断路

C. KM 线圈内部导线断路

D. SBT_1 内部导线断路

6. 如图所示,电动机的控制线路,采用断电检查法进行故障检查时,首先断开电源,确保被测电路断电后方可进行测量。将电源开关 QS_1 断开,把万用表打到欧姆挡($R×10$),调好零位,按图进行测量。把万用表的一根表笔放在端子 2 上,用另一根表笔碰端子 3,若表针为几百欧姆,则说明_____。

A. FR 常闭触点是正常的

B. 接触器 KM 的常开触点是正常的

C. FU_4 熔断器是正常的

D. 接触器 KM 的线圈是正常的

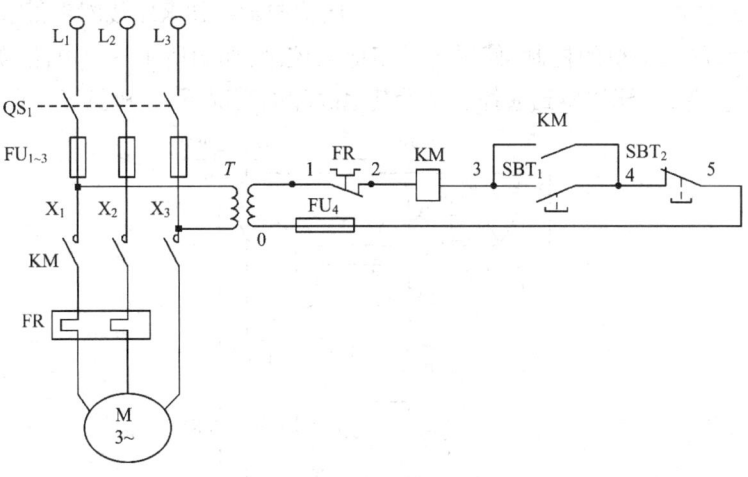

7.如图,电机运行正常,但起动前后指示灯 RL 不亮,故障的原因是_____。

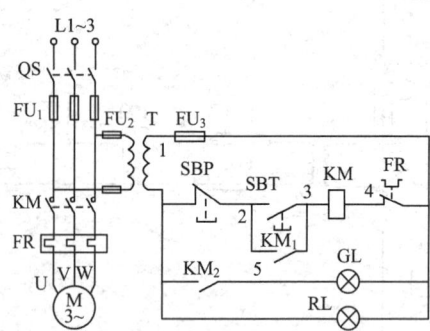

A.指示灯 RL 故障

B.RL 回路的 KM_1 触点失去作用

C.并联在按钮 SBT 两端的自锁触点 KM_1 失去作用

D.保护熔断器 FU_3 已融毁

8.如图为两地控制环节图,若 KM 触点无法闭合,则_____。

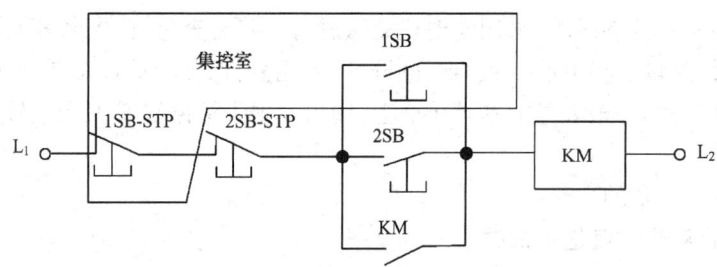

A.机旁不能停止　　　　　　　　　　B.集控室不能停止

C.只能进行点动操作　　　　　　　　D.按起动按钮 KM 线圈不得电

9.在机舱中很多泵的电动机的控制,使用的是多地点控制,如图所示一个电路,如果一个泵的选择开关 S_1 出了故障,不能切换到遥控。在无其他故障的情况下,轮机员可以在_____。

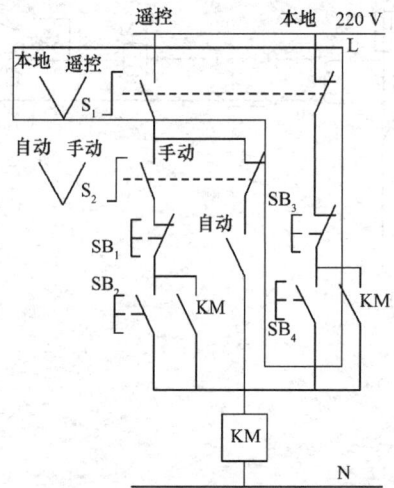

A.切换到本地,在本地起动该泵

B.即使没切换到本地,在本地也可直接起动该泵

C.切换到本地后,在遥控处切换到手动也可起动该泵

D.无所谓切换到本地,在两地均可起动该泵

10.如图为两地控制环节图,若1SB-STP触点黏结无法断开,则_____。

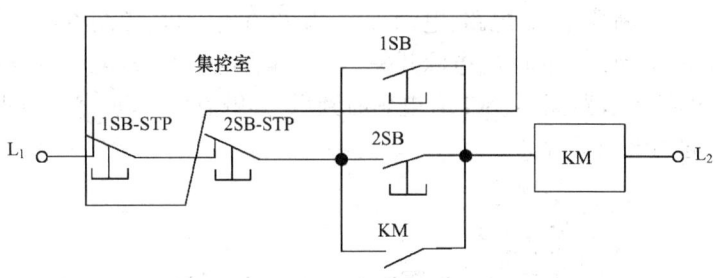

A.机旁不能停止 B.集控室不能停止

C.机旁不能起动 D.集控室不能起动

11.如图所示的电机正、反转控制线路,接线时若将SB_1按钮与FR常闭触点位置互换则会_____。

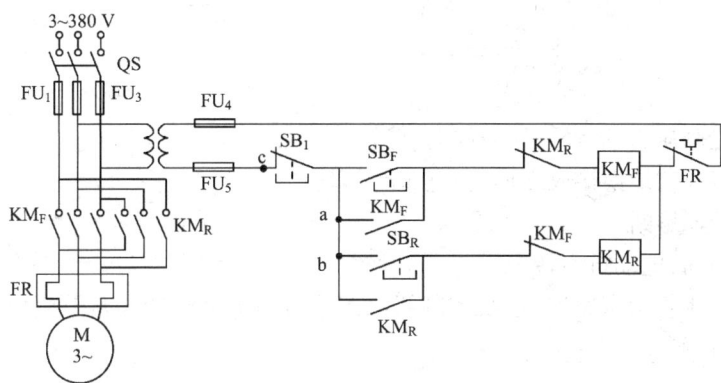

A.电机能正常起动,但按下SB_1不能停机 B.FR失去作用,不能实现过载保护

C.电机的功能不受影响,与原电路相同 D.电机无法起动

12.在船舶照明系统中,_____是指照明线路的绝缘值电阻小于0.5 MΩ或等于零,其原因一般是由于电缆线老化破损碰地或灯头接线处线路碰壳引起的,特别是甲板照明线,经常受到海水和盐雾的侵蚀,更容易发生。

A.短路故障 B.接地故障

C.断路故障 D.灯具故障

13.船舶照明系统接地故障表现为照明线路的绝缘值电阻小于0.5 MΩ或等于零,常采用_____进行检查。方法是将故障线路分为前后两段,测量各自的绝缘值电阻,找出有接地故障的那一段,逐步进行,把故障点的范围逐渐缩小。

A.挑担灯法 B.对分法

C.通电法 D.断电法

14. 船舶照明系统的接地故障,一般可用_____兆欧表进行检查;小应急照明系统的接地故障,可使用_____兆欧表检查。
   A.250 V;50 V　　　　　　　　　　　　B.500 V;50 V
   C.500 V;100 V　　　　　　　　　　　　D.1 000 V;250 V

15. 某电动机不能正常起动,通常检查的顺序是_____。
   A.检查电源开关、熔断器、控制电路、电动机　　B.检查电动机、控制电路、熔断器、电源开关
   C.检查控制电路、电动机、熔断器、电源开关　　D.检查电源开关、电动机、控制电路、熔断器

16. 如图为电动机的控制线路图,若 KT 有电延时到后,其触点仍不动,其他线路正常,则合 QS 三相电源开关并起动电动机后,_____。

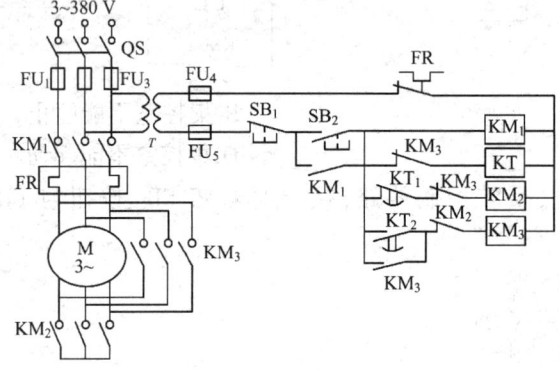

   A.电动机先是降压起动,经一段时间后,停转
   B.电动机不能成功地换接成△形,一直 Y 形运转
   C.主电路熔断器熔断
   D.按下起动按钮,电动机不转

17. 如图为某压力水柜给水原理、水泵控制线路图。若图中接触器的常开辅触点因故不能闭合,其他线路完好,则_____。

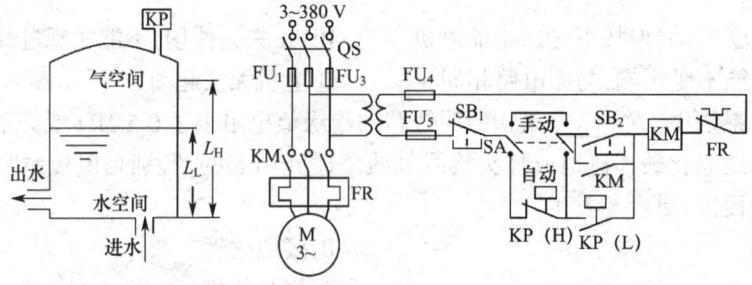

   A.手动时,只能点动控制;自动时,水位只能补到 L_L
   B.手动时,电机不能运转;自动时,水位只能补到 L_H
   C.手动时,电机不能运转;自动时,无论水位多高,也不能起动电机
   D.手动时,只能点动控制;自动时,无论水位多高,也不能起动电机

18. 如图所示,如果将 KM 的常开辅助触点一端由 b 接至 a,则会出现_____。

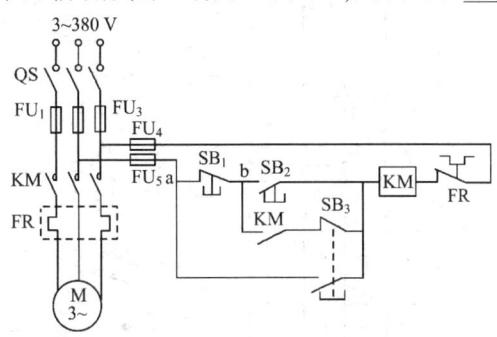

A.电机仍能正常起动、停机

B.电机不能起动

C.不能进行点动

D.按下 SB₂ 电机可起动,但按下 SB₁ 不能停机

19. 如图所示,为三相异步电动机磁力起动器控制电路,运行中 FR 过载脱扣,电机停止,但是 FR 上的复位按钮置于自动位置,延时一段时间后,FR 自动复位了,则此时_____。

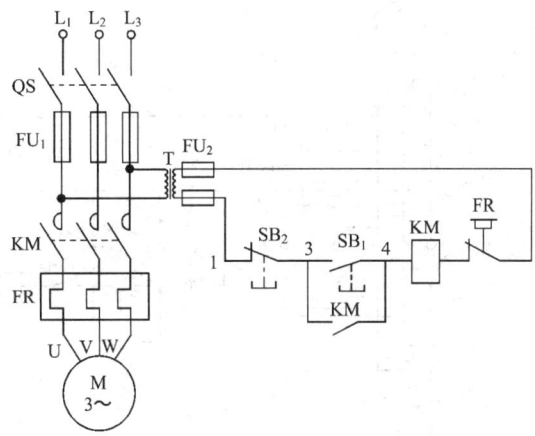

A.电机立即转动起来

B.按下 SB₁ 后,电机运转

C.只能点动操作

D.接触器因 FR 保护触点断开而不能再得电

20. 正反转控制线路中,若互锁触点失去互锁作用,将可能发生_____。

A.不能起动　　　　　　　　　　　　B.不能停车

C.电源短路　　　　　　　　　　　　D.电源开路

21. 图示主电路发生故障,用万用表测量控制电路点 7、8、9、10 和 11 间的电阻值,当_____,可以认为 10、11 间不通。

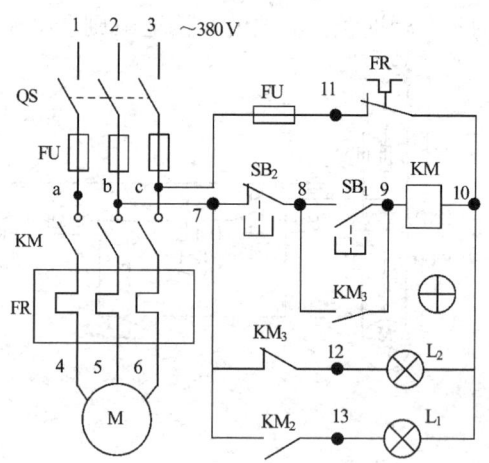

A.8、11 间电阻无穷大时　　　　　　B.9、11 间电阻无穷大时
C.10、11 间电阻无穷大时　　　　　 D.8、10 间电阻无穷大时

22.如图所示为电动机正、反转控制电路,若接线时将正、反转总停止按钮 SB-STP 与热继电器常闭触点位置调换,则会出现_____。

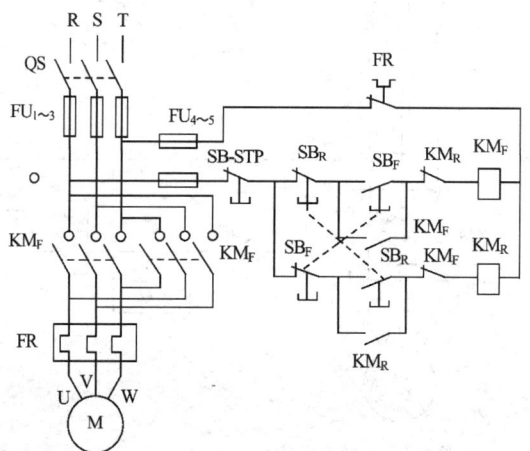

A.按下 SB-STP 电机不停　　　　　　B.控制线路仍可正常工作
C.FR 失去过载保护作用　　　　　　　D.电机只能有一个转向,不能改变转向

23.船舶电拖控制线路如图所示,下列叙述中正确的是_____。

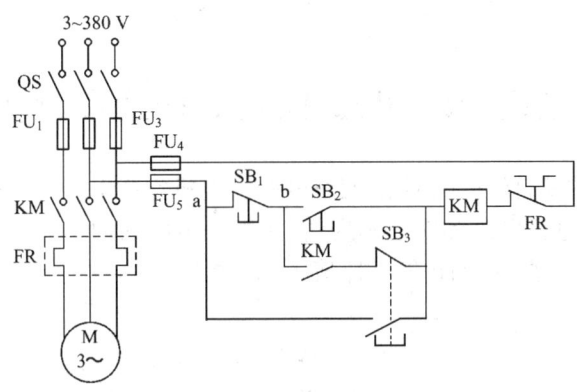

A.该电路可以实现电动机的点动和连续运行控制
B.如果将 KM 的常开辅助触点一端由 b 接至 a,则电机仍能正常起动、停
C.如果将 KM 的常开辅助触点一端由 b 接至 a,则电机不能起动
D.SB_3 按钮用于电机的停机制动

24. 如图所示的电动机正、反转控制线路,接线时,将 ab 连线断开、改为 cb 连线,其余不变,则会出现_____。

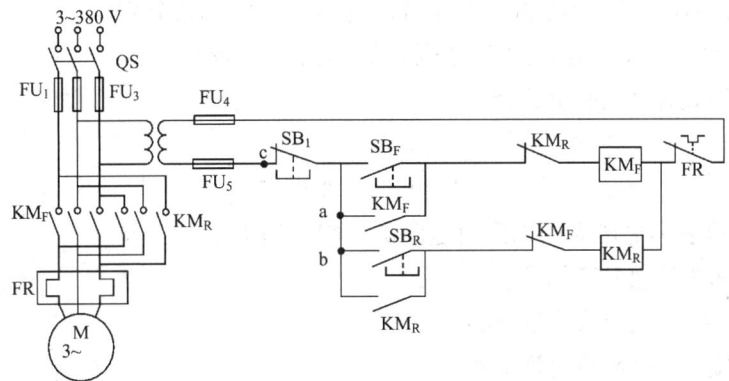

A.线路功能不变
B.正向、反向运转时,按下 SB_1 均不能停机
C.正向运转时,按下 SB_1 不能停机
D.反向运转时,按下 SB_1 不能停机

25. 电子电气员维修某轮锅炉的 PLC 自动控制系统时,为了解其控制时序一般应查看_____。
A.控制系统接线图
B.自动控制流程图
C.辅锅炉系统图
D.PLC 控制程序

26. 电子电气员在维修某轮发电机主开关时,为了解主开关手动合分闸、电子脱扣器参数设置等操作方法,应查阅_____。
A.主配电板控制线路图
B.空气断路器操作手册
C.空气断路器备件册
D.自动化电站控制流程图

27. 某轮一号发电机主开关因故不能合闸,维修中需查阅的船舶电气技术资料包括_____。
①主配电板控制线路图;②主开关操作手册;③电力系统单线图;④机舱电气设备布置图;
⑤主配电板接线图
A.①②③④⑤
B.①②⑤

C. ①②③⑤   D. ①②

第三节　电工仪表的构造和操作

1. 由单台发电机构成的某直流供电网络简化如图，发电机空载电动势为 230 V，若发电机励磁和转速不变，在考虑发电机内阻前提下，负载开关 SA 打开及闭合两种情形时，电压表读数是_____。

   A. 0 V/230 V   B. 0 V/小于 230 V
   C. 均为小于 230 V   D. 230 V/小于 230 V

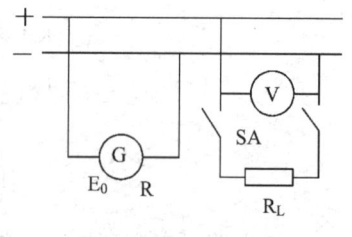

2. 某具有内阻的直流电源与负载电阻构成的简单供电网络如图，当开关 SA 打开及闭合时，电压表的读数分别为 12 V、10 V，若 $R_L = 2\ \Omega$，则内阻 $R_0 = $_____。

   A. 2 Ω   B. 0.2 Ω
   C. 0.4 Ω   D. 0.33 Ω

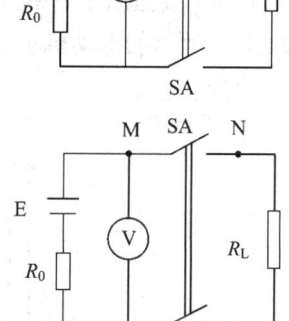

3. 如图的电路，正常时，开关 SA 打开及闭合时的电压表的读数分别为 12 V、10 V；若在 SA 闭合时，由于 SA 接触不良形成电路中 M、N 两点间不通，则此时电压表示数为_____。

   A. 12 V   B. 10 V
   C. 0 V   D. 视 R_0 大小而定

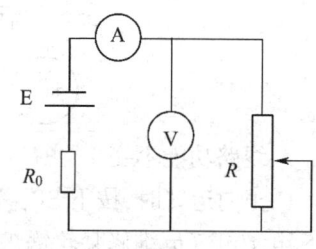

4. 如图，忽略电流表和电压表的内阻对电路的影响。当 R 有效工作电阻增大时，两表读数的变化是_____。

   A. 电压表读数增大，电流表读数减小
   B. 电压表读数减小，电流表读数增大
   C. 电压表读数增大，电流表读数增大
   D. 电压表读数减小，电流表读数减小

5. 关于钳形电流表的使用方法，正确的是_____。

   A. 在测量电流过程中严禁转换量程挡
   B. 测量 5 A 以下电流时，在条件许可的情况下，可把导线多绕几圈放进钳口进行测量，但实际电流值应为读数乘以放进钳口内导线的圈数
   C. 测量时应先将旋钮放在最小量程挡，进行试测量后，再根据被测量的初测情况变换到合适的量程进行测量
   D. 测量 5 A 以上电流时，为了得到较为准确的测量值，在条件许可的情况下，可把导线多绕几圈放进钳口进行测量，但实际电流值应为读数除以放进钳口内导线的圈数

6.关于钳形电流表的使用方法及注意事项,下列说法错误的是_____。

　A.使用前应擦除仪表钳口上的油污,以使钳口紧密结合,如有杂音可重新开合一次

　B.测量时将转换开关调至需要测量的一挡,用手扳开钳口,放置被测导线。为了减少误差,被测导线应放置在导磁铁芯的窗口(钳形口)的中央,导磁铁芯闭合后,即可在标度尺上测出读数

　C.测量5 A以下电流时,为了得到较为准确的测量值,在条件许可的情况下,可把导线多绕几圈放进钳口进行测量,但实际电流值应为读数除以放进钳口内导线的圈数

　D.为了方便,在测量电流过程中可以转换量程挡,以提高测量速度

7.测量交流电流的仪表通常由_____式仪表构成。

　A.电磁　　　　　　　　　　　B.电动

　C.感应　　　　　　　　　　　D.磁电

8.一个电流比400/5 A的电流互感器与一块400/5 A电流表相联,当被测电流为200 A时,电流表的实际电流为_____。

　A.5 A　　　　　　　　　　　B.3 A

　C.2.5 A　　　　　　　　　　D.2 A

9._____可适用于工频、低频与高频,由于集成化程度的提高,其电路体积小,价格便宜,几乎取代了所有其他形式的测频仪器。

　A.比较法　　　　　　　　　　B.无源测量法

　C.计数法　　　　　　　　　　D.变换法

10.下列的仪表形式中,可以直接做成交流电表,并且适用于功率表、相位表的是_____。

　A.磁电式　　　　　　　　　　B.电磁式

　C.电动式　　　　　　　　　　D.电子式

11.正确使用指针式万用表,下列各项表述中不正确的是_____。

　A.万用表在测试过程中,不得随意改变转换开关的位置

　B.测量电阻时,要先电调零,而且每改变一次量程,都必须重新调零

　C.万用表使用完后,应将选择开关放在交流电压最大量程上,或置于"OFF"上,以保证仪表安全

　D.万用表适宜测量正弦以及非正弦电压或电流的有效值

12.以下万用表使用方法错误的是_____。

　A.使用完毕后应将转换开关转到交流最大挡或关位置

　B.在测量过程中变换量程

　C.测量高电压时不要两只手拿表笔

　D.测量电阻前要调零,换一次挡调一次

13.以下万用表使用方法错误的是_____。

　A.对无法估计的待测量,应选择最高量程挡测量,然后根据显示结果选择合适的量程

　B.电压和电流量程的切换,不要在带电情况下进行

C.在带电线路上测量电阻

D.测量前,应校对量程开关位置及两表笔所接的插孔

14.关于指针式万用表的使用,不正确的是_____。

A.不能确定被测量值的大致范围时,应先采用最大量程

B.万用表使用完毕后将其挡位置于最大交流电压挡

C.万用表在用电阻挡测量二极管或电容时,电流从红表笔流出表头

D.不能在电阻上有电的情况下用电阻挡测量电阻值

15.关于指针式万用表的使用,不正确的是_____。

A.使用前确认表笔正确地插入插孔

B.使用前注意是否需要零位调整

C.使用万用表测量交流电压毫伏值

D.使用万用表测量直流电流时,表笔串联在被测电路中

16.关于指针式万用表,下列说法不正确的是_____。

A.若用万用表 $R\times1\text{k}$ 挡测量发光二极管的正、反向电阻值,则会发现其正、反向电阻值均接近∞(无穷大),这是因为发光二极管的正向压降大于1.6 V的缘故

B.全桥检测时,通过分别测量"+"极与两个"~"极、"-"极与两个"~"之间各整流二极管的正、反向电阻值是否正常,即可判断该全桥是否已损坏

C.检测NPN型三极管时,判断b级时,用红、黑表笔分别接触其余两级,用手分别接触黑表笔接触端和c极,当表头指针有偏转时黑表笔接触端为b极

D.对1 000微法以上的电容,可先用 $R\times10\ \Omega$ 挡将其快速充电,并初步估测电容容量,然后改到 $R\times1\text{k}$ 挡继续测一会儿,这时指针不应回返,而应停在或十分接近∞处,否则就是有漏电现象

17.用数字万用表测量电阻时,将量程开关拨至Ω的合适量程,_____。

A.红表笔插入 V/Ω 孔,黑表笔插入 COM 孔

B.黑表笔插入 V/Ω 孔,红表笔插入 COM 孔

C.红表笔插入 mA 孔,黑表笔插入 COM 孔

D.黑表笔插入 mA 孔,红表笔插入 COM 孔

18.判别二极管的极性时,将万用表置于_____。

A.$R\times100\text{k}$ 或 $R\times1\text{k}$ B.$R\times10\text{k}$

C.$R\times100\text{k}$ D.$R\times1\text{k}$

19.一般指针式万用表不能测量的量是_____。

A.电压 B.电阻

C.交流电流 D.直流电流

20.关于使用模拟式(指针式)万用表进行直流电流的测试方法,正确的是_____。

A.测量时先将万用表的选择开关置"直流电流挡",根据被测量的电流预估值选择合适量程后与被测电路并联

B.若不能较精确地预估电流值的范围,应将量程选择开关置最小挡进行测量后再根据测量的数据进行量程调整

C.连接被测电路时,万用表与被测电路并联,红表笔接电路的正端,黑表笔接电路的负端

D.在进行测试操作时,先断开电源,待表笔接好以后,再接通电源,读出测量值,测量完后,电路要还原

21.如图所示,用模拟式万用表的电压挡测量电阻 R_C 两端的电压。当两表笔并联在 R_C 的两端测量电压时,R_C 两端的等效电阻就变为 $R_C // r_0$(r_0 为万用表的内阻)。如果 r_0 与 R_C 相比不是大很多时,那么 R_C 两端的等效电阻就会_____,测出的电压就会_____。

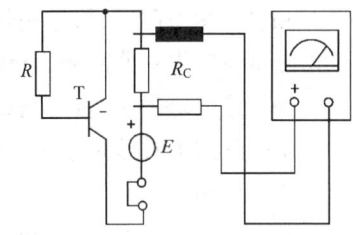

A.增大;降低 B.减小;升高

C.减小;降低 D.增大;升高

22.用模拟式万用表进行音频电平的测试,根据所选量程和指针所指的对应刻度线(-10~+20 dB)上的位置,确定被测电平值。如果选用 50 V 挡量程时,正确的读数方法是_____。

A.为表头读数 dB 值加上+14 dB

B.为表头读数 dB 值加上 28 dB

C.由-10~+20 dB 刻度线读数乘以 10

D.直接由-10~+20 dB 刻度线读数

23.利用模拟式万用表内的电池对电容充放电,可以测试电容器的性能。选择电阻挡合适量程,两表笔搭在电容器的引线上进行测量。若正向测量比反向测量的电阻大,则_____是电解电容的实际漏电阻,此时黑表笔接电解电容的_____。

A.反向电阻;负极 B.正向电阻;负极

C.反向电阻;正极 D.正向电阻;正极

24.在模拟式万用表中,欧姆挡的量程是用"×1""×10""×100""×1 k""×10 k"等标出来的。说明测量时,电阻的实际值等于_____,单位是_____。

A.指针的示值乘以转换开关对应的倍数;"k"

B.指针的示值除以转换开关对应的倍数;"Ω"

C.指针的示值乘以转换开关对应的倍数;"Ω"

D.指针的示值除以转换开关对应的倍数;"K"

25.模拟式万用表的表头通常采用_____仪表。

A.低灵敏度的磁电系 B.低灵敏度的电磁系

C.高灵敏度的磁电系 D.高灵敏度的电磁系

26.有关模拟式万用表的使用要求中,正确的是_____。

A.万用表在测量过程中,可以改变转换开关的位置

B.测直流电流时,电流应从红表笔流入表头

C.测量电压或电流前,表针若不在零位,要先进行电气调零

D.万用表不但适宜测量正弦电压或电流的有效值,也能测量非正弦量

27.利用模拟式万用表内的_____,可以测试电容器的性能。
   A.电池对电容充电   B.电容对电池放电
   C.电容对电池充放电   D.电池对电容充放电

28.关于使用便携式兆欧表测定交流电动机定子线圈对地绝缘的方法,正确的是_____。
   A.测量绝缘电阻时,可选用任何电压等级的兆欧表
   B.测量前应先对兆欧表进行调零,不能摇动仪表
   C.测量绝缘电阻时,将兆欧表的E接线柱接到交流电动机导电良好的外壳上,L接线柱接到定子线圈的接线端子上,摇动兆欧表至额定转速,指针稳定后所指刻度值为此线圈对地的绝缘电阻值
   D.测定对地绝缘时,无须切断电源,可直接将兆欧表的E接线柱接到通电运行的交流电动机导电良好的外壳上,L接线柱接到定子线圈的接线端子上

29.关于兆欧表使用中,不正确的是_____。
   A.兆欧表有三个接线柱,线路(L)、接地(E)、屏蔽(G)
   B.测量500 V以下的设备,选用2 500 V的兆欧表
   C.将兆欧表水平且平稳放置,将E、L两端开路,以约120 r/min的转速摇动手柄,观测指针是否指到"∞"处
   D.将E、L两端短接,缓慢摇动手柄,观测指针是否指到"0"处,检查完好才能使用

30.便携式兆欧表使用注意事项中,不正确的描述是_____。
   A.测量之前必须先切断电源
   B.红线(L)接地或机壳,黑线(E)接被测线路
   C.引线不可用绞线或双股线
   D.不可用其测量电子线路的绝缘电阻

31.关于船舶主配电板上的电流表,下列说法错误的是_____。
   A.量程的选择应遵循"由大到小,以指针居中或偏右为准"的原则
   B.采取加接电流互感器的方法扩大量程
   C.采取并联电阻分流的方法扩大量程
   D.与被测电路为串联关系

32.关于船舶主配电板上的电压表,下列说法错误的是_____。
   A.量程的选择应遵循"由大到小,以指针居中或偏右为准"的原则
   B.采取加接电压互感器的方法扩大量程
   C.采取串联电阻分压的方法扩大量程
   D.与被测电路为并联关系

33.船舶配电板测量仪表需同时输入电压、电流的是_____。
   ①电压表;②电流表;③频率表;④功率表;⑤同步表;⑥功因表
   A.③④⑥   B.①②③④⑤⑥
   C.④⑥   D.③④⑤

34. 在下图所示的某主配电板发电机控制屏的电压、频率表线路中,当转换开关打在 R-S(90°)位时,发电机引出线 R、S、T 三端的连接情况是_____。

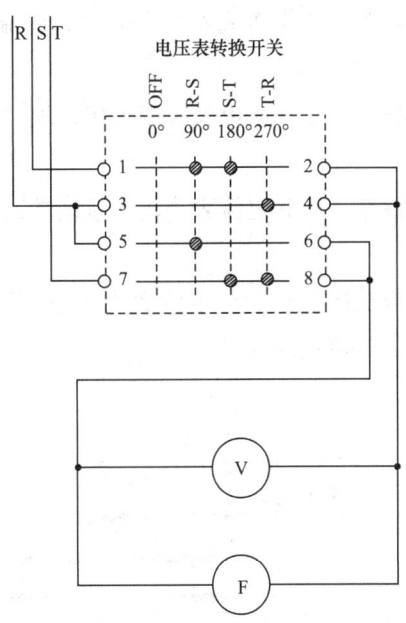

A. R 端经触点 5-6 接电压、频率表左侧,S 端经触点 1-2 接电压、频率表右侧
B. R 端经触点 3-4 接电压、频率表左侧,S 端经触点 1-2 接电压、频率表右侧
C. R 端经触点 1-2 接电压、频率表右侧,S 端经触点 5-6 接电压、频率表左侧
D. R、S、T 三端均不接入电压、频率表

35. 在下图所示的某轮主配电板发电机控制屏电流表线路中,当转换开关打在 S 相(180°)时,R 和 T 相电流互感器输出电流的流通路径是_____。

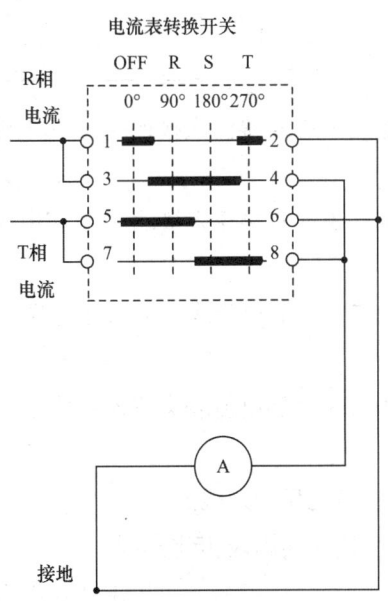

A. R 相电流互感器输出经触点 1-2 直接流入接地端,T 相电流互感器输出经触点 5-6 直接流入接地端

B. R 相电流互感器输出经触点 3-4 直接流入接地端,T 相电流互感器输出经触点 7-8 直接流入接地端

C. R 相电流互感器输出经触点 1-2 和电流表头流入接地端,T 相电流互感器输出经触点 5-6 和电流表头流入接地端

D. R 相电流互感器输出经触点 3-4 和电流表头流入接地端,T 相电流互感器输出经触点 7-8 和电流表头流入接地端

36. 在下图所示的某轮主配电板发电机控制屏电流表线路中,当转换开关打在 OFF(0°)位时,R 和 T 相电流互感器输出电流的流通路径是_____。

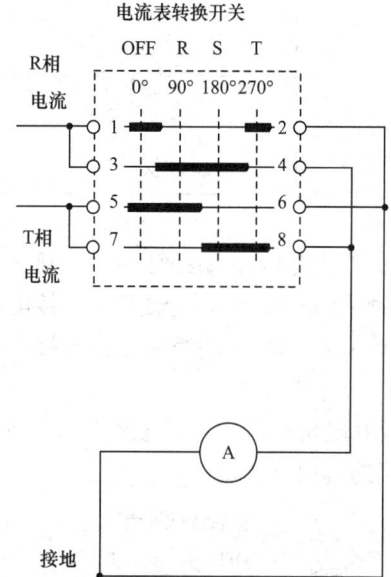

A. R 相电流互感器输出经触点 1-2 直接流入接地端,T 相电流互感器输出经触点 5-6 直接流入接地端

B. R 相电流互感器输出经触点 3-4 直接流入接地端,T 相电流互感器输出经触点 7-8 直接流入接地端

C. R 相电流互感器输出经触点 1-2 和电流表头流入接地端,T 相电流互感器输出经触点 5-6 和电流表头流入接地端

D. R 相电流互感器输出经触点 3-4 和电流表头流入接地端,T 相电流互感器输出经触点 7-8 和电流表头流入接地端

37. 船舶配电板测量仪表中,只连接电压输入线的是_____。

①电压表;②频率表;③功率表;④功因表;⑤同步表

A. ①②⑤   B. ①②③④⑤

C.④⑤ D.①②

38.关于模拟(指针)式和数字式万用表的区别,错误的是_____。
  A.数字式万用表采用液晶显示,分辨率高,可消除读取数据时的视差,方便准确
  B.模拟式万用表可通过指针的瞬时偏转,观察被测电量的连续变化过程及变化趋势
  C.模拟式万用表测量电阻时才用到其内部电池,电池的正极接红表笔,电流从红表笔流出,黑表笔流入
  D.数字式万用表是通过断续的方式进行测量显示的,因此不便于观察被测电量的连续变化过程及其变化的趋势

39.分别使用模拟(指针)式和数字式万用表测试二极管,错误的是_____。
  A.数字式万用表使用专用"二极管挡"正反两次测量两引脚间电阻,应分别显示管子导通及截止时的电阻值
  B.模拟式万用表内部,黑表笔接电池的正极,红表笔接负极,故测试二极管导通时,电流从黑表笔流出,所接为阳极
  C.模拟式万用表使用电阻挡的×100或1 kΩ倍率正反两次测量两引脚间电阻,应具有明显的单向导电性
  D.数字式万用表内部,红表笔接电池的正极,黑表笔接负极,故测试二极管导通时,电流从红表笔流出,所接为阳极

40.在下列的常用测量表头中,只可以通过直流电且刻度均匀的是_____。
  A.磁电式 B.电磁式
  C.电动式 D.压电式

第四节 电路图的识读

1.了解船舶主电网和应急电网之间的连接关系,应查阅_____。
  A.主配电板控制线路图 B.船舶电力系统单线图
  C.机舱电气设备布置图 D.主配电板接线图

2.维修机舱中某电气设备时需要断电,其电源开关位置可查阅_____。
  A.该设备的控制电路图 B.船舶电力系统单线图
  C.机舱电气设备布置图 D.主配电板单线图

3.查询某船舶生活区各层照明灯具、开关、插座、接线盒等的布置情况,可参看该轮的_____。
  A.照明线路单线图 B.生活区电气设备布置图
  C.照明配电板控制线路图 D.照明配电板接线图

4.下图所示的某轮电力系统单线图,由图可知_____。

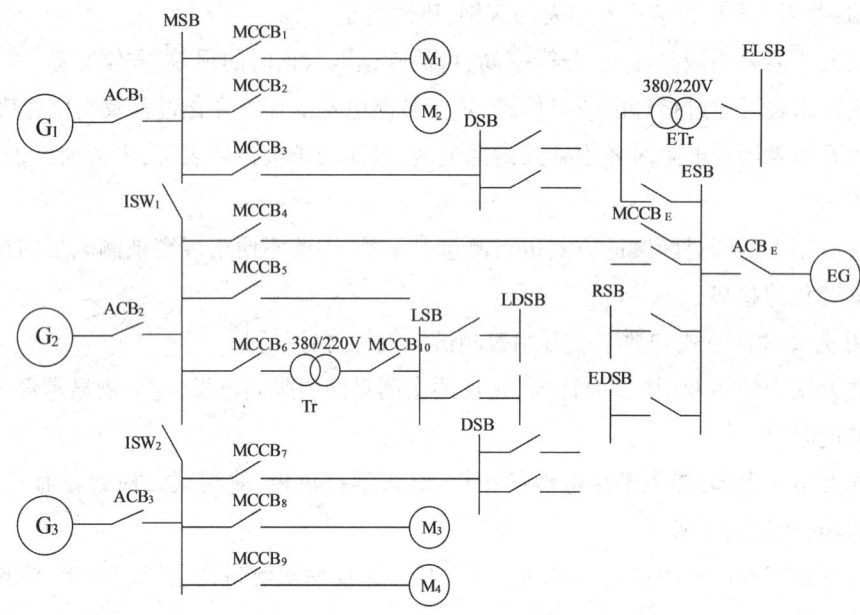

A.该轮主电网中有四台发电机 G_1、G_2、G_3、EG
B.通过两台照明变压器 Tr、ETr 获得 AC 220 V 的照明电压
C.保证主配电板向应急配电板单向供电的是联络开关 $MCCB_4$
D.应急配电板上的断路器 $MCCB_E$ 和 ACB_E 可以同时闭合

5.上图所示的某轮主电网及应急电网单线图中,对主要电气设备的名称和位置的叙述中错误的是_____。
A.MSB:主配电板-机舱集控室	B.ESB:应急配电板-应急发电机房
C.RSB:无线电配电板-驾驶台	D.ELSB:应急照明配电板-机舱底层

6.上图所示为某轮电力系统的单线图,错误的叙述是_____。
A.图中的电路采用单线表示,但实际是三相的三根线
B.该图中各处的线电压均为 AC 380 V
C.图中的动力电网分为主动力电网和应急动力电网两部分
D.作为单线图,此图中同时画出了船舶的主电网和应急电网

第一节 电气电子设备维护和修理

1.D	2.A	3.C	4.A	5.A	6.A	7.A	8.D	9.D	10.B
11.C	12.C	13.B	14.C	15.D	16.B	17.D	18.D	19.C	20.A
21.C	22.C	23.D	24.C	25.A	26.D	27.A	28.D	29.B	30.D

224

31.A	32.C	33.A	34.B	35.A	36.B	37.B	38.C	39.D	40.A
41.C	42.D	43.C	44.B	45.A	46.C	47.D	48.A	49.C	50.D
51.B	52.A								

第二节　电气设备故障诊断

1.D	2.B	3.A	4.D	5.C	6.D	7.A	8.C	9.A	10.B
11.C	12.B	13.B	14.C	15.A	16.B	17.A	18.D	19.B	20.C
21.C	22.B	23.A	24.D	25.B	26.B	27.D			

第三节　电工仪表的构造和操作

1.D	2.C	3.A	4.A	5.A	6.D	7.A	8.C	9.C	10.C
11.D	12.B	13.C	14.C	15.C	16.C	17.A	18.A	19.C	20.D
21.C	22.A	23.D	24.C	25.D	26.C	27.D	28.C	29.B	30.B
31.C	32.C	33.C	34.A	35.D	36.A	37.A	38.C	39.A	40.A

第四节　电路图的识读

| 1.B | 2.C | 3.B | 4.B | 5.D | 6.B |

第九章 甲板机械控制系统的维护和修理

第一节 甲板机械

1. 在锚机控制线路中,控制起、抛锚的方向接触器之间应设有_____环节。
   A. 自锁　　　　　　　　　　　　B. 互锁
   C. 联锁　　　　　　　　　　　　D. 闭锁

2. 交流三速变极调速锚机工作时能否上高速通常由_____继电器决定。
   A. 热　　　　　　　　　　　　　B. 零压
   C. 过流　　　　　　　　　　　　D. 中间

3. 如图所示为三速电动锚机控制线路的一部分,SA 是具有控制手柄的主令控制器,操作时手柄可有明确的空间位置,KM_1 与 KM_2 为控制电动锚机起锚与抛锚的接触器,该局部电路具有_____环节_____保护。

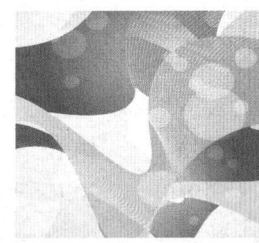

   A. 自锁;过载　　　　　　　　　　B. 互锁;零压
   C. 互锁;过载　　　　　　　　　　D. 闭锁;零压

4. 对于船舶锚机控制线路的基本要求,说法错误的是_____。
   A. 当主令控制器手柄从 0 位迅速扳到高速挡位时,控制线路可以按照要求迅速起动
   B. 在深水处抛锚时,控制线路应具有使电动机自动进入发电机反馈制动的功能
   C. 控制线路应能满足电动机在超负荷时堵转 1 min 的要求
   D. 控制线路具有电气制动和机械制动相配合的可靠制动环节,以达到快速停车的目的

5. 关于锚机的运行特点,电动机通常采用_____ min 短时工作制。

A.10　　　　　　　　　　　　B.15
C.20　　　　　　　　　　　　D.30

6.船舶_____在运行中,其三相异步电动机常采用再生加机械制动方式。
　A.锚机　　　　　　　　　　B.风机
　C.水泵　　　　　　　　　　D.艏侧推

7.关于电动锚机的运行特点和要求,说法正确的是_____。
　A.在电动抛锚时,由于是位能性负载,所以要求控制系统必须具有稳定的制动抛锚功能,匀速抛锚
　B.为保证起锚和拉锚入孔时的速度,要求电动机功率越大越好
　C.电动机起动频繁,应能连续工作且不限起动次数
　D.在抛锚和起锚时锚机电动机应始终保持恒速运转

8.关于电动绞缆机对拖动电动机的基本要求的叙述中,正确的是_____。
　A.电机在堵转情况下不能工作
　B.电动机不能在最大负载力矩下起动
　C.应选用普通长期工作制电机
　D.必须选用允许堵转1 min的电机

9.对电动锚机控制线路的要求,说法正确的是_____。
　A.当主令控制器手柄从零位快速扳到高速挡,电机也立即高速起动
　B.控制线路应适应电机堵转的要求
　C.控制线路中不设过载保护
　D.控制线路不需设置零压保护环节

10.关于交流三速锚机的控制线路(利用主令控制手柄操作),说法错误的是_____。
　A.应具有电气制动和机械制动相配合的制动环节
　B.应能满足电机堵转运行的要求
　C.当主令手柄从0位迅速扳到高速挡,控制线路应使电机也立即高速起动
　D.控制线路中应设置短路、过载、失压、断相等保护环节

11.关于电动锚机控制线路,说法正确的是_____。
　A.锚机控制线路应具有电气制动和机械制动相配合的可靠制动环节,可使锚机迅速停车
　B.锚机控制线路只允许电动机堵转30 s
　C.当手柄从0位迅速扳到高速挡,锚机控制线路立即使电动机高速起动
　D.锚机控制线路控制电路,只设置短路和过载保护

12.关于电动锚机控制线路,说法正确的是_____。
　A.当主令控制器手柄从零位快速扳到高速挡,锚机电动机能立即高速起动
　B.在抛锚和起锚时锚机电动机恒速运转
　C.电动锚机控制线路具有短路、失压、过载、断相等基本保护环节
　D.锚机电动机不允许堵转

13.操作锚机时,迅速将控制手柄扳到"起锚3"挡时,控制线路应能实现_____。
　A.保护停机　　　　　　　　B.低速起动
　C.逐级起动　　　　　　　　D.高速起动

14.送上电源后,锚机控制线路应_____工作。
   A.立即   B.延时
   C.风门关闭后才可   D.手柄置0位后才可

15.对锚机电动机的要求规定其机械特性为_____机械特性。
   A.上抛物线的   B.软的或下坠的
   C.硬的   D.硬或上翘的

16.舷梯的长度在船舶不利的纵倾情况下和向任何一舷横倾不少于_____时,可从舷梯甲板延伸到最轻载航行水线。
   A.25°   B.20°
   C.15°   D.10°

17.对频繁与短时操作的电机拖动设备,特别是需要注意安全的设备,如船舶舷梯机、救生艇吊艇机,应该用_____控制方法。
   A.点动控制+行程控制   B.连续控制+行程控制
   C.点动控制+时间控制   D.连续控制+时间控制

18.一般船舶舷梯机设置_____限位开关。
   A.1个上升   B.1个下降
   C.1个上升和1个下降   D.1个上升或1个下降

19.图示为某船舷梯电路图,图中KM_1和KM_2能实现电动机的_____保护。

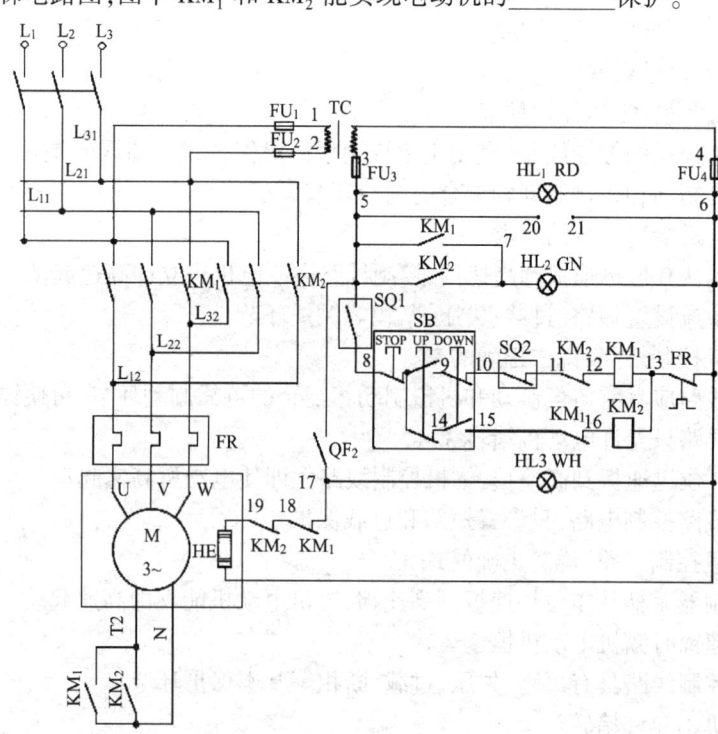

   A.自锁   B.闭锁
   C.联锁   D.互锁

20.图示为某船舷梯电路图,下列关于该电路图描述错误的是_____。

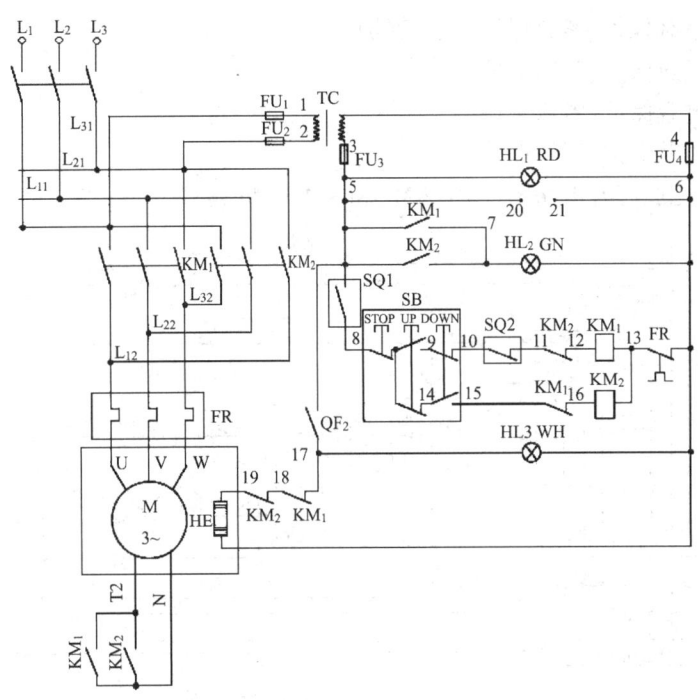

A. 手动联锁开关 SQ_1 断开,舷梯上升、下降操作都无效

B. 舷梯限位开关 SQ_2 动作,舷梯上升操作有效

C. 接触器 KM_1 得电动作,舷梯上升

D. 接触器 KM_2 得电动作,舷梯下降

21. 关于吊艇机,下列说法不正确的是_____。

A. 每个吊艇机应配有两套制动器,一套为手动制动器,另一套为自动调速制动器

B. 吊艇机应配备有效的手动装置用以回收救生艇

C. 在救生艇降落时,或使用动力装置吊起时,手动装置的手柄或手轮应旋转

D. 使用动力收回吊艇架吊臂的吊艇机,应设安全装置

22. 图示为某救生艇起升电路图,图中包含的电路保护有_____。

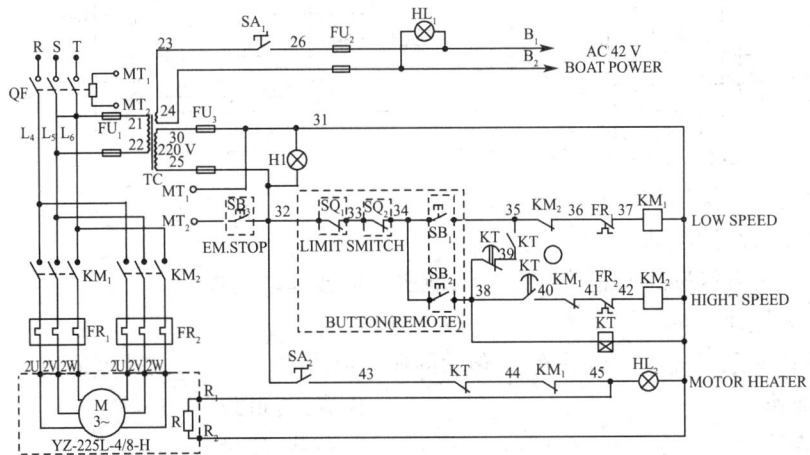

A.短路保护、过载保护、紧急保护、互锁保护

B.过载保护、紧急保护、互锁保护

C.短路保护、过载保护、紧急保护

D.短路保护、过载保护、互锁保护

23.图示为某船救生艇起升电路图,图中 KM_1 和 KM_2 之间是_____保护。

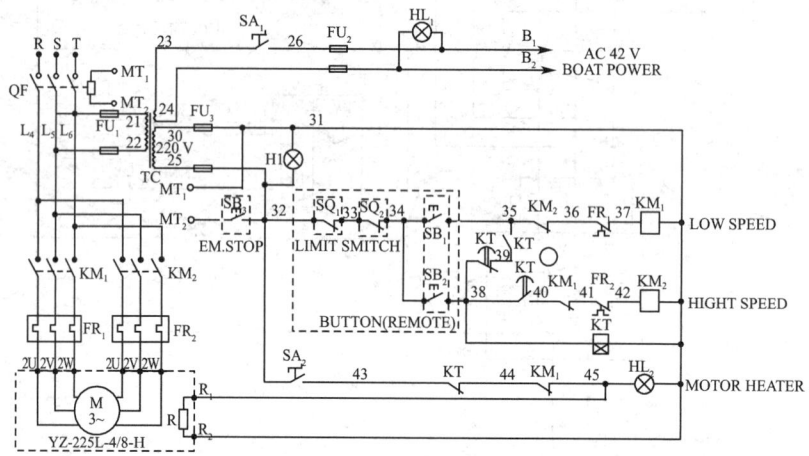

A.电气联锁 B.电气互锁

C.机械联锁 D.机械互锁

24.图示为某船救生艇起升电路图,图中 KT 瞬时动作触点(35,39)接触不良产生的故障现象是_____。

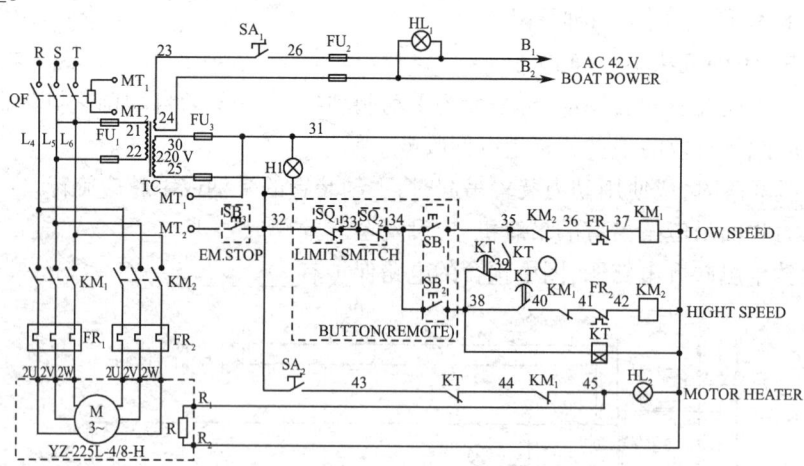

A.吊艇机无法高速运转

B.吊艇机无法高速起动

C.从停止状态直接按高速起动按钮 SB_2,艇机无低速起动过程

D.吊艇机无低速运转

25.开关舱设备多采用液压传动系统,其传动的压力取决于_____,速度取决于_____。

A.负载;流速 B.流速;负载

C.流速;流量 D.负载;流量

26.舱盖绞车电动机无法起动,其故障原因可能是_____。
   A.电动机热过载继电器常闭辅助触点黏连
   B.电动机主回路接触器主触点黏连
   C.停止按钮常闭触点黏连
   D.电动机热过载继电器没有复位

27.为保证舵机系统的供电可靠,通常采用_____。
   A.由专用柴油发电机供电
   B.由应急电源直接供电
   C.左、右舷两路馈线方式向舵机室供电,且其中一路与应急电源相连
   D.由主电源、大应急电源、小应急电源共同供电

28.为保证电动—机械传动舵机的供电可靠,实际做法是_____。
   A.配备专用的柴油发电装置
   B.分左、右舷两路馈线方式向舵机室供电即可,没必要与应急电源相连
   C.分左、右舷两路馈线方式向舵机室供电并与应急电源相连
   D.采用一路供电仅与应急电源相连即可,没必要采用两路馈线方式

29.对船舶舵机的电力拖动与控制装置的基本要求的叙述,错误的是_____。
   A.通常分左、右舷两路馈线方式向舵机供电,其中之一与应急电源相连
   B.至少有两个控制站(驾驶室和舵机房),控制站之间装有转换开关
   C.当舵叶转至极限位置时,舵机自动停止转舵,防止操舵设备受损
   D.从一舷最大舵角转至另一舷最大舵角的时间可超过 60 s

30.舵机拖动控制系统的技术要求中,关于对保护和报警装置的要求描述不正确的是_____。
   A.舵叶偏转限位开关报警与保护
   B.电源失压或缺相报警
   C.过载声光报警,延时后造成过载停机保护
   D.采用自动操舵仪时,应设有舵角过大的自动报警装置

31.关于自动舵操舵的叙述,正确的是_____。
   A.自动舵操舵时,操舵手轮手扳舵转,手放舵停
   B.自动舵操舵是按照船舶对航向的偏离角度来自动控制船舶的航迹
   C.自动舵操舵是按双位控制原则进行调节的自动操舵跟踪系统
   D.自动舵操舵时,通过操舵手轮实现对船舶的偏航进行自动跟踪

32.关于船舶舵机的主要技术要求,叙述正确的是_____。
   A.由 1 台或几台动力设备组成的每一电动或电动液压操舵装置至少应由主配电板设 2 路独立馈电线直接供电,但其中的 1 路必须由应急配电板供电
   B.油泵电动机组需采用双机同时运行系统
   C.舵自任一舷的 25°转至另一舷的 25°所需时间不超过 28 s
   D.舵自任一舷的 30°转至另一舷的 30°所需时间不超过 28 s

33.对于几种操舵方式,就其工作原理来说,航向控制时,自动操舵属于_____控制;舵角控制时,随动操舵属于_____控制。

A.闭环;开环 B.开环;开环
C.闭环;闭环 D.开环;闭环

34.在自动舵电路中,当使用_____,才能采用相敏整流电路。
A.线性电位器 B.线性电感器
C.步进电机 D.自整角机或旋转变压器

35.在自动舵电路中,航向信号和舵角反馈信号是交流信号,而控制器和放大器的输入应是直流信号,即它输出的电压的大小和极性都能够反映输入信号的大小和极性,这其中应采用_____电路。
A.相敏整流 B.半波整流
C.全波整流 D.桥式整流

36.在自动舵电路中,_____电路可以用输出电压的极性和大小反映偏航的方向和大小。
A.半波整流 B.桥式整流
C.全波整流 D.相敏整流

37.关于相敏整流电路,叙述正确的是_____。
A.相敏整流电路常用于采用自整角机作为舵角反馈装置的舵机控制系统中
B.相敏整流电路输出电压的大小反映了输入极性
C.相敏整流电路输出电压的大小和极性不能够反映输入信号的大小和极性
D.相敏整流电路输出电压的极性反映了输入信号的大小

38.相敏整流电路输入的_____都是_____电信号。
A.航向信号和舵角反馈信号;直流
B.航速信号和舵角反馈信号;直流
C.航向信号和舵角反馈信号;交流
D.航速信号和舵角反馈信号;交流

39.自动舵系统中,常采用相敏整流电路,把_____转换成_____。
A.不同相位的交流信号;相应极性的直流信号
B.相应极性的直流信号;不同相位的交流信号
C.不同相位的交流信号;相同相位的交流信号
D.相同相位的交流信号;相应极性的直流信号

40.船舶自适应舵输入参数量不包括_____。
A.舵叶的实际舵角信号
B.由罗经的航向、计程仪或多普勒导航仪提供的速度等来推测船位
C.车钟信号
D.可根据罗兰 A 或 C、台卡或奥米伽以及海军导航卫星系统(NNSS)等测定船位

41.自适应自动舵基本上是用微机控制的,其输入输出设备几乎都采用光电隔离或电磁隔离,包括通信信号,而隔离的最主要目的是_____。
A.抗干扰 B.隔离噪声
C.能承受外界浪涌电压 D.保证微机电源与外壳地隔离

42.船舶自适应舵需要航向给定信号、偏航信号、偏航速率信号、航速信号和舵角反馈信号等输入

参量,提供这些信号参量的设备有_____。

A.陀螺罗经、GPS、气象传真机、舵角反馈装置

B.陀螺罗经、GPS、计程仪、舵角给定装置

C.陀螺罗经、GPS、计程仪、舵角反馈装置

D.磁罗经、GPS、电子海图、舵角反馈装置

43.船舶自适应舵需要_____输入参量信号。

①航向给定信号;②航向反馈信号;③偏航信号;④偏航速率信号;⑤航速信号和舵角反馈信号;⑥航速信号和舵角给定信号

A.①②④⑥   B.①④⑤⑥

C.①③④⑥   D.①②④⑤

44.船舶自适应自动舵系统的控制微机组成部分中,一般不包括的部分是_____。

A.陀螺罗经(或磁罗经)数字电路接口

B.存储软件的 ROM 或 EPROM

C.输入输出接口电路

D.相敏整流电路

45.自适应自动舵的微机控制单元中最主要含有_____功能。

A.船舶动态模型计算   B.晶闸管触发控制

C.油泵压力自动调节   D.转舵转矩直接控制

46.当定量泵液压舵机出现振荡的故障现象,其原因可能是_____。

A.电磁阀有迟滞现象出现   B.控制继电器或电磁阀烧坏

C.控制继电器烧坏   D.电磁阀烧坏

47.电动调速型液压转叶舵机系统中,对其主油泵驱动电动机的控制要求是_____。

A.单向定速运行   B.双向定速运行

C.双向变速运行   D.单向变速运行

48.舵角自动控制系统工作中舵角响应比较慢,未能及时达到设定舵角,其故障原因不可能是_____。

A.液压系统中混入了空气

B.换向阀的回油口部分堵塞或开度过小

C.液压系统的压力不够

D.自动控制的电路板损坏故障

49.当驾驶台发出的舵令信号失效的应急情况下,可以用电话,甚至无线对讲机通话传递舵令,由操舵人员在舵机房直接操_____。

A.自动舵   B.随动舵

C.应急舵   D.定量泵

50.当操舵仪上舵角指令与实际舵角在正舵时偏差为0°,在大舵角下偏差大于_____需要进行调整。

A.0.5°   B.5°

C.2°   D.1°

51. 自动舵航行状态下,当舵角反馈信号开路,会产生_____现象。
   A. 出现左满舵或右满舵,船舶呈大S形航行轨迹
   B. 舵角回 0
   C. 一直左满舵
   D. 一直右满舵

52. 下列关于舵机设备的日常检查维护的说法中,错误的是_____。
   A. 检查操舵台上的控制开关、按钮、指示灯及报警等装置是否完整有效
   B. 观察两套机组的转换运行是否可靠
   C. 避免冲舵现象,尽量不要进行应急操纵
   D. 检查舵叶偏转快慢是否均匀,转舵时有无异常

53. 某些生产机械的运动部件的范围有一定限制,例如船舶舵机的左右舵角偏转必须限制在35°以内;起货机提升机构必须防止吊索收尽而造成吊钩撞碰吊臂事故等,而采用_____。
   A. 联锁控制   B. 多地点控制
   C. 限位控制   D. 自动切换控制

54. 相敏整流电路是船舶自动舵控制电路常用的一种整流电路,如果输入的正弦交流电有效值不变,但相位相反,那么其输出直流电压_____。
   A. 不变
   B. 大小变为原来一半,极性不变
   C. 大小不变,输出电压极性改变
   D. 大小变为原来的两倍,输出电压极性改变

55. 当失电后,锚机需要人工复位方可重新起动。复位的方法是_____。
   A. 稍后一段时间即可起动
   B. 主令控制器回零位
   C. 复位热保护继电器
   D. 将隔离开关切断再合上

56. 锚机运行过程中,操纵控制器,电动机只向一个方向转动,另一个方向不转。可能的原因中不包括_____。
   A. 相应的方向接触器主触点接触不良或线圈烧坏
   B. 电气互锁触点接触不良
   C. 主令控制器相应触点接触不良
   D. 松闸电磁线圈断路、短路、接地

57. 图示电动液压系统用于船舶起货机控制,当电磁阀 6 出现故障,电动控制失效时,制动器不能打开,此时_____。
   A. 油马达 2 堵转,油泵 1 压力急剧抬高,管系崩溃
   B. 油马达 2 虽然堵转,但是油压通过阀件 4、5 流过,油马达有起动力矩,但不能起货,油泵 1 能正常工作

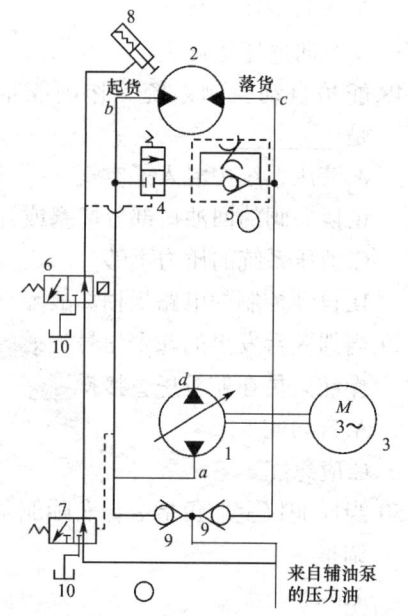

C.油压系统没有问题,但是电动机3立即出现过载保护

D.可以控制油泵1落货动作,将货物缓慢放回地面

58.电动液压系统在_____的情况下,电动机过载继电器动作。

A.执行机构超负荷　　　　　　　　B.液压系统元件内漏泄增大

C.液压系统油温过高　　　　　　　D.限位开关动作

59.电动液压系统液压泵匹配电动机容量过小,运行中会_____。

A.导致液压系统元件内漏泄增大

B.导致液压系统油温过高

C.在额定负载运行时,电动机过载继电器动作

D.在轻载运行时,电动机过载继电器动作

60.电动锚机的电动机在堵转工况下的关键性能要求是_____。

A.堵转时间可持续5 min,堵转力矩为额定值的1.5倍

B.堵转时间1 min,堵转力矩为额定值的2倍

C.堵转时交流电机自动停机保护,直流电机保持硬机械特性

D.堵转电流不得超过额定电流的80%

61.电动锚机的电气控制系统中必须设置的起动环节是_____。

A.按温度梯度分阶段起动　　　　　B.按时间或电流逐级自动起动

C.手动复位后强制延迟起动　　　　D.根据水深自动调整起动转矩

62.电磁控制的方向阀作用时有响声,错误的处理方法是_____。

A.修研或调配滑阀　　　　　　　　B.校正电磁铁间隙

C.消除污物　　　　　　　　　　　D.调换电磁线圈接线

63.穿过甲板的电缆,应用适当高度的_____加以保护。

A.金属导管或围框　　　　　　　　B.金属导管或塑料管

C.金属导管或PVC管　　　　　　　D.金属导管或塑钢管

64.电动甲板机械的电磁制动器应定期维护保养,维保内容不包括_____。

A.定期检查衔铁行程的长度

B.定期检查螺栓的坚固程度

C.定期检查可动部件的机械磨损情况,并做好清洁工作

D.定期检查刹车线圈电阻值

65.舷梯机出现下放正常、上升失灵故障时,应首先检查的部件是_____。

A.热继电器　　　　　　　　　　　B.电磁刹车器

C.上限位开关　　　　　　　　　　D.正反转接触器

66.舷梯机的电磁刹车线圈烧坏,则该设备_____。

A.无法运行,长按起动按钮热继电器会动作

B.无法上升,但是下放动作正常

C.无法下放,但是上升动作正常

D.长按正反转起动按钮,仍可进行上升及下放

67.某轮救助艇绞车需两挡不同的回收提升转速,一般可通过拖动电机的_____调速实现。
   A.变速齿轮　　　　　　　　　　B.变频装置
   C.绕线式电机转子串电阻　　　　D.鼠笼式电机变极

68.关于船舶救生艇绞车的电气控制系统,错误的叙述是_____。
   A.一般采用重力下放、电动回收的拖动方式
   B.设有回收提升时的限位开关保护
   C.拖动电机中设有电磁刹车器,其线圈得电后刹车
   D.通过电机的变极调速,可实现不同的回收提升转速

69.船舶门吊起重机的_____机构属于非工作性运行机构,只能用来调整起重机的工作位置即移仓,且通常采用较低的运行速度。
   A.起升　　　　　　　　　　　　B.旋转
   C.变幅　　　　　　　　　　　　D.行走

70.关于船舶门吊的电气控制及保护系统,错误的叙述是_____。
   A.起升机构可设置上终点、上减速、下减速、下终点两级行程保护和超负荷保护
   B.在突然断电的情况下,重物能够悬在空中,防止溜钩
   C.当系统恢复通电时,若操作手柄在工作位,悬空状态下的重物能够继续起升或下降,整个机构恢复正常工作状态
   D.门机变幅机构一般采用齿条传动,设行程保护装置,最多可设增幅/减幅极限、增幅/减幅终点、增幅/减幅减速三级保护

71.对于变频调速船舶起重机,其拖动电机控制模式中不包括_____控制。
   A.通用 VVVF　　　　　　　　　B.直接转矩
   C.矢量　　　　　　　　　　　　D.逆转矩

第二节　装卸货设备的电气、电子和控制系统

1.关于电力拖动起货机的电动机与控制设备,下列说法正确的是_____。
   A.起货机的电动机采用防水式电机
   B.起货机的起动加速过程与操纵主令控制器的速度有关
   C.起货机控制线路不设缺相保护
   D.起货机的制动环节一般只采用电磁制动器制动

2.关于电力拖动起货机的电动机与控制设备,说法错误的是_____。
   A.起货机的电动机机械特性较软
   B.起货机的电动机的过载性能好,起动力矩较大
   C.起货机的电动机的调速范围一般较宽
   D.起货机的制动环节一般只采取电气制动,不使用电磁制动器

3.对于交流电动起货机,当主令控制器手柄从提升的高速挡快速扳到下降的高速挡(或反向操作)时,首先实现从高速挡到零挡的自动制动停车,然后再实现从 0 挡到反向高速挡的自动起

动过程。这种控制方式称为_____。

A.过载保护控制　　　　　　　　　　B.高速限制控制

C.逆转矩控制　　　　　　　　　　　D.逆功率控制

4.关于船用三速交流变极起货机起动控制,叙述正确的是_____。

A.当主令手柄从零位扳到起货第三挡时,系统起动过程与手柄的操作速度有关

B.当主令手柄从零位扳到起货第三挡时,系统起动过程与手柄的操作速度无关

C.当主令手柄从零位扳到起货第三挡时,系统立即进入高速起动过程

D.当主令手柄从零位快速扳到起货第三挡时,系统锁死,自动停机

5.船用三速交流变极起货机逆转矩控制是指当主令手柄从起货第三挡直接扳到落货第三挡时,系统_____。

A.立即进入反接制动运行

B.立即进入反向起动

C.先三级制动停车,后按时间原则逐级反向起动

D.立即进入再生制动运行

6.对于交流电动起货机,要求从高速挡回零挡停车时设置有三级自动制动控制:电气制动(再生制动)、电气与机械联合制动以及机械制动。右图中有发生再生制动的时段为_____。

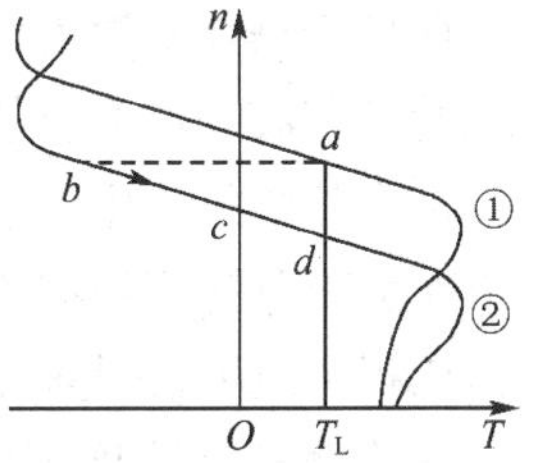

A.cd 段　　　　　　　　　　　　　B.ab 段

C.bc 段　　　　　　　　　　　　　D.bd 段

7.对于交流电动起货机,为了防止发生中、高速绕组的反接制动,避免过大的冲击电流,当主令控制器手柄从提升的高速挡快速扳到下降的高速挡(或反向操作)时,首先实现三级制动,然后反向逐级自动延时起动过程。这种控制方式称为_____。

A.联锁控制　　　　　　　　　　　　B.高速限制控制

C.逆转矩控制　　　　　　　　　　　D.制动控制

8.下列关于电动绞缆机对电动机的基本要求的叙述中,正确的是_____。

A.绞缆机电动机在堵转的情况下不能工作

B.绞缆机电动机要有软的或下垂的机械特性

C.绞缆机电动机应选用普通长期工作制电机

D.绞缆机电动机允许堵转 1 min 以上

9.三速交流起货机_____控制环节是用来防止反接制动的。

A.逆转矩　　　　　　　　　　　　　B.恒转矩

C.正反转　　　　　　　　　　　　　D.零位保护

10.船用交流电动起货机的控制系统通常采用_____。

A.变频调速　　　　　　　　　　　　B.转子回路串电阻调速

C.变极调速　　　　　　　　　　　　D.改变电源电压调速

11.船用三速交流变极起货机从零挡至上升(或下降)高速挡时,其加速过程主要取决于_____。

A.时间继电器的延时时间　　　　　　　　B.限位开关的状态
C.货物的重量　　　　　　　　　　　　　D.主令开关操作的快慢

12.交流三速电动起货机是鼠笼式异步电动机,定子上有三套各自独立的绕组,其磁极对数分别是2、4、14,电源频率为50 Hz,则该电机的同步转速分别为_____转/分钟(r/min)。
A.1 500、750、214　　　　　　　　　　B.750、375、107
C.1 000、500、150　　　　　　　　　　D.3 000、1 500、428

13.船用三速交流变极起货机采用逐级延时起动的原因是防止_____直接起动,一般在_____之间安排延时起动。
A.高速;二、三级　　　　　　　　　　　B.高速;一、二、三级
C.中速;二、三级　　　　　　　　　　　D.中速;一、二、三级

14.船舶电气管理人员在冷藏集装箱控制系统故障排查中,要注意其具有_____的特点。
A.调温范围广,且分为冷却、冷冻和加热三挡
B.采用的能量调节、温度调节形式和措施较少
C.结构紧凑、设备少,故控制系统简化、功能单一
D.便于操作的温度给定值设定机构,调温范围较窄

15.冷藏集装箱的运行故障排查,错误的叙述是_____。
A.在故障排查中,应尽快确认其属于机械故障还是电气故障
B.大部分冷藏箱都有故障代码显示功能,这是进行故障处理的重要依据
C.根据故障代码查阅说明书,并依此检查可能出现故障的部件,必要时更换备件
D.冷藏箱容量及制冷量小,控制系统简化、调温精度低,故障复杂程度也较低

16.冷藏集装箱控制系统的管护和修理,错误的叙述是_____。
A.冷藏箱上船后应及时进行外观检查,看控制板、接线等是否有破损
B.冷藏箱上船后马上插电运行,以查看其工作状态是否正常
C.运转中检查供、回风温度,压缩机进出口压力等参数是否正常
D.根据冷藏箱的故障代码查阅说明书相关内容,进行故障分析和排查

17.冷藏集装箱控制系统的特点是_____。
A.皆装运冷藏、冷冻货物,故调温范围较窄
B.采用的能量和温度调节形式和措施较少
C.结构紧凑、设备少,故系统简化、功能单一
D.常设有温度自动记录、工况自动转换、故障预报和自诊断等功能

18.某起货机控制线路上有直流电磁制动器,关于其工作原理,下列说法正确的是_____。
A.当起货机起动时,首先必须切断电磁制动器的励磁线圈供电,使其松闸
B.当起货机起动时,首先必须接通电磁制动器的励磁线圈供电,做到强励松闸
C.当起货机起动时,首先必须接通电磁制动器的励磁线圈供电,做到弱励松闸
D.当起货机起动时,首先弱励松闸,不成功再强励松闸

19.关于电动-液压起货机系统中的电动机,说法错误的是_____。
A.由主油泵电动机、辅油泵电动机、吊杆电动机三种功能的电机组成

B.吊杆电动机采用正反转磁力起动器直接起动电动机

C.主油泵电动机的容量大多采用星形-三角形降压起动的方法

D.辅油泵电动机必须等主油泵电动机起动 1 min 后才能起动

20.电动-液压起货机系统中有关电动机作用说法错误的是_____。

A.吊杆电动机的正反转实现起货机吊杆的上、下移动

B.辅油泵电动机带动辅油泵产生压力油主要是向刹车油缸供油

C.主油泵电动机带动主油泵产生压力油驱动油马达实现起、落货物

D.吊杆电动机实现吊杆的上、下移动必须要等主油泵电动机工作后才能实现

21.船舶电动起货机从高速挡回零挡停车时,三级制动的顺序是_____。

A.机械制动→电气制动→联合制动

B.电气制动(再生制动)→电气与机械联合制动→机械制动

C.联合制动→机械制动→电气制动

D.机械制动与电气制动同步动作

22.关于船舶电动起货机的"逆转矩控制环节",正确逻辑是_____。

A.直接切换至反向高速挡,同时施加机械制动

B.先进行从高速挡到零挡的三级制动停车,再进行反向三级延时启动

C.通过变频器直接反向运行,无须停车过渡

D.仅允许低速反向运行以降低冲击

23.船舶电-液起货机系统的电机的起动控制常使用 Y-△ 起动,与冷却风机同时构成联锁控制。起动时发现电机不能从 Y 起动切换到 △ 运行,且液压输出压力不够,可能的原因有_____。

A.风机未运行 B.Y 切换到 △ 的延时继电器失效

C.Y 运行接触器线圈断路 D.油箱油位不够

24.电-液起货机系统中用于系统运行的主要电气设备及元件有_____。

A.电动机、减速器、钢丝绳转筒

B.电动机、液压泵、液压马达

C.电动机、油位传感器、油箱温度加热器

D.电动机、主令电位器、电子控制器、电磁阀

25.交流恒转矩变极调速起货机与恒功率的相比,主要特点叙述正确的是_____。

A.起动电流大、起动力矩大 B.高速时转矩小

C.高速时提升货物只能提升半载 D.需重载不上高速的保护环节

26.船用电动液压起货机电气系统的主要电气元件由_____。

A.主油泵电动机、辅油泵电动机、刹车电磁阀、电气控制器件等组成

B.动力元件、执行元件、控制元件、辅助元件等组成

C.主油泵、辅油泵、刹车电磁阀、电气控制器件等组成

D.主油泵电动机、辅油泵电动机、执行元件、电气控制器件等组成

27.下列不是电动液压起货机的主要组成部分的是_____。

A.油泵机组 B.油马达

C.各种控制阀组　　　　　　　　　　D.停泊发电机

28.＿＿＿＿＿＿不是电动液压起货机的特点。
A.可实现平滑无级调速　　　　　　　B.对电动机要求高
C.电气控制简单　　　　　　　　　　D.过载能力强

29.在电动液压起货机电气控制中不含＿＿＿＿＿＿。
A.Y-△起动　　　　　　　　　　　　B.零位保护
C.过载保护　　　　　　　　　　　　D.漏电保护

30.电动液压起货机在下放重物时,若此时油马达以油泵状态运行,此状态与电动机的＿＿＿＿＿＿状态类似。
A.能耗制动　　　　　　　　　　　　B.反接制动
C.再生制动　　　　　　　　　　　　D.空载运行

31.电动-液压起货机系统主要是由＿＿＿＿＿＿。
A.主油泵、油马达、各种控制阀和管路等组成
B.主油泵机组、油马达、各种控制阀和管路等组成
C.辅油泵机组、油马达、各种控制阀和管路等组成
D.主、辅油泵机组、油马达、各种控制阀和管路等组成

32.下图表示的是＿＿＿＿＿＿。

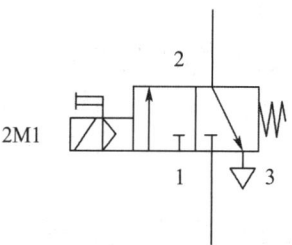

A.电动溢流阀　　　　　　　　　　　B.电动单向阀
C.电动二位三通阀　　　　　　　　　D.电动二位二通阀

第一节　甲板机械

1.B	2.C	3.B	4.A	5.D	6.A	7.C	8.D	9.B	10.C
11.A	12.C	13.C	14.D	15.B	16.C	17.A	18.A	19.D	20.B
21.C	22.A	23.B	24.C	25.D	26.D	27.C	28.C	29.D	30.C
31.B	32.A	33.C	34.D	35.A	36.C	37.A	38.C	39.A	40.C
41.A	42.C	43.D	44.D	45.A	46.A	47.C	48.D	49.C	50.C
51.A	52.C	53.C	54.C	55.B	56.D	57.B	58.A	59.C	60.B

| 61.B | 62.D | 63.A | 64.D | 65.C | 66.A | 67.D | 68.C | 69.D | 70.C |
| 71.D | | | | | | | | | |

第二节 装卸货设备的电气、电子和控制系统

1.A	2.D	3.C	4.B	5.C	6.C	7.C	8.B	9.A	10.C
11.A	12.A	13.A	14.A	15.D	16.B	17.D	18.B	19.D	20.D
21.B	22.B	23.B	24.D	25.A	26.A	27.D	28.B	29.D	30.C
31.D	32.C								

第十章 生活设备的维护和修理

第一节 电梯

1. 下列部件中，_____不属于船舶电梯调速环节。
   A. 测速机构 B. 对重
   C. 带齿轮箱和制动器的电动机 D. 层门控制

2. 电梯曳引系统的功能是输出动力和传递动力，主要由_____组成，是电梯运行的根本和核心部分之一。
   A. 曳引机、曳引钢丝绳、导向轮和反绳轮 B. 曳引机、曳引钢丝绳、主动轮和被动轮
   C. 曳引机、曳引钢丝绳、轿厢和对重 D. 电引机、曳引钢丝绳、减速箱和刹车

3. 关于电梯制动器的描述中，不正确的是_____。
   A. 电梯运行时，制动器电磁线圈得电，电磁铁吸合，制动器松闸
   B. 电梯常采用机电摩擦型常闭式制动器
   C. 电梯制动器都装在电动机和减速器之间，即装在高转速轴上
   D. 电梯制动器一般装在电动机自由端侧

4. 关于电梯门的描述中，不正确的是_____。
   A. 电梯门分为轿厢门和层门
   B. 轿厢门由自动开门机来开门和关门
   C. 层门由自动开门机来开门和关门
   D. 层门由轿厢门通过系合装置带动开门或关门

5. 船舶电梯电机一般使用变频电机，有的也采用多速电机，其结构是_____。
   A. 绕线式异步电动机 B. 鼠笼式异步电动机
   C. 直流电动机 D. 无刷式同步发电机

6. 电梯在运行过程中非正常停车，乘客被困梯中，是一种_____状态。
   A. 保护 B. 检修
   C. 正常 D. 调试

7. 船舶摇晃超过被设定的纵摇 10°和横摇 15°保护值时,电梯_____。

　A.自动停止运行,如果船晃动 1 min 后平静下来,电梯操作自动恢复

　B.降速运行

　C.继续运行,发出船舶摇晃警报

　D.自动停止运行,电梯操作不能自动恢复

8. 电梯运行模式分为紧急电动运行、检修运行、消防运行和正常运行,优先级别最高的是_____。

　A.紧急电动运行　　　　　　　　　　B.消防运行

　C.检修运行　　　　　　　　　　　　D.正常运行

9. 船舶电梯的控制系统中,PLC 主要实现_____。

　A.调速控制　　　　　　　　　　　　B.安全控制

　C.逻辑控制　　　　　　　　　　　　D.人机界面控制

10. 船舶电梯的控制系统中有很多主要的检测传感器,但不包括_____。

　A.电机电流传感器　　　　　　　　　B.层门位置传感器

　C.电机速度传感器　　　　　　　　　D.钢丝绳磨损传感器

11. 电梯轿顶检修箱上装设的电器组件不包括_____。

　A.急停按钮　　　　　　　　　　　　B.点动上、下慢速按钮

　C.正常和检修运行按钮开关　　　　　D.紧急电动运行按钮

12. 有关电梯断电平层装置的描述中,不正确的是_____。

　A.电梯在正常运行中,因突然停电或缺相等原因被困于井道时,断电平层装置自动投入运行

　B.电梯断电平层装置总运行结束后,自动进入守候状态

　C.电梯在检修状态,电网因突然停电或缺相等原因停止运行,断电平层装置自动投入运行

　D.断电平层装置应急运行时不受外电网突然恢复的影响,待应急运行结束后,电梯方可恢复正常运行

13. 变频调速电梯拖动系统在电梯中得到广泛应用,对 VVVF 电梯调速系统性能描述中不正确的是_____。

　A.起动和制动减速过程非常平稳、舒适　　B.效率高、损耗低

　C.工作可靠　　　　　　　　　　　　D.调速性能不如直流调速系统

14. 一般而言,船舶电梯的安全保护控制与陆用有一些区别,其中_____是船舶电梯独有的。

　A.超速保护　　　　　　　　　　　　B.消防灭火保护

　C.摇晃过度保护　　　　　　　　　　D.地坑保护

15. 电梯轿厢超速或坠落时,_____装置可以使电梯强行制动停止。

　A.限速器与安全钳　　　　　　　　　B.补偿装置

　C.过载保护装置　　　　　　　　　　D.缓冲器

16. 当轿厢超速下降时,电梯限速器动作,_____。
    A.限速器开关动作切断控制电路,电梯停止运行后,限速器开关自动复位
    B.限速器开关动作切断控制电路,电梯停止运行后,限速器开关不能自动复位
    C.限速器开关动作,限制电梯运行速度
    D.限速器开关动作,电梯减速慢行

17. 电梯越程保护装置极限开关动作后,电梯起动_____保护。
    A.报警   B.强迫减速
    C.切断电梯控制电路   D.切断电梯动力电源

18. 船舶电梯的控制功能需定期进行检验,其中_____是必须经过测试的。
    A.安全保护   B.变频调速
    C.层门控制   D.高温保护

19. 船舶电梯在进行检验前,应首先准备好_____。
    A.围好围栏,做好防护标识   B.断电、检测绝缘
    C.检测各限位开关   D.矫正重量传感器

20. 《特种设备安全监察条例》规定,在用电梯应当至少每_____进行一次清洁、润滑、调整和检查。
    A.周   B.十五日
    C.月   D.季度

21. 层门钥匙应由专人保管,只有紧急情况才能由专职人员使用,开启层门前,应_____。
    A.观察层楼显示   B.确认轿厢位置
    C.有人监护   D.接受培训

22. 电梯机房内马达以及制动器调整之前必须_____。
    A.报告轮机长   B.有人现场监护
    C.仔细阅读说明书   D.关闭电源

23. 船舶电梯在进行修理时,可先通过观察_____,然后分析后,采取有针对性的措施。
    A.电机运行效果   B.有关监测记录
    C.电梯外形变化   D.电梯视频监视

24. 电梯事故发生率最高的是_____。
    A.门系统事故   B.冲顶事故
    C.蹲底事故   D.其他事故

25. 电梯电气系统故障一般排查原则,不正确的是_____。
    A.先主电路,后辅助控制回路的原则
    B.先排查电气安全回路环节,再排查其他控制回路环节的原则
    C.检修时坚持"先行慢车,再行快车"的原则
    D.先排查PLC或微型计算机故障,后排查外部电路故障

第十章　生活设备的维护和修理

26.某轮电梯刹车电路如图所示,图中 33 为刹车辅助继电器触点,BC 为刹车线继电器触点,34 为刹车维持继电器触点,若 34(B13,B14)触点烧黏连,故障现象为_____。

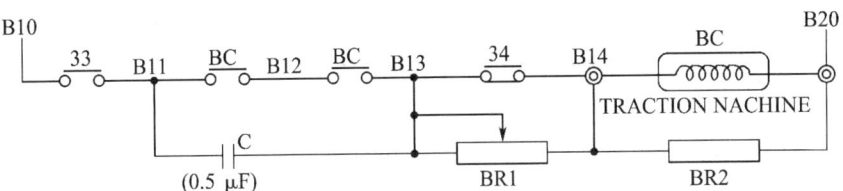

A.对刹车系统无影响

B.刹车不能维持

C.刹车线圈温升高

D.刹车线圈保持有电,刹车不释放关闭

27.船舶电梯受困时,可通过_____来寻求帮助。

A.手机呼叫　　　　　　　　B.电梯电话呼叫

C.对讲机呼叫　　　　　　　D.电梯视频

28.船舶电梯受困测试中,应通过_____来控制电梯行进到层门。

A.应急停止按钮　　　　　　B.手动操作控制

C.按下每层的按钮　　　　　D.电话遥控

29.船舶电梯轿厢中安装的电话一般是_____。

A.声力电话　　　　　　　　B.可视电话

C.自动电话　　　　　　　　D.卫通电话

30.电梯轿厢内维护检查,测试设备包括_____。

A.测试应急停止、警报、电话、轿门开关、应急照明、应急出口安全开关功能正常

B.测试应急停止、应急运行、警报、电话、轿门开关、应急照明功能正常

C.测试警报、电话功能正常

D.测试应急停止、警报、电话、轿门开关、应急照明、点动运行功能正常

31.船舶电梯修理或维护过程中,为防止人员受困,应通过_____来保证安全。

A.模拟测试　　　　　　　　B.安全试验做好后,再修理

C.使用动物模拟人员　　　　D.保持电话通畅

32.电梯紧急状态下逃生方法,在扳动刹车释放杆放松刹车前必须首先_____。

A.扭动控制箱上的主开关使电源切断　　B.打开检修开关

C.按下停止按钮　　　　　　　　　　　D.拟定紧急救援方案

33.乘客受困电梯,维修人员紧急救援工作首先要做的是_____。

A.与轿内人员联系,了解情况　　　　　B.手动打开制动器,盘车至平层

C.切断电梯动力电源　　　　　　　　　D.打开层门放人

34.电梯设备的基本结构不包括_____。

A.曳引系统和门系统　　　　　　　　　B.重量平衡系统

C.应急逃生系统 D.电力拖动系统和电气控制系统

35.关于船舶电梯的安全保护功能及其所用保护装置,错误的叙述是_____。
  A.门的安全保护——层门及轿门光电装置、门电子检测装置、安全触板
  B.超越上下极限工作位置保护——强迫减速开关、终端限位开关
  C.撞底(与冲顶)保护——安全钳
  D.向外部报警——轿厢内与外部联系的警铃、电话等

36.关于船舶电梯的安全保护功能及其所用保护装置,错误的叙述是_____。
  A.超速(失控)保护——限速器、安全钳
  B.超越上下极限工作位置保护——缓冲器
  C.门不关闭、电梯不能运行——层门门锁与轿门电气联锁装置
  D.供电电源缺相、逆序保护——相序保护装置

37.船用电梯的特殊保护形式是_____保护。
  A.超速 B.地坑缓冲
  C.随行电缆 D.电梯火警

第二节　厨房设备

1.大型船舶厨房的电炉灶设备一般使用_____电压,由_____进行供电。
  A.动力;主配电板直接 B.照明;厨房分配电箱
  C.动力;应急配电板 D.动力;厨房分配电箱

2.厨房电炉板加热管损坏,无法买到同型号备件,在订购替代品时要注意_____相同。
  ①额定电压;②额定功率;③最高工作温度;④形状和尺寸
  A.①②③ B.①③
  C.①② D.①②③④

3.为防止厨房电炉板温度过高造成损坏,需设_____进行保护。
  A.温度开关 B.熔断器
  C.热继电器 D.过流继电器

4.为保持厨房电炉板的良好绝缘,错误的操作是_____。
  A.做饭时防止汤水溢出至电炉板上
  B.安装高温保护装置,防止温度过高损坏加热管
  C.用热继电器对电炉灶进行过载保护
  D.电炉板的接线应选用石棉线等耐高温导线

5.以下各种船舶电气设备最易发生绝缘故障的是_____。
  A.厨房电炉灶 B.主机滑油泵电机
  C.中央空调压缩机电机 D.舵机控制系统

6.船用电烤炉在保温过程中出现加热器频繁通断电,则需将其温度继电器的_____。
  A.设定值调高 B.设定值调低

C.差值调高　　　　　　　　　　　　D.差值调低

第三节　生活安全和报警系统

1.对于滚装船、液化气船、车渡船等货舱区舱室需要载运车辆和油、气品,为预防可能聚集较多的易燃气体,引起爆炸或燃烧,船上该区域一般装有_____。
　A.大舱烟雾报警装置系统　　　　　　B.易燃气体探测器系统
　C.定温式温度探测器　　　　　　　　D.差温式温度探测器

2.差温式(或温升式)火警探测器,是根据_____超过限定值时发出火警信号。
　A.温差　　　　　　　　　　　　　　B.温度
　C.温升率　　　　　　　　　　　　　D.温升

3.差温式(温升式)火警探测器是在_____大于给定值情况下给出火警信号。
　A.温度值　　　　　　　　　　　　　B.烟气浓度
　C.温度升高率　　　　　　　　　　　D.烟气浓度变化量

4.以下火警探测器中,机理上属于光电效应式探测法的是_____火警探测器。
　A.定温式　　　　　　　　　　　　　B.差温式
　C.感烟管式　　　　　　　　　　　　D.离子式

5.以下火警探测器中,机理上采用波纹片(膜、板)感受因温度变化造成环境气压变化的是_____火警探测器。
　A.定温式　　　　　　　　　　　　　B.差温式
　C.感烟管式　　　　　　　　　　　　D.离子式

6.火警探测器中,机理上采用温度膨胀系数不同双金属片的是_____火警探测器。
　A.定温式　　　　　　　　　　　　　B.差温式
　C.感烟管式　　　　　　　　　　　　D.离子式

7.利用烟气粒子吸附被放射线电离的导电离子的多少检测_____的火警探测器称为离子_____探测器。
　A.烟气浓度;感光　　　　　　　　　B.火焰光谱;感光
　C.烟气浓度;感烟　　　　　　　　　D.烟气辐射温度;感温

8.船舶干货舱自动探火和报警系统多采用烟气管道_____火警探测器。
　A.感光式　　　　　　　　　　　　　B.感烟管式
　C.离子感烟式　　　　　　　　　　　D.感温式

9._____火警探测器仅根据温度升高的变化率来检测火情。
　A.定温式　　　　　　　　　　　　　B.温升式
　C.感温式　　　　　　　　　　　　　D.差定温式

10.感烟式火警探测器有两种:一种基于_____原理;另一种基于_____原理。
　A.烟雾浓度不同透光程度不同;烟雾颗粒能吸收空气中被电离的离子
　B.烟雾导电随浓度变化;烟雾颗粒在磁场中磁化
　C.烟雾透光性;烟雾吸收α射线

D.烟雾顺磁性;烟雾逆磁性

11.感烟管式火警探测器里,两个光电池所产生的电压差值随气样中烟雾浓度_____。

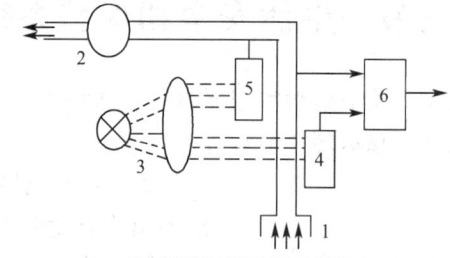

感烟管式火警探测器原理图
1.集烟管；2.抽风机；3.光源；4.测量光电池；5.基准光电池；6.检测电路

A.增大而减小 B.增大而增大
C.没有对应关系 D.呈指数对应关系

12.关于感温式火警探测器的描述,错误的是_____。
A.感温式火警探测器主要用于外室、走廊和大舱的火情探测
B.感温式火警探测器分为定温式和温升式两种
C.定温式火警探测器是根据监测点的温度是否达到警戒值发出报警的
D.温升式火警探测器是根据监测点的温度升高变化率是否达到警戒值发出报警的

13.关于感烟式火灾探测器的描述,错误的是_____。
A.船上常用的感烟式火灾探测器主要有感烟管式(或称光电式)和离子式两种
B.感烟管式火灾探测器利用烟雾浓度不同其透光程度不同的原理来探测的
C.离子式火灾探测器主要用于住室、走廊、控制室和舱室容积较小场所的火灾探测
D.感烟管式火灾探测器主要用于大舱内的火灾探测

14.差定温式火灾探测器是将_____和_____两种探测器组合在一起。提高了火灾监测的可靠性,在船舶中应用较多。
A.定温式;差温式 B.感温式;感烟式
C.差动式;定值式 D.差温式;感烟式

15.现代船舶火灾报警系统多采用总线式结构,当拆下其中一个探头,系统出现_____。
A.该回路无法火灾报警,系统有线路故障总报警
B.该回路能火灾报警,但是系统有线路故障存在
C.该回路部分能火灾报警,但是该回路有线路故障存在
D.该回路无法火灾报警,但该回路有线路故障存在

16.现代船舶火灾报警系统多采用微机实现,系统出现火灾报警,_____,查明火灾位置。
A.找到烟雾处 B.在报警器显示区可发现大致区域
C.在报警器显示区可发现具体位置 D.授权密码确认,才能在显示上发现标识

17.若将火灾报警器终端电阻接到探测器的前面(靠近火警中央单元),_____。
A.报警器报警 B.不能对整个分路进行断线或缺探测器检测
C.完全可以 D.探测器整定值发生变化

18.火灾探测器出现漏报的原因不包括_____。
A.探测器本身及线路有故障 B.探测器的灵敏度太高

C.探测器没有探测到足够多的烟雾　　　　D.探测器离顶棚过近

19.现代船舶火灾报警系统多采用微机实现总线式,每个探头也是总线上的一个节点,正常情况下,该探头_____。

A.有指示灯周期性点闪　　　　　　　　B.没有任何指示灯指示

C.仅电源指示灯常亮　　　　　　　　　D.电源指示灯常亮和通信指示灯闪亮

20.现代船舶火灾报警系统多采用微机实现总线式,每个探头也是总线上的一个节点,正常运行中进行测试,该探头对_____信号有反应。

A.电吹风的热气　　　　　　　　　　　B.烟雾

C.探头周边温差突变　　　　　　　　　D.探头标识的

21.先进火灾探测系统会持续的监视探测器性能,当探测器受到污染或者功能异常时,系统会给出一个早期预报警,如果控制面板上的"dirty sensor"故障报警,则应对探测器进行清洁之后复位。感烟探测器清洁方法_____。

A.使用吸尘器或高压空气清洁探头,外壳使用湿布清洁

B.使用可溶性清洁剂,如酒精等清洁探头,外壳使用湿布清洁

C.使用吸尘器或高压空气清洁探头,外壳使用可溶性清洁剂,如酒精等清洁

D.使用可溶性清洁剂,如酒精等清洁探头,外壳使用高压空气清洁

22.智能火警系统Disconnection指示灯亮,其原因不会是_____。

A.切断了某区域探测器　　　　　　　　B.切断了某单手动报警点

C.切断了某报警设备　　　　　　　　　D.切断了备用电源

23.现代船舶医院有单独的_____系统。

A.呼叫报警　　　　　　　　　　　　　B.电话

C.声力电话　　　　　　　　　　　　　D.对讲机

24.现代船舶医院应定期试验,检测内容中应该没有_____。

A.摄像头　　　　　　　　　　　　　　B.呼叫按钮

C.声光报警　　　　　　　　　　　　　D.电话

25.船上医院呼叫系统复位描述正确的是_____。

A.按下医生房间医院病房呼叫报警器上的"应答"按钮

B.按下船员餐厅医院病房呼叫报警器上的"应答"按钮

C.复位医院病房呼叫器上的"呼叫"按钮

D.复位医院呼叫控制器上的"复位"按钮

26.船上医院呼叫系统呼叫报警器一般不安装在_____。

A.驾驶台　　　　　　　　　　　　　　B.医生房间

C.船员餐厅　　　　　　　　　　　　　D.病房

27.进入船舶冰库,不小心受困,应及时找到_____。

A.摄像头　　　　　　　　　　　　　　B.呼叫按钮

C.报警声光　　　　　　　　　　　　　D.声力电话

28.船舶冰库受困呼叫装置在冰库门锁上后,冰库内_____点亮。

A.门锁指示灯　　　　　　　　　　　　B.应急指示灯

C.冰库运行指示灯 D.声力电话指示灯

29.船舶冰库受困呼叫装置不能呼叫,电源正常,最应检查_____。
A.机舱报警系统警报器 B.呼叫按钮及其线路
C.制冷设备电源 D.电话

30.冷库受困报警笛一般安装在_____。
A.厨房外 B.机舱
C.冷库 D.厨工房间

31.冷库受困报警笛发出声光报警后,可在_____处解除声光报警。
A.冷库报警控制箱 B.冷库呼叫按钮
C.冷库报警笛 D.冷库报警板

32.冷库受困报警器电源为_____。
A.冷库控制电源 B.独立的主照明220 V电源
C.独立的应急照明220 V电源 D.充放电板24 V电源

33.病人进行船舶医院呼叫系统的呼叫时,按下呼叫按钮后病房内的呼叫灯亮,若过一会此灯熄灭,则说明_____。
A.已经有人某处进行了应答 B.呼叫超时,自动停止
C.呼叫指示灯泡烧坏 D.控制线路中的主接触器未自锁

34.船舶医院呼叫系统功能测试中发现,按下呼叫按钮时呼叫灯亮且各处报警响起,但松开按钮既灯灭、报警停止,其原因是_____。
A.系统正常工作状态 B.控制线路中主接触器线圈烧断
C.主接触器通电后,其自锁触点没有闭合 D.呼叫按钮触点不能闭合

35.对船舶医院呼叫系统错误的叙述是_____。
A.该系统供船上医院的病员需要医护人员时,在病房内的病床上进行呼叫用
B.按动病床旁的呼叫开关,驾驶台、大副房间或餐厅的呼叫铃会响
C.相关人员必须到病房按下应答按钮,才能进行警报消声
D.几个应答部位可同时听到呼叫铃,任意部位按下应答按钮均可消声

第四节　生活照明系统

1.由船舶照明配电板(箱)引出的照明供电支路,每一支路的灯数根据电压等级有所限制,主要原因是_____。
A.便于维护和缩小故障面 B.减小线路电阻的电压损耗
C.减小线路电阻的功率损耗 D.节能

2.从照明分电箱引出的每一独立照明分支线路的最大负荷电流_____,灯点数_____。
A.无限制;有限制 B.有限制;无限制
C.有限制;有限制 D.无限制;无限制

3.对_____的灯具应涂以红漆标志,以示区别,经常检查灯泡是否良好,损坏的应及时更换。

A.普通照明 B.航行灯及信号灯
C.闪光灯 D.应急照明

4.船舶应急照明系统中使用的灯具一般是_____。
A.白炽灯 B.荧光灯
C.高压汞灯 D.汞氙灯

5.一些舱室和处所的主照明要求至少要由来自分电箱的两个独立分路供电,是_____。
A.因为一个支路的电流容量不够 B.为了增加照明的可靠性
C.因为超过了一个支路的灯点数 D.为了消除灯光的闪烁效应

6.船舶左右舷灯的灯泡是_____。
A.白炽灯 B.高压汞灯
C.荧光灯 D.汞氙灯

7.船舶航行灯在供电上应使用_____独立供电支路。不同的航行灯一般使用_____故障蜂鸣报警器。
A.一路;共同的 B.两路;共同的
C.一路;不同的 D.两路;不同的

8.船舶照明器一般由分配电板(箱)引出单相支路供电。人行通道、梯道出入口、机炉舱、舵机舱等处的主照明,供电方式是_____。
A.至少分两个独立的支路供电
B.一个支路供电即可,但灯点数不得超标准
C.一个支路供电即可,但总功率不得超有关规定
D.一个支路供电即可,但总电流不得超标准

9.船舶照明器一般由分配电板(箱)引出单相支路供电。船舶每一防火区的照明至少要有_____支路供电。其中_____为应急照明线路。
A.两路;一路 B.一路;一路
C.两路;两路均 D.三路;两路

10.一些通道、机器舱室、人员活动的公共舱室和较大居住舱的主照明必须_____供电。
A.由主配电板直接 B.由应急配电板直接
C.由小应急配电板 D.至少由两独立馈电线路

11.大型船舶生活照明集中受控,其照明集中受控多采用_____。
A.无线 WiFi 控制 B.船舶计算机网络控制
C.现场总线控制 D.声控和光控

12.大型船舶的应急照明灯受控状态是_____。
A.驾驶台集中控制 B.电子员手动控制
C.设备自动控制 D.根据光线自动控制

13.大型船舶卤钨灯具有_____的特点。
A.发光效率比白炽灯高 B.属于气体放电灯
C.耐压高,与高压汞灯是一类 D.与高压钠灯是一类

14. 大型船舶高压钠灯_____。
    A.一送电就很亮 B.属于气体放电灯
    C.耐压高，与卤钨灯是一类 D.需要热控开关加热后才能重新起动

15. 下列船舶照明电光源中，_____是热辐射类。
    A.碘钨灯 B.氙汞灯
    C.高压钠灯 D.水银灯

16. 关于船舶各种照明场合的电光源选用，错误的叙述是_____。
    A.船舶各种舱室内的主体照明通常选用荧光灯
    B.甲板面的强光照明选用高压气体放电灯
    C.伙食冰库内宜选用荧光灯
    D.卤钨灯适用于要求高照度、空间开阔的场所

17. 水银灯(高压汞灯)在船上被广泛用于辅机平台、主甲板和货舱入口等处，下列关于水银灯的叙述中错误的是_____。
    A.属于气体放电灯，一般需串镇流器限流
    B.因瞬间断电、欠压熄灭后不能立刻燃亮，需降温后才能重新起动
    C.自镇流式高压汞灯采用灯内的钨丝替代镇流器，可提高发光效率，延长使用寿命
    D.因光色较差，近年来已逐步被金属卤化物灯代替

18. _____作为一种新型电光源形式，因发光效率高、使用寿命长，近年来在船舶照明中得到广泛应用。
    A.气体放电光源 B.热辐射光源
    C.发光二极管光源 D.节能灯

19. 下列船舶常用电光源中属于金属蒸气灯的是_____。
    A.碘钨灯 B.红外线烤灯
    C.高压钠灯 D.LED 灯

20. 金属蒸气灯具有_____的特点。
    A.启动电压较高，且启动后仍保持高电阻状态
    B.使用寿命不受启闭频繁程度和电压过高、过低的影响
    C.一般需配备镇流器，以提供启动时的高电压和之后的限流
    D.若长期连续在点燃状态下工作，其使用寿命会比额定寿命大为缩短

21. 从工作原理上看，下列船舶电光源中不属于气体放电灯的是_____。
    A.碘钨灯 B.紫外线杀菌灯管
    C.高压钠灯 D.金属卤化物灯

第一节　电　梯

1.D	2.A	3.D	4.C	5.B	6.A	7.A	8.C	9.C	10.D
11.D	12.C	13.D	14.C	15.A	16.B	17.D	18.A	19.A	20.B
21.B	22.D	23.B	24.A	25.D	26.C	27.B	28.B	29.C	30.A
31.A	32.A	33.A	34.C	35.C	36.B	37.C			

第二节　厨房设备

1.D　2.D　3.A　4.C　5.A　6.C

第三节　生活安全和报警系统

1.B	2.C	3.C	4.C	5.B	6.A	7.C	8.B	9.B	10.A
11.B	12.A	13.C	14.A	15.C	16.C	17.B	18.B	19.A	20.D
21.A	22.D	23.A	24.A	25.C	26.D	27.B	28.A	29.B	30.A
31.B	32.D	33.A	34.C	35.C					

第四节　生活照明系统

1.A	2.C	3.D	4.A	5.B	6.A	7.B	8.A	9.A	10.D
11.C	12.C	13.A	14.B	15.A	16.C	17.C	18.C	19.C	20.C
21.A									